한국어 임베딩

한국어 임베딩

자연어 처리 모델의 성능을 높이는 핵심 비결
Word2Vec에서 ELMo, BERT까지

이기창 지음
NAVER Chatbot Model 감수

i!i
에이콘

 에이콘출판의 기틀을 마련하신 故 정완재 선생님 (1935-2004)

이 책이 완성되기 전에 지은이인 이기창 님에게서 리뷰를 부탁받고 읽어봤을 때가 생각납니다. 책을 펼치기 전에는 솔직히 약간의 의구심이 있었습니다. 임베딩이 한 권의 책으로 풀어내기에는 다소 협소한 주제가 아닐지, 한국어라는 재료와 관련지어 어떻게 설명할 수 있을지 말이지요.

하지만 원고를 읽어 나가며 의구심이 모두 사라졌습니다. 이 책은 임베딩의 개념, 수학적 원리, Word2Vec이나 FastText 등 단어 임베딩 기법, ELMo나 BERT 등 문장 임베딩 기법, 또 구현과 예시까지 관련 내용을 빠짐없이 짚어 나갑니다. 한국어 처리에 대한 장을 따로 마련하고 이를 기반으로 실제 지은이가 새로이 구현한 내용을 바탕으로 설명한 점도 인상적이었습니다. 마치 저자 직강 수업을 듣는 듯했습니다. 처음에는 가벼운 마음으로 컴퓨터 화면으로 원고를 보고 있었는데, 어느 순간 이 내용을 종이책으로 만나고 싶다는 생각이 부쩍 들었습니다. 그런데 드디어 그날이 오게 됐네요. 기쁜 마음으로 독자 여러분께 추천드립니다.

더불어 지은이의 겸손하고 꼼꼼한 성향이 책의 완성도를 높인 것은 물론, 이 책의 생명력에 큰 기여를 할 것 같습니다. 원고를 다 읽은 다음 이기창 님에게 이런저런 제안을 드리자 진지하고 겸허한 태도로 저의 제안을 검토하고 원고를 보완하기 위해 고민하는 것을 봤습니다. 그 마음이 계속 이어져 호흡이 짧은 IT 출판 시장에서 이 책이 스테디셀러가 되기를 희망합니다.

박규병
카카오브레인 NLP 연구원

빅데이터의 시대라고 한다. 어디를 가도 데이터는 넘쳐흐를 것만 같다. 하지만 막상 내가 관심 있는 영역이 생겨 데이터를 얻으려고 하면 좀처럼 찾기 힘들다. 영역을 좁히고 보면 빅데이터란 것은 존재하지 않는다.

공부 자료 역시 마찬가지다. 세상에 공부거리가 차고 넘쳐서 더 이상 공부 환경을 갖고 투덜거리면 안 된다고는 하지만, 막상 세부 영역으로 가면 관련 자료가 희박하다. 그 자료가 한국어로 쓰여진 것이거나 한국어에 대한 것이라면 더더욱 그렇다.

그런데 이 책은 그 두 가지 목마름을 다 채운다. 한국어에 대한 한국어로 쓰인 책. 한국어 NLP에 대해 목말라 했던 사람들에게 단비 같은 존재가 아닐 수 없다. 게다가 기초적인 개념 해석부터 아주 최근의 연구 결과까지도 담고 있어 기본기를 갖춘 사람뿐만 아니라 경험이 어느 정도 있는 사람도 배울 것이 있는 책이다. 각종 알고리즘에 대한 해석뿐만 아니라 실무에 적용할 수 있도록 코드 스니펫도 담고 있어 공부하는 학생도, 실무에 투입된 회사원도 배울 내용이 많으리라 장담한다. 이렇게 탄탄한 책을 써 준 지은이에게 무척 고맙다.

혹자는 이 책의 제목만 보고 '한국어'와 '임베딩'의 교집합만 다룰 거라고 여길 수 있다. 하지만 고맙게도 '한국어'와 '임베딩'의 합집합을 다룬다. 따라서 둘 중 한쪽에만 관심 있는 사람에게도 유용하다. 한국어 분석에 관심은 있는데, 어디서부터 시작해야 할지 몰랐다면 이 책을 추천한다. NLP 관련 최신 논문을 여러 권 접했지만 좀 더 개념을 분명하게 잡고 싶은 사람에게도 이 책을 추천한다.

박은정
네이버 파파고 테크리더
KoNLPy 컨트리뷰터

지은이를 처음 만난 곳은 자연어 처리를 공부하는 자리였습니다. 저는 이기창 님의 블로그를 읽으면서 그의 팬이 됐습니다. 습득한 지식을 나누려는 마음뿐만 아니라 스스로의 발전을 위해 꾸준히 노력하는 모습에서 많은 것을 배울 수 있었습니다. 이 책 역시 임베딩의 개념과 사용법을 배울 수 있는 좋은 자료가 되리라 생각합니다.

최근 자연어 처리의 발전은 정보를 표현하는 방식의 변화에 기인합니다. 벡터 공간에서 작동하는 머신 러닝 알고리즘을 잘 활용하기 위해서는 벡터 공간에서의 데이터의 표현법에 대해 깊게 알 필요가 있습니다. 이 책은 임베딩이라 부르는 자연어 처리 분야에서의 데이터 표현법에 대한 개념, 원리, 실습을 통한 학습의 경험이 잘 정리돼 있습니다. 그렇기 때문에 임베딩 기반 자연어 처리 방법에 입문하는 이들은 공부의 범위와 우선순위에 대한 방향타를 얻을 수 있으며, 자연어 처리 학습자들도 임베딩 지식을 정리할 기회를 얻을 것이라 생각합니다.

이 책은 각 알고리즘을 학습하고 활용할 수 있는 코드를 제공하고 있습니다. 머신 러닝의 공부 과정에는 반드시 실제 데이터의 적용 및 학습 결과의 탐색이 포함돼야 합니다. 또한 빠르게 현업에 알고리즘을 적용하기 위해서는 사용하기 쉬운 정리된 코드가 필요합니다. 이 책은 스크립트 형식으로 손쉽게 사용할 수 있는 코드와 세부 파이썬 코드들을 모두 제공하기 때문에 실습과 적용이 필요하신 분들에게도 큰 도움이 될 것이라 생각합니다.

언제나 이기창 님을 응원하며, 그 결실 가운데 하나인 이 책이 임베딩과 자연어 처리를 공부하는 분들께 큰 도움이 되길 바랍니다.

김현중

서울대 공학박사

soynlp 메인 컨트리뷰터, 텍스트마이닝 블로그(http://lovit.github.io) 운영

| 지은이 소개 |

이기창(ratsgo@naver.com)

서울대학교 국어국문학과를 졸업하고 고려대학교 대학원에서 공학 석사 학위(산업경영공학)를 취득했다. 문장 범주 분류에 큰 영향을 미치는 단어들에 높은 점수를 주는 기법에 대한 논문(SCI 저널 게재)에 1저자로 참여했다. 현재 네이버에서 리더leader 직책으로, 초대규모 언어 모델 하이퍼클로바HyperCLOVA를 많은 동료와 함께 개발하고 있다. 자연어 처리를 주제로 블로그(http://ratsgo.github.io)를 운영한다. 딥러닝과 자연어 처리의 무궁무진한 가능성을 믿는다.

NAVER Conversation

지은이가 속해 있는 팀으로, 대화^{Conversation}의 가치에 주목하고 제반 기술을 연구하고 있다. 인공지능 비서 클로바^{CLOVA}, 전화^{電話} 기반 대화형 AI 서비스 AiCall 등 핵심 대화 엔진을 개발 및 서비스하고 있다. 최근 초대규모 언어 모델 하이퍼클로바^{HyperCLOVA}를 매개로 다양한 대화 애플리케이션을 연구 및 개발하고 있다. 서비스와 연구가 선순환을 이루고 있다고 자부한다.

컴퓨터는 '계산기'에 불과하다. 컴퓨터는 사람의 말, 즉 자연어natural language를 바로 이해할 수 없다. 자연어를 100% 이해하는 인공지능이 등장하더라도 그 이해understanding의 본질은 연산computation이나 처리processing다. 컴퓨터가 자연어를 처리할 수 있게 하려면 자연어를 계산 가능한 형식으로 바꿔줘야 한다.

임베딩embedding은 자연어를 숫자의 나열인 벡터vector로 바꾼 결과 혹은 그 일련의 과정 전체를 가리키는 용어다. 단어나 문장 각각을 벡터로 변환해 벡터 공간vector space에 '끼워 넣는다embed'는 취지에서 임베딩이라는 이름이 붙었다. 컴퓨터는 임베딩을 계산, 처리해 자연어 형식의 답변을 출력함으로써 인간과 상호작용할 수 있게 된다. 그렇기 때문에 임베딩은 컴퓨터가 자연어를 이해하도록 하는 첫 관문으로 매우 중요한 기능을 한다.

임베딩에는 말뭉치corpus의 의미, 문법 정보가 응축돼 있다. 임베딩은 벡터이기 때문에 사칙연산이 가능하며, 단어/문서 관련도relevance 역시 계산할 수 있다. 최근 들어 임베딩이 중요해진 이유는 따로 있다. 바로 전이 학습transfer learning 때문이다. 전이 학습이란 특정 문제를 풀기 위해 학습한 모델을 다른 문제를 푸는 데 재사용하는 기법을 의미한다. 예컨대 대규모 말뭉치를 미리 학습pretrain한 임베딩을 문서 분류 모델의 입력값으로 쓰고, 해당 임베딩을 포함한 모델 전체를 문서 분류 과제를 잘할 수 있도록 업데이트fine-tuning하는 방식이 바로 그것이다. 물론 전이 학습은 문서 분류 이외의 다양한 다른 과제에도 적용할 수 있다.

전이 학습 혹은 프리트레인-파인 튜닝 메커니즘은 사람의 학습과 비슷한 점이 있다. 사람은 무언가를 배울 때 제로 베이스에서 시작하지 않는다. 사람이 새로운 사실을 빠르게 이해할 수 있는 이유는 그가 이해를 하는 데에 평생 쌓아 온 지식을 동원하기 때문이다. 자연어 처리 모델 역시 제로에서 시작하지 않는다. 우선 대규모 말뭉치를 학습시켜 임베딩을 미리 만들어 놓는다(프리트레인). 이 임베딩에는 의미, 문법 정보가 녹아 있다. 이후 임베딩을 포함한 모델 전체를 문서 분류 과제에 맞게 업데이트한다(파인 튜닝). 이로써 전이 학습 모델은 제로부터 학습한 모델보다 문서 분류 과제를 빠르게 잘 수행할 수 있다.

품질 좋은 임베딩은 잘 담근 김치와 같다. 김치 맛이 좋으면 물만 부어 끓인 김치찌개 맛도 좋다. 임베딩 품질이 좋으면 단순한 모델로도 원하는 성능을 낼 수 있다. 모델 구조가 동일하다면 그 성능은 높고 수렴^{converge}은 빠르다. 자연어 처리 모델을 만들고 서비스할 때 중요한 구성 요소 하나만 꼽으라고 한다면, 나는 주저하지 않고 '임베딩'을 꼽을 것이다. ELMo$^{Embeddings\ from\ Language\ Models}$, BERT$^{Bidirectional\ Encoder\ Representations\ from\ Transformer}$, GPT$^{Generative\ Pre-Training}$ 등 자연어 처리 분야에서 당대 최고 성능을 내는 기법들이 모두 전이 학습 혹은 프리트레인-파인 튜닝 메커니즘을 사용하는 것은 우연의 일치가 아니다.

주지하다시피 자연어 처리 분야의 대세는 오픈소스$^{open\ source}$다. 논문은 물론 데이터와 코드까지 모두에게 공개하는 경우가 다반사다. 덕분에 모델 발전 속도가 상상 이상으로 빨라졌다. 최초의 뉴럴 네트워크 기반 임베딩 기법으로 평가받는 NPLM$^{Neural\ Probabilistic\ Language\ Model}$이 2003년 제안된 이후 10년 만에 단어 수준의 임베딩 기법 Word2Vec이 발표됐다. 5년 뒤 문장 수준 임베딩 기법 ELMo가 공개됐고, 같은 해 GPT와 BERT가 등장했다. 이후 모델들에 대해서는 기회가 된다면 이 책의 2판에서 다뤄야 할 것이다.

이 책에서는 NPLM, Word2Vec, FastText, 잠재 의미 분석^{LSA}, GloVe, Swivel 등 6가지 단어 수준 임베딩 기법, LSA, Doc2Vec, 잠재 디리클레 할당^{LDA}, ELMo, BERT 등 5가지 문장 수준 임베딩 기법을 소개한다. 이외에도 다양한 임베딩 기법이 있지만 두 가지 원칙에 입각해 일부만 골랐다. 우선 성능이 안정적이고 뛰어나 현업에 바로 적용해봄직한 기법을 선택했다. 또 임베딩 기법의 발전 양상을 이해하는 데 중요한 역할을 하는 모델을 포함했다. '정보의 홍수' 속에서 살아가는 독자들에게 핵심에 해당하는 지식만을 전해주고 싶었기 때문이다. 기타 임베딩 기법들은 대부분, 이 책에서 소개하는 11개 모델의 변형에 해당하기 때문에 독자 여러분이 추가로 공부하고 싶은 최신 기법이 있다면 이 책에서 가지를 쳐 나가는 식으로 학습하면 수월할 것이다.

이와 관련해 XLNet이라는 기법을 짚고 넘어가야겠다. XLNet은 구글 연구 팀이 2019년 상반기 발표한 모델로, 공개 당시 20개 자연어 처리 데이터셋에서 최고 성능을 기록해 주목받았다. 출간을 한 달 정도 늦춰 가며 목차와 내용을 전반적으로 손질할 수밖에 없었다. 그러나 직접 실험한 결과 XLNet의 파인 튜닝 성능(분류)이 BERT보다 뒤지는 것은 물론, 동일한 하이퍼파라미터hyperparameter로도 점수가 들쭉날쭉한 양상을 보였다. XLNet 저자 공식 리포지터리(https://github.com/zihangdai/xlnet)에도 비슷한 사례가 꾸준히 보고되고 있으나 서문을 작성하고 있는 2019년 8월 현재까지 납득할 만한 해결책이 제시되지 않고 있다. 이에 아쉽기는 하지만 XLNet 관련 장을 이 책에서는 제외하고 2판 이후를 기약하기로 했다. 그럼에도 XLNet을 공부하고 싶은 독자가 있다면 다음 사이트에서 관련 초고를 확인할 수 있다.

- https://ratsgo.github.io

이 책을 읽는 독자라면 논문 저자들이 공개한 코드를 내려받아 자신의 데이터로 얼마든지 임베딩을 직접 구축할 수 있을 것이다. 개별 임베딩 기법의 이론적 배경을 쉽게 설명해 놓은 영문 자료들도 차고 넘친다. 그러나 내가 아는 한 임베딩이라는 주제를 본격적으로 취급한 '한국어 서적'은 없다. 이는 내가 아직 부족한 것이 많음에도 임베딩에 초점을 맞춰 책을 써 보기로 결심한 계기이기도 하다. 임베딩 기법을 이해하는 시간과 노력을 아끼는 데 이 책이 조금이라도 도움이 된다면 더 이상 바랄 것이 없다.

꼼꼼하게 확인했지만 여전히 오류가 있을 수 있다. 이 경우 다음 사이트에 방문해 이슈issue를 등록하면 된다. 오류뿐만 아니라 질문이나 의견도 얼마든지 등록

할 수 있다. 이 책이 한국어 임베딩에 관한 논의와 자연어 처리 문제 해결의 실마리를 찾는 계기가 된다면 좋겠다.

- 이슈 등록: https://github.com/ratsgo/embedding/issues
- 정오표: https://ratsgo.github.io/embedding/notice.html

이 책이 나오기까지 많은 사람들의 도움을 받았다. 가장 먼저, 은사님이신 고려대학교 강필성 교수님께 감사드린다. 박규병 님과 내가 속해 있는 네이버 챗봇 모델 팀의 동료들은 이 책의 초고를 읽고 귀중한 의견을 줬다. 김현중 박사는 본문, 수식, 코드 전반을 꼼꼼하게 리뷰해줬으며, 전창욱 님은 독자 입장에서 어려워할 만한 포인트들을 짚어줬다. 덕분에 많은 오류들을 바로잡을 수 있었다. 박은정 님은 이 책을 읽고 아낌없는 응원을 해줬다. 사랑하는 가족들과 여섯 시 식구들 그리고 27203 패밀리가 없었다면 이 책은 나오지 못했을 것이다. 마지막으로 이 책의 출간을 기꺼이 허락해주신 에이콘출판사와 멋진 책을 만든 편집 팀에 깊이 감사드린다.

차례

추천의 글   5

지은이 소개   8

기술 감수자 소개   9

지은이의 말   10

들어가며   22

01   서론   27

1장에서 다루는 내용   27

1.1 임베딩이란   28

1.2 임베딩의 역할   30

1.2.1 단어/문장 간 관련도 계산   30

1.2.2 의미/문법 정보 함축   32

1.2.3 전이 학습   34

1.3 임베딩 기법의 역사와 종류   36

1.3.1 통계 기반에서 뉴럴 네트워크 기반으로   36

1.3.2 단어 수준에서 문장 수준으로   38

1.3.3 룰 → 엔드투엔드 → 프리트레인/파인 튜닝   40

1.3.4 임베딩의 종류와 성능   41

1.4 개발 환경   43

1.4.1 환경 소개   44

1.4.2 AWS 구성   45

1.4.3 코드 실행   48

1.4.4 버그 리포트 및 Q&A   51

1.4.5 이 책이 도움받고 있는 오픈소스들   52

1.5 이 책이 다루는 데이터와 주요 용어   53

1.6 이 장의 요약   56

1.7 참고 문헌   57

02 벡터가 어떻게 의미를 가지게 되는가   59

2장에서 다루는 내용   59

2.1 자연어 계산과 이해   60

2.2 어떤 단어가 많이 쓰였는가   61

    2.2.1 백오브워즈 가정   61

    2.2.2 TF-IDF   63

    2.2.3 Deep Averaging Network   65

2.3 단어가 어떤 순서로 쓰였는가   66

    2.3.1 통계 기반 언어 모델   66

    2.3.2 뉴럴 네트워크 기반 언어 모델   71

2.4 어떤 단어가 같이 쓰였는가   72

    2.4.1 분포 가정   72

    2.4.2 분포와 의미 (1): 형태소   73

    2.4.3 분포와 의미 (2): 품사   74

    2.4.4 점별 상호 정보량   76

    2.4.5 Word2Vec   78

2.5 이 장의 요약   79

2.6 참고 문헌   79

03 한국어 전처리   81

3장에서 다루는 내용   81

3.1 데이터 확보   82

    3.1.1 한국어 위키백과   82

3.1.2 KorQuAD		88
3.1.3 네이버 영화 리뷰 말뭉치		92
3.1.4 전처리 완료된 데이터 다운로드		94
3.2 지도 학습 기반 형태소 분석		**95**
3.2.1 KoNLPy 사용법		96
3.2.2 KoNLPy 내 분석기별 성능 차이 분석		98
3.2.3 Khaiii 사용법		100
3.2.4 은전한닢에 사용자 사전 추가하기		102
3.3 비지도 학습 기반 형태소 분석		**103**
3.3.1 soynlp 형태소 분석기		104
3.3.2 구글 센텐스피스		106
3.3.3 띄어쓰기 교정		109
3.3.4 형태소 분석 완료된 데이터 다운로드		110
3.4 이 장의 요약		**111**
3.5 참고 문헌		**111**

04 단어 수준 임베딩   **113**

4장에서 다루는 내용		**113**
4.1 NPLM		**115**
4.1.1 모델 기본 구조		115
4.1.2 NPLM의 학습		116
4.1.3 NPLM과 의미 정보		119
4.2 Word2Vec		**121**
4.2.1 모델 기본 구조		121
4.2.2 학습 데이터 구축		122
4.2.3 모델 학습		125
4.2.4 튜토리얼		127
4.3 FastText		**130**
4.3.1 모델 기본 구조		130
4.3.2 튜토리얼		132
4.3.3 한글 자소와 FastText		135

4.4 잠재 의미 분석	138
4.4.1 PPMI 행렬	139
4.4.2 행렬 분해로 이해하는 잠재 의미 분석	140
4.4.3 행렬 분해로 이해하는 Word2Vec	141
4.4.4 튜토리얼	143
4.5 GloVe	145
4.5.1 모델 기본 구조	146
4.5.2 튜토리얼	147
4.6 Swivel	149
4.6.1 모델 기본 구조	149
4.6.2 튜토리얼	152
4.7 어떤 단어 임베딩을 사용할 것인가	153
4.7.1 단어 임베딩 다운로드	153
4.7.2 단어 유사도 평가	154
4.7.3 단어 유추 평가	157
4.7.4 단어 임베딩 시각화	159
4.8 가중 임베딩	162
4.8.1 모델 개요	162
4.8.2 모델 구현	165
4.8.3 튜토리얼	171
4.9 이 장의 요약	174
4.10 참고 문헌	175

05 문장 수준 임베딩	177
5장에서 다루는 내용	177
5.1 잠재 의미 분석	179
5.2 Doc2Vec	185
5.2.1 모델 개요	185
5.2.2 튜토리얼	188
5.3 잠재 디리클레 할당	192
5.3.1 모델 개요	193

　　　5.3.2 아키텍처　　　　　　　　　　　　　　　　　　　194

　　　5.3.3 LDA와 깁스 샘플링　　　　　　　　　　　　　　198

　　　5.3.4 튜토리얼　　　　　　　　　　　　　　　　　　　201

5.4 ELMo　　　　　　　　　　　　　　　　　　　　　　205

　　　5.4.1 문자 단위 컨볼루션 레이어　　　　　　　　　　　206

　　　5.4.2 양방향 LSTM, 스코어 레이어　　　　　　　　　　212

　　　5.4.3 ELMo 레이어　　　　　　　　　　　　　　　　　214

　　　5.4.4 프리트레인 튜토리얼　　　　　　　　　　　　　　216

5.5 트랜스포머 네트워크　　　　　　　　　　　　　　　　221

　　　5.5.1 Scaled Dot-Product Attention　　　　　　　　　221

　　　5.5.2 멀티헤드 어텐션　　　　　　　　　　　　　　　　225

　　　5.5.3 Position-wise Feedforward Networks　　　　　227

　　　5.5.4 트랜스포머의 학습 전략　　　　　　　　　　　　228

5.6 BERT　　　　　　　　　　　　　　　　　　　　　　229

　　　5.6.1 BERT, ELMo, GPT　　　　　　　　　　　　　229

　　　5.6.2 프리트레인 태스크와 학습 데이터 구축　　　　　232

　　　5.6.3 BERT 모델의 구조　　　　　　　　　　　　　　233

　　　5.6.4 프리트레인 튜토리얼　　　　　　　　　　　　　　237

5.7 이 장의 요약　　　　　　　　　　　　　　　　　　　242

5.8 참고 문헌　　　　　　　　　　　　　　　　　　　　243

06　임베딩 파인 튜닝　　　　　　　　　　　　　　245

6장에서 다루는 내용　　　　　　　　　　　　　　　　　　245

6.1 프리트레인과 파인 튜닝　　　　　　　　　　　　　　246

6.2 분류를 위한 파이프라인 만들기　　　　　　　　　　　248

6.3 단어 임베딩 활용　　　　　　　　　　　　　　　　　254

　　　6.3.1 네트워크 개요　　　　　　　　　　　　　　　　　254

　　　6.3.2 네트워크 구현　　　　　　　　　　　　　　　　　255

　　　6.3.3 튜토리얼　　　　　　　　　　　　　　　　　　　262

6.4 ELMo 활용　　　　　　　　　　　　　　　　　　　265

　　　6.4.1 네트워크 개요　　　　　　　　　　　　　　　　　265

6.4.2 네트워크 구현   266

6.4.3 튜토리얼   271

6.5 BERT 활용   275

6.5.1 네트워크 개요   275

6.5.2 네트워크 구현   276

6.5.3 튜토리얼   281

6.6 어떤 문장 임베딩을 사용할 것인가   285

6.7 이 장의 요약   289

6.8 참고 문헌   290

부록   245

부록에서 다루는 내용   291

A 선형대수학 기초   292

A.1 벡터, 행렬 연산   293

A.2 내적과 공분산   296

A.3 내적과 사영   298

A.4 내적과 선형변환   299

A.5 행렬 분해 기반 차원 축소 (1): 주성분 분석(PCA)   301

A.6 행렬 분해 기반 차원 축소 (2): 특이값 분해(SVD)   305

B 확률론 기초   306

B.1 확률변수와 확률 분포   306

B.2 베이지안 확률론   313

C 뉴럴 네트워크 기초   316

C.1 DAG로 이해하는 뉴럴 네트워크   316

C.2 뉴럴 네트워크는 확률 모델이다   318

C.3 최대우도추정과 학습 손실   319

C.4 그래디언트 디센트   321

C.5 계산 노드별 역전파   323

C.6 CNN과 RNN   329

D 국어학 기초   330

D.1 통사 단위   330

D.2 문장 유형   331

D.3 품사   332

D.4 상과 시제   334

D.5 주제   335

D.6 높임   336

D.7 양태   337

D.8 의미역   338

D.9 피동   338

D.10 사동   339

D.11 부정   339

E 참고 문헌   340

이 책의 구성

이 책은 다양한 임베딩 기법을 소개한다. 크게 단어 수준 임베딩과 문장 수준 임베딩을 다룬다. 각각 단어와 문장을 벡터로 변환하는 기법이다. 여기서 설명하는 단어 수준 임베딩으로는 Word2Vec, GloVe, FastText, Swivel 등이 있다. 문장 수준 임베딩은 ELMo, BERT 등이 있다.

이 책에서는 각 임베딩 기법의 이론적 배경을 살펴본 후 한국어 말뭉치로 실제 임베딩을 구축하는 과정을 설명한다. 각 기법을 설명할 때는 가급적 원 논문의 수식과 표기를 따른다. 코드 또한 논문 저자의 공식 리포지터리에서 가져와 소개할 예정이다.

말뭉치 전처리^{preprocess}, 임베딩 파인 튜닝$^{fine-tuning}$ 역시 이 책이 다루는 중요한 주제다. 전자는 임베딩 구축 전에, 후자는 임베딩 구축 후에 거쳐야 하는 과정이다. 전처리의 경우 KoNLPy, soynlp, 구글 센텐스피스^{sentencepiece} 등 오픈소스 사용법을 설명한다. 긍정, 부정 등 문서의 극성^{polarity}을 예측하는 문서 분류 과제를 예로 들어 임베딩을 파인 튜닝하는 방법을 실습한다.

각 장별 주요 내용은 다음과 같다.

1장, 서론 임베딩의 정의, 역사와 종류 등을 살핀다. 도커^{docker} 등 개발 환경을 구성하는 과정 역시 설명한다.

2장, 벡터가 어떻게 의미를 가지게 되는가 자연어의 의미를 임베딩에 어떻게 함축시킬 수 있는지에 대한 내용을 소개한다. 각 임베딩 기법들은 크고 작은 차이가 있지만 말뭉치의 통계적 패턴statistical pattern 정보를 반영한다는 점에서 공통점을 지닌다는 사실을 짚는다.

3장, 한국어 전처리 임베딩 학습을 위한 한국어 데이터의 전처리 과정을 다룬다. 웹 문서나 json 파일 같은 형태의 데이터를 순수 텍스트 파일로 바꾸고 여기에 형태소 분석을 실시하는 방법을 설명한다. 띄어쓰기 교정 등도 소개한다.

4장, 단어 수준 임베딩 다양한 단어 수준 임베딩 모델을 설명한다. NPLM, Word2Vec, FastText 등은 예측 기반 모델, LSA, GloVe, Swivel 등은 행렬 분해matrix factorization 기반의 기법들이다. 가중 임베딩weighted embedding은 단어 임베딩을 문장 수준으로 확장하는 방법이다.

5장, 문장 수준 임베딩 문장 수준 임베딩을 다룬다. 행렬 분해, 확률 모델, 뉴럴 네트워크 기반 모델 등 세 종류를 소개한다. 잠재 의미 분석LSA은 행렬 분해, 잠재 디리클레 할당LDA은 확률 모델, Doc2Vec, ELMo, GPT, BERT 등은 뉴럴 네트워크가 중심인 방법들이다. 특히 GPT, BERT 등은 셀프 어텐션self-attention 기반의 트랜스포머 네트워크transformer network가 그 뼈대를 이루고 있다.

6장, 임베딩 파인 튜닝 단어, 문장 수준 임베딩을 파인 튜닝하는 방법을 다룬다. 네이버 영화 리뷰 말뭉치로 극성을 분류하는 과제를 수행한다.

부록 이 책을 이해하는 데 필요한 기초 지식을 간략하게 소개한다. 선형대수학, 확률론, 뉴럴 네트워크, 국어학 등의 주요 개념을 설명한다.

이 책의 대상 독자

- 임베딩의 이론적 배경에 관심이 많은 데이터 사이언티스트
- 자연어 분포와 의미 사이의 관계를 해명하려는 언어학 연구자
- 품질 좋은 임베딩을 현업에 적용하려는 머신 러닝 엔지니어, 개발자

사전 지식

이 책을 이해하려면 선형대수학, 통계학, 확률론, 뉴럴 네트워크 등의 지식이 필요하다. 부록에서 간략하게 소개하기는 하지만 본격적으로 다루진 않는다. 다음 항목은 이 책을 읽기 전에 알아두면 좋다. 국문 혹은 영문 용어를 구글 등에 검색하면 참고할 만한 자료가 많다.

- 벡터 공간$^{vector\ space}$
- 벡터^{vector}와 행렬^{matrix}의 미분^{derivative}
- 벡터의 내적$^{inner\ product}$과 코사인 유사도$^{cosine\ similarity}$
- 고유 분해^{eigendecomposition}
- 우도함수$^{likelihood\ function}$와 최대우도추정$^{maximum\ likelihood\ estimation}$
- 엔트로피^{entropy}, 크로스 엔트로피$^{cross\ entropy}$
- 그래디언트 디센트$^{gradient\ descent}$
- 사전확률$^{prior\ probability}$과 사후확률$^{posterior\ probability}$
- 선형회귀$^{linear\ regression}$
- 이항 로지스틱 회귀$^{binomial\ logistic\ regression}$와 시그모이드^{sigmoid} 함수
- 다항 로지스틱 회귀$^{multinomial\ logistic\ regression}$와 소프트맥스^{softmax} 함수
- 피드포워드 뉴럴 네트워크$^{feedforward\ neural\ network}$
- CNN$^{Convolutional\ Neural\ Network}$
- RNN$^{Recurrent\ Neural\ Network}$

모든 코드는 파이썬^{Python}과 구글 텐서플로^{Tensorflow}로 작성돼 있다. 이 책에서는 파이썬과 텐서플로 기본 문법을 소개하지 않는다. 파이썬과 텐서플로 기초를 숙지하고 있어야 이 책을 이해하는 데 무리가 없다. 관련 자료나 강의가 많이 나와 있으니 자신에게 맞는 걸 택해 공부하면 된다.

코드 실행

이 책의 모든 코드는 다음 깃허브 리포지터리^{github repository}에 공개돼 있다. 코드는 예고 없이 수정될 수 있다. 다음 리포지터리의 최신 코드를 받아 실행하기를 권한다.

- https://github.com/ratsgo/embedding

이 책에 소개된 코드(특히 bash 스크립트)를 그대로 실행하고 싶은데 일일이 타이핑하기엔 너무 길어 불편할 수 있다. 복사해서 붙여 넣기 쉽도록 다음 페이지에 기법별로 스크립트를 정리해 놓았다.

- https://ratsgo.github.io/embedding

문의

책에 오류가 있거나 질문, 의견이 생기면 다음 사이트에 접속한 후 이슈^{issue}를 작성해 지은이에게 직접 알리면 된다. 양식을 채워 Submit new issue 버튼을 누르면 이슈가 만들어진다.

- https://github.com/ratsgo/embedding/issues/new

또는 에이콘출판사의 도서정보 페이지 http://www.acornpub.co.kr/book/korean-embedding의 도서 오류 신고에서 연락하거나, 에이콘출판사 편집 팀 (edit@acornpub.co.kr)으로 연락해주길 바란다.

정오표

이 책에 코드 오류가 있어서 수정이 불가피한 경우, 수정 사항을 다음 사이트에 알릴 예정이다. 최신 정오표를 확인해볼 수 있다.

- https://ratsgo.github.io/embedding/notice.html

서론

1장에서 다루는 내용

1장에서는 임베딩의 정의와 임베딩이 중요한 이유를 살펴본다. 임베딩 기법의 간단한 역사와 종류를 설명한다. 1장의 목차는 다음과 같다.

1장　서론

1.1　임베딩이란

1.2　임베딩의 역할

1.2.1 단어/문장 간 관련도 계산

1.2.2 의미/문법 정보 함축

1.2.3 전이 학습

1.3　임베딩 기법의 역사와 종류

1.3.1 통계 기반에서 뉴럴 네트워크 기반으로

1.3.2 단어 수준에서 문장 수준으로

1.3.3 룰 → 엔드투엔드 → 프리트레인/파인 튜닝

1.3.4 임베딩의 종류와 성능

1.4 개발 환경

    1.4.1 환경 소개

    1.4.2 AWS 구성

    1.4.3 코드 실행

    1.4.4 버그 리포트 및 Q&A

    1.4.5 이 책이 도움받고 있는 오픈소스들

1.5 이 책이 다루는 데이터와 주요 용어

1.6 이 장의 요약

1.7 참고 문헌

1.1 임베딩이란

> 만약 컴퓨터가 인간을 속여 자신을 마치 인간인 것처럼 믿게 할 수 있다면 컴퓨터를 '인텔리
> 전트'하다고 부를 만한 가치가 충분히 있다.
>
> – 앨런 튜링(Alan Mathison Turing, 1912~1954)

기계 번역, 요약, 문장 자동 생성이 화제다. 컴퓨터가 사람 말을 알아듣고 사람처럼 글을 쓸 수 있다는 사실에 각계에서 주목하고 있다. 대규모 말뭉치로 잘 학습된 딥러닝 모델은 긴 문서를 잘 요약하고 그럴듯한 문장을 만들어낸다.

하지만 컴퓨터는 어디까지나 빠르고 효율적인 '계산기'일 뿐이다. 한마디로 컴퓨터는 인간이 사용하는 자연어$^{natural\ language}$를 있는 그대로 이해하는 것이 아니라 숫자(로 변형된 말이나 글)를 계산한다는 이야기다. 기계의 자연어 이해와 생성은 연산^{computaion}이나 처리^{processing}의 영역이다.

그렇다면 제기할 수 있는 질문이 몇 가지 있다. 표현력이 무한한 언어를 컴퓨터가 연산할 수 있는 숫자로 바꿀 수는 있는 걸까? 만약 그럴 수 있다면 말과 글을 숫자로 변환할 때 어떤 정보를 함축시킬 것인가? 정보 압축 과정에서 손실이 발생하지는 않을까? 그 손실은 어떻게 줄일 수 있을까?

자연어 처리$^{Natural\ Language\ Processing}$ 분야에서 **임베딩**^{embedding}이란, 사람이 쓰는 자연어를 기계가 이해할 수 있는 숫자의 나열인 **벡터**^{vector}로 바꾼 결과 혹은 그 일련의 과

정 전체를 의미한다. 단어나 문장 각각을 벡터로 변환해 벡터 공간^{vector space}으로 '끼워 넣는다^{embed}'는 의미에서 임베딩이라는 이름이 붙었다.

임베딩이라는 개념은 자연어 처리 분야에서 꽤 오래전부터 사용한 것으로 보인다. 하지만 본격적으로 통용되기 시작한 것은 딥러닝의 대부 요슈아 벤지오^{Yoshua Bengio} 연구 팀이 「A Neural Probabilistic Language Model」(Bengio et al., 2003)을 발표하고 나서부터다.

우리가 상상할 수 있는 가장 간단한 형태의 임베딩은 단어의 빈도를 그대로 벡터로 사용하는 것이다. 다음은 소설가 현진건이 1924년 발표한 『운수 좋은 날』, 주요섭의 1935년 작품 『사랑 손님과 어머니』, 이효석의 1936년 작품 『메밀꽃 필 무렵』, 황석영의 1973년 작품 『삼포 가는 길』 등 단편소설들의 단어별 빈도표다.

표 1-1 같은 빈도표를 단어-문서 행렬^{Term-Document Matrix}이라고 부른다. 행^{row}은 단어, 열^{column}은 문서(여기서는 작품)에 대응한다. 참고로 표 1-1을 만들 때 형태소 분석기는 오픈소스인 '은전한닢^{Mecab}'을 사용해 명사^{noun}를 추출해 계산했다. 단어-문서 행렬을 구축하는 방법은 4장에서 설명할 예정이다.

표 1-1 단어-문서 행렬

구분	메밀꽃 필 무렵	운수 좋은 날	사랑 손님과 어머니	삼포 가는 길
기차	0	2	10	7
막걸리	0	1	0	0
선술집	0	1	0	0

표 1-1을 보면 운수 좋은 날 이라는 문서의 임베딩은 $[2,1,1]^\top$이다. 막걸리 라는 단어의 임베딩은 [0,1,0,0]이다. 표 1-1의 단어-문서 행렬을 보면 사랑 손님과 어머니 , 삼포 가는 길 이 사용하는 단어 목록이 상대적으로 많이 겹치고 있는 것을 알 수 있다. 이를 바탕으로 우리는 사랑 손님과 어머니 는 삼포 가는 길 과 기차 라는 소재를 공유한다는 점에서 비슷한 작품일 것이라는 추정을 해볼 수 있다. 또 막걸리 라는 단어와 선술집 이라는 단어가 운수 좋은 날 이라는 작품에만 등장한 것을 알 수 있다. 이를 바탕으로 우리는

막걸리 – 선술집 간 의미 차이가 막걸리 – 기차 보다 작을 것이라고 추정해볼 수 있다.

1.2 임베딩의 역할

임베딩은 다음 역할을 수행할 수 있다. 1장에서 차례로 살펴보겠다.

- 단어/문장 간 관련도 계산
- 의미적/문법적 정보 함축
- 전이 학습

1.2.1 단어/문장 간 관련도 계산

표 1-1의 단어-문서 행렬은 가장 단순한 형태의 임베딩이다. 현업에서는 이보다 복잡한 형태의 임베딩을 사용한다. 대표적인 것이 2013년 구글 연구 팀이 발표한 Word2Vec이라는 기법이다. 이름에서 유추할 수 있듯 단어들을 벡터로 바꾸는 방법이다. 한국어 위키백과, KorQuAD, 네이버 영화 리뷰 말뭉치 등을 은전한닢으로 형태소 분석을 한 뒤 100차원으로 학습한 Word2Vec 임베딩을 살펴보자. 희망 이라는 단어의 벡터는 수식 1-1과 같다.

수식 1-1 '희망'의 Word2Vec 임베딩

$$[-0.00209, -0.03918, 0.02419, ... 0.01715, -0.04975, 0.09300]$$

수식 1-1의 숫자들은 모두 100개다. 100차원으로 임베딩을 했기 때문이다. 사람은 이 숫자들만 봐서는 그 의미를 전혀 이해할 수 없다. 어디까지나 컴퓨터가 계산하기 좋도록 희망 이라는 단어를 벡터로 바꿔 놓았을 뿐이다. 하지만 단어를 벡터로 임베딩하는 순간 단어 벡터들 사이의 유사도[similarity]를 계산하는 일이 가능해진다. 표 1-2는 각 쿼리 단어별로 벡터 간 유사도 측정 기법의 일종인 코사인 유사도[cosine similarity] 기준 상위 5개를 나열한 것이다.

표 1-2 쿼리 단어들의 코사인 유사도 기준 상위 5개 단어 목록

희망	절망	학교	학생	가족	자동차
소망	체념	초등	대학생	아이	승용차
행복	고뇌	중학교	대학원생	부모	상용차
희망찬	절망감	고등학교	고학생	편부모	트럭
꿈	상실감	야학교	교직원	고달픈	대형트럭
열망	번민	중학	학부모	사랑	모터사이클

표 1-2에서 관찰할 수 있는 것처럼 희망과 코사인 유사도가 가장 높은 것은 소망이라는 단어다. 마찬가지로 절망은 체념, 자동차는 승용차와 관련성이 높다. 자연어일 때는 불가능했던 코사인 유사도 계산이 임베딩 덕분에 가능해졌다. 그림 1-1은 동일한 Word2Vec 임베딩을 가지고 단어 쌍 간 코사인 유사도를 시각화한 것이다. 검정색일수록 코사인 유사도가 높다.

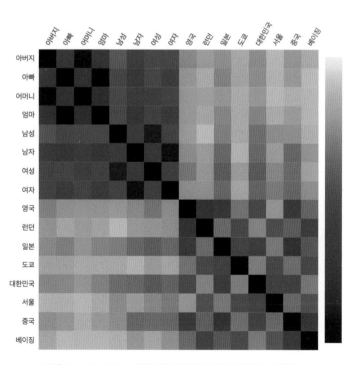

그림 1-1 Word2Vec 단어 벡터 사이의 코사인 유사도 시각화

임베딩을 수행하면 벡터 공간을 기하학적으로 나타낸 시각화 역시 가능하다. 그림 1-2는 t-SNE라는 **차원 축소**^{dimension reduction} 기법으로 100차원의 단어 벡터들을 2차원으로 줄여 이를 시각화한 것이다. 관련성이 높은 단어들이 주변에 몰려 있음을 확인할 수 있다.

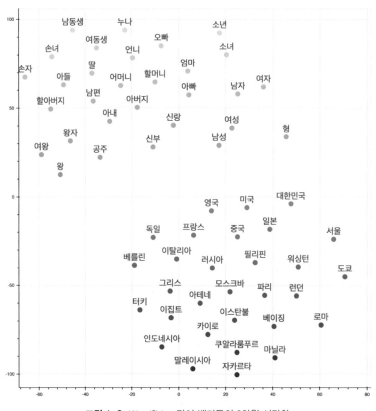

그림 1-2 Word2Vec 단어 벡터들의 2차원 시각화

1.2.2 의미/문법 정보 함축

임베딩은 벡터인 만큼 사칙연산이 가능하다. 단어 벡터 간 덧셈/뺄셈을 통해 단어들 사이의 의미적, 문법적 관계를 도출해낼 수 있다. 구체적으로는 첫 번째 단어 벡터 - 두 번째 단어 벡터 + 세 번째 단어 벡터를 계산해보는 것이다. 그림 1-3처럼 아들 - 딸 + 소녀 = 소년 이 성립

하면 성공적인 임베딩이라고 볼 수 있다. 다시 말해 아들 - 딸 사이의 관계와 소년 -
소녀 사이의 의미 차이가 임베딩에 함축돼 있으면 품질이 좋은 임베딩이라 말할 수
있다는 이야기다. 이렇게 단어 임베딩을 평가하는 방법을 **단어 유추 평가**^{word analogy test}
라고 부른다.

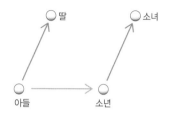

그림 1-3 단어 유추 평가

표 1-3은 한국어 위키백과, KorQuAD, 네이버 영화 리뷰 말뭉치 등 공개된 데이
터로 학습한 Word2Vec 임베딩에 단어 유추 평가를 수행한 결과다. 표 1-3을 읽는
방법은 이렇다. 단어1 - 단어2 + 단어3 연산을 수행한 벡터와 코사인 유사도가 가장 높은
단어들이 네 번째 열의 단어들이다.

표 1-3 Word2Vec 임베딩에 단어 유추 평가를 수행한 결과

단어1	단어2	단어3	결과
아들	딸	소년	소녀
아들	딸	아빠	엄마
아들	딸	남성	여성
남동생	여동생	소년	소녀
남동생	여동생	아빠	엄마
남동생	여동생	남성	여성
신랑	신부	왕	여왕
신랑	신부	손자	손녀
신랑	신부	아빠	엄마

1.2.3 전이 학습

임베딩은 다른 딥러닝 모델의 입력값으로 자주 쓰인다. 문서 분류를 위한 딥러닝 모델을 만든다고 해보자. 이럴 때 단어 임베딩은 강력한 힘을 발휘한다. 품질 좋은 임베딩을 쓰면 문서 분류 정확도와 학습 속도가 올라간다. 이렇게 임베딩을 다른 딥러닝 모델의 입력값으로 쓰는 기법을 **전이 학습**transfer learning이라고 한다.

전이 학습은 사람의 학습과 비슷한 점이 있다. 사람은 무언가를 배울 때 제로에서 시작하지 않는다. 평생 쌓아 온 지식을 바탕으로 새로운 사실을 빠르게 이해한다. 전이 학습 모델 역시 제로(0)부터 시작하지 않는다. 대규모 말뭉치를 활용해 임베딩을 미리 만들어 놓는다. 임베딩에는 의미적, 문법적 정보 등이 녹아 있다. 이 임베딩을 입력값으로 쓰는 전이 학습 모델은 문서 분류라는 태스크를 빠르게 잘 할 수 있게 된다.

이해를 돕기 위해 문장의 극성을 예측하는 모델을 시험 삼아 만들어봤다. 이 모델에는 **양방향**bidirectional **LSTM**Long Short-Term Memory에 **어텐션**attention 메커니즘을 적용했다. 양방향이니 LSTM이니 어텐션이니 하는 기법들은 지금 당장은 몰라도 상관없다. 일단은 딥러닝 모델을 만들어 놓았다고 이해하면 된다.

이 딥러닝 모델의 입력값은 단어 임베딩 기법의 일종인 FastText 임베딩(100차원)을 사용했다. FastText는 Word2Vec의 개선된 버전이며 59만 건에 이르는 한국어 문서를 미리 학습했다. 이 모델의 작동 방식을 간단하게 설명하면 이렇다. 다음과 같은 학습 데이터가 있다고 해보자.

- 이 영화 꿀잼 + 긍정positive
- 이 영화 노잼 + 부정negative

이 전이 학습 모델은 문장을 입력받으면 해당 문장이 긍정인지 부정인지를 출력한다. 문장을 형태소 분석한 뒤 각각의 형태소에 해당하는 FastText 단어 임베딩이 이 모델의 입력값이 된다. 첫 번째 문장의 경우 수식 1-2의 이, 영화, 꿀잼 임베딩 세 개가 순차적으로 입력된다. 두 번째 문장은 이, 영화, 노잼 임베딩 세 개가 차례로 들어간다. 이후 모델은 이 입력 벡터들을 계산해 문장의 극성을 예측한다.

$$e_{\text{이}} = [-0.20195 \ \ldots \ -0.0674]$$

$$e_{\text{영화}} = [-0.07806 \ \ldots \ 0.11161]$$

$$e_{\text{꿀잼}} = [-0.08889 \ \ldots \ 0.02243]$$

$$e_{\text{노잼}} = [-0.00956 \ \ldots \ 0.01423]$$

그림 1-4는 모델의 학습 과정별 단순 정확도^{accuracy}를 나타낸 것이다. 학습 데이터는 네이버 영화 리뷰(https://github.com/e9t/nsmc)를 사용했다. 이 데이터는 문장과 극성이 쌍으로 정리돼 있어 문서 극성 분류 모델의 학습 데이터로 안성맞춤이다(데이터의 자세한 내용은 3장, '한국어 전처리' 참고).

그림 1-4의 파란색 선으로 나타난 **FastText**는 모델 입력값으로 FastText 임베딩을 사용한 것이다. **Random**은 입력 벡터를 랜덤 초기화한 뒤 모델을 학습한 방식이다. 다시 말해 학습을 제로부터 시작한 모델이라는 이야기다. 그림 1-4를 보면 FastText 임베딩을 사용한 모델의 성능이 시종일관 좋다. 임베딩의 품질이 좋으면 수행하려는 태스크^{task}의 성능 역시 올라간다. 임베딩이 중요한 이유다.

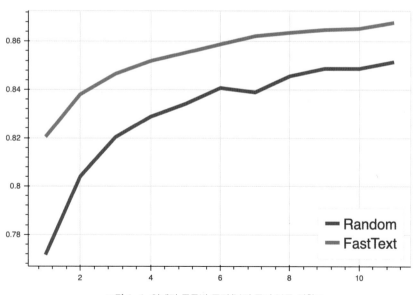

그림 1-4 임베딩 종류별 긍정/부정 문서 분류 정확도

그림 1-5는 문서 극성 분류 모델의 학습 과정별 학습 손실^{training loss}을 그래프로 나타낸 것이다. 그림 1-5를 보면 FastText 임베딩을 사용한 모델의 학습 손실이 Random보다 작고 빠르게 감소하는 것을 확인할 수 있다. 다시 말해 임베딩 품질이 좋으면 모델의 수렴^{converge} 역시 빨라진다. 품질 좋은 임베딩을 쓰면 원하는 모델을 빠르고 효율적으로 학습할 수 있다. 이 또한 임베딩이 중요한 이유가 될 수 있다.

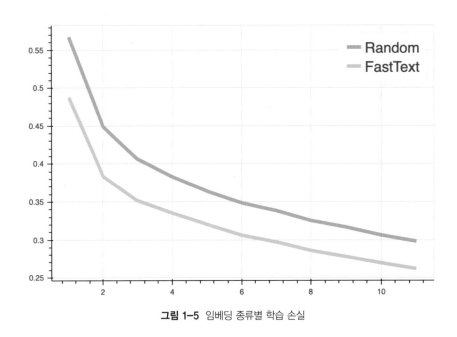

그림 1-5 임베딩 종류별 학습 손실

위 모델의 학습 방식과 코드는 4장, '단어 수준 임베딩'에서 설명할 예정이다.

1.3 임베딩 기법의 역사와 종류

임베딩 기법의 발전 흐름과 종류를 간단하게 살펴본다.

1.3.1 통계 기반에서 뉴럴 네트워크 기반으로

초기 임베딩 기법은 대부분 말뭉치의 통계량을 직접적으로 활용하는 경향이 있었다.

대표적인 기법이 **잠재 의미 분석**^{Latent Semantic Analysis}이다. 잠재 의미 분석이란 단어 사용 빈도 등 말뭉치의 통계량 정보가 들어 있는 커다란 행렬^{matrix}에 **특이값 분해**^{Singular Value Decomposition} 등 수학적 기법을 적용해 행렬에 속한 벡터들의 차원을 축소하는 방법을 말한다. 그림 1-6과 같다.

단어-문서 행렬

	문서1	문서2	문서3	문서4
단어1	2	0	0	0
단어2	0	1	0	1
단어3	0	0	0	3
단어4	1	0	1	2

①

	주제1	주제2
단어1	0.42	1.92
단어2	1.03	−0.29
단어3	2.88	−0.69
단어4	2.29	0.64

 ②

	문서1	문서2	문서3	문서4
주제1	0.81	0.27	0.59	3.70
주제2	2.08	−0.13	0.30	−0.49

그림 1-6 잠재 의미 분석

단어-문서 행렬에 잠재 의미 분석을 적용했다고 가정해보자. 그런데 단어-문서 행렬은 보통 행의 개수가 매우 많다. 말뭉치 전체의 어휘^{vocabulary} 수와 같기 때문이다. 어휘 수는 대개 10~20만 개 내외에 달한다. 게다가 행렬 대부분의 요소 값은 0이다. 문서 하나에 모든 어휘가 쓰이는 경우는 매우 드물기 때문이다. 이렇게 대부분의 요소 값이 0인 행렬을 희소 행렬^{sparse matrix}이라고 한다.

문제는 이러한 희소 행렬을 다른 모델의 입력값으로 쓰게 되면 계산량도 메모리 소비량도 쓸데없이 커진다는 데 있다. 따라서 원래 행렬의 차원을 축소해 사용한다. 그림 1-6의 ①처럼 단어를 기준으로, ②처럼 문서를 기준으로 줄일 수 있다. 이전에는 각각의 단어가 4개의 문서, 각각의 문서가 4개의 단어로 표현됐던 것이 모두 두 개의 주제만으로 표현이 가능해졌다. 결과적으로 전자는 단어 수준 임베딩, 후자는 문서 임베딩이 된다.

잠재 의미 분석 수행 대상 행렬은 여러 종류가 될 수 있다. 단어-문서 행렬을 비롯해 TF-IDF 행렬^{Term Frequency–Inverse Document Frequency}, **단어-문맥 행렬**^{Word-Context Matrix}, **점별 상호 정보량 행렬**^{Pointwise Mutual Information Matrix} 등이 바로 그것이다. 잠재 의미 분석 기법은 4장, '단어 수준 임베딩'과 5장, '문장 수준 임베딩'에서 다룰 예정이다.

최근에는 **뉴럴 네트워크**^{Neural Network} 기반의 임베딩 기법들이 주목받고 있다. Neural Probabilistic Language Model(Bengio et al., 2003)이 발표된 이후부터다. 뉴럴 네트워크 기반 모델들은 이전 단어들이 주어졌을 때 다음 단어가 뭐가 될지 예측하거나, 문장 내 일부분에 구멍을 뚫어 놓고^{masking} 해당 단어가 무엇일지 맞추는 과정에서 학습된다.

뉴럴 네트워크 기반 방법의 대략의 얼개는 그림 1-7과 같다. 뉴럴 네트워크는 그 구조가 유연하고 표현력이 풍부하기 때문에 자연어의 무한한 문맥을 상당 부분 학습할 수 있다. 뉴럴 네트워크 기반의 문장 임베딩 기법에 대해서는 5장, '문장 수준 임베딩'에서 살핀다.

그림 1-7 뉴럴 네트워크 기반의 임베딩 기법

1.3.2 단어 수준에서 문장 수준으로

2017년 이전의 임베딩 기법들은 대개 단어 수준 모델이었다. NPLM, Word2Vec, GloVe, FastText, Swivel 등이 여기에 속한다. 단어 임베딩 기법들은 각각의 벡터에 해당 단어의 문맥적 의미를 함축한다. 하지만 단어 수준 임베딩 기법의 단점은 동음이의어^{homonym}를 분간하기 어렵다는 점이다. 단어의 형태가 같다면 동일한 단어로 보고, 모든 문맥 정보를 해당 단어 벡터에 투영하기 때문이다. 단어 수준의 임베딩 기법에 대해서는 4장에서 설명할 예정이다.

2018년 초에 ELMo^Embeddings from Language Models가 발표된 이후 문장 수준 임베딩 기법들이 주목을 받았다. BERT^Bidirectional Encoder Representations from Transformer나 GPT^Generative Pre-Training 등이 바로 여기에 속한다. 문장 수준 임베딩 기법은 개별 단어가 아닌 단어 시퀀스^sequence 전체의 문맥적 의미를 함축하기 때문에 단어 임베딩 기법보다 전이 학습 효과가 좋은 것으로 알려져 있다.

예컨대 한국어에서 '배'는 먹는 배^pear, 신체 부위인 배^belly, 교통 수단의 배^ship 등 다양한 의미를 지닌 동음이의어다. 단어 임베딩 기법을 썼다면 이 모든 의미가 뭉뚱그려져 하나로 표현됐겠지만, 문장 수준 임베딩 기법을 사용하면 이들을 분리해 이해할 수 있다. 그림 1-8은 다의어 '배'를 문맥에 따라 시각화한 것이다. 5장에서 문장 수준 임베딩 기법들을 소개한다.

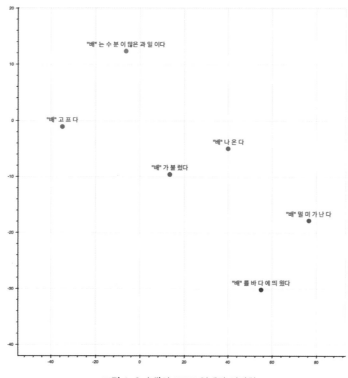

그림 1-8 '배'의 BERT 임베딩 시각화

1.3.3 룰 → 엔드투엔드 → 프리트레인/파인 튜닝

1990년대까지의 자연어 처리 모델 대부분은 사람이 **피처**feature를 직접 뽑았다. 피처란 모델의 입력값을 가리킨다. 한국어 문장을 구문 분석parsing하는 모델을 만든다고 하자. 이때 피처 추출은 언어학적인 지식을 활용한다. 한국어에서는 명사 앞에 관형사가 올 수 있고 조사가 명사 뒤에 오는 경향이 있으므로 이러한 **규칙**rule을 모델에 알려준다. 아울러 동사(어간)는 부사가 그 앞에 오고 어미가 그 뒤에 나타나므로 이 또한 규칙으로 정의한다.

2000년대 중반 이후 자연어 처리 분야에서도 딥러닝 모델이 주목받기 시작했다. 딥러닝 모델은 입력input과 출력output 사이의 관계를 잘 근사approximation하기 때문에 사람이 모델에 규칙을 굳이 직접 알려주지 않아도 된다. 데이터를 통째로 모델에 넣고 입출력 사이의 관계를 사람의 개입 없이 모델 스스로 처음부터 끝까지 이해하도록 유도한다. 이런 기법을 **엔드투엔드 모델**end-to-end model이라고 부른다. 기계 번역machine translation에 널리 쓰였던 시퀀스투시퀀스sequence-to-sequnece 모델이 엔드투엔드의 대표 사례다.

2018년 ELMo 모델이 제안된 이후 자연어 처리 모델은 엔드투엔드 방식에서 벗어나 **프리트레인**pretrain과 **파인 튜닝**fine tuning 방식으로 발전하고 있다. 우선 대규모 말뭉치로 임베딩을 만든다(프리트레인). 이 임베딩에는 말뭉치의 의미적, 문법적 맥락이 포함돼 있다. 이후 임베딩을 입력으로 하는 새로운 딥러닝 모델을 만들고 우리가 풀고 싶은 구체적 문제에 맞는 소규모 데이터에 맞게 임베딩을 포함한 모델 전체를 업데이트한다(파인 튜닝, 전이 학습). ELMo, GPT, BERT 등이 이 방식에 해당한다. 모두 5장, '문장 수준 임베딩'에서 설명한다.

우리가 풀고 싶은 자연어 처리의 구체적 문제들을 **다운스트림 태스크**downstream task라고 한다. 예컨대 품사 판별Part-Of-Speech tagging, 개체명 인식Named Entity Recognition, 의미역 분석Semantic Role Labeling 등이 있다. 이에 대비되는 개념이 **업스트림 태스크**upstream task이다. 다운스트림 태스크에 앞서 해결해야 할 과제라는 뜻이다. 단어/문장 임베딩을 프리트레인하는 작업이 바로 업스트림 태스크에 해당한다.

자연어 처리 분야에서 업스트림과 다운스트림 태스크 사이의 관계는 "윗물이 맑

아야 아랫물이 맑을" 수 있는 것과 같다. 다시 말해 임베딩 품질이 좋아야 문제를 제대로 풀 수 있다는 이야기다. 다운스트림 태스크를 예시와 함께 살펴보면 다음과 같다.

- 품사 판별: 나는 네가 지난 여름에 한 [일]을 알고 있다. → 일: 명사^{noun}
- 문장 성분 분석: 나는 [네가 지난 여름에 한 일]을 알고 있다. → 네가 지난 여름에 한 일: 명사구$^{noun\ phrase}$
- 의존 관계 분석: [자연어 처리는] 늘 그렇듯이 [재미있다]. → 자연어 처리는, 재미있다: 주격명사구^{nsubj}
- 의미역 분석: 나는 [네가 지난 여름에 한 일]을 알고 있다. → 네가 지난 여름에 한 일: 피행위주역^{patient}
- 상호 참조 해결: 나는 어제 [성빈이]를 만났다. [그]는 스웨터를 입고 있었다. → 그 = 성빈이

임베딩을 활용해 다운스트림 태스크에 맞게 모델을 파인 튜닝하는 방법에 대해서는 6장, '임베딩 파인 튜닝'에서 살펴본다.

1.3.4 임베딩의 종류와 성능

이 책에서 다루는 임베딩 기법은 크게 3가지로 나뉜다. 행렬 분해, 예측, 토픽 기반 방법이 그것이다.

행렬 분해 기반 방법

행렬 분해^{factorization} 기반 방법은 말뭉치 정보가 들어 있는 원래 행렬을 두 개 이상의 작은 행렬로 쪼개는 방식의 임베딩 기법을 가리킨다. 분해한 이후엔 둘 중 하나의 행렬만 쓰거나 둘을 더하거나^{sum} 이어 붙여^{concatenate} 임베딩으로 사용한다. GloVe, Swivel 등이 바로 여기에 속한다. 그 콘셉트는 그림 1-9와 같으며 4장, '단어 수준 임베딩'에서 설명한다.

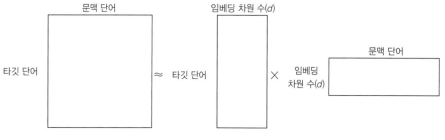

그림 1-9 행렬 분해 기반 방법

예측 기반 방법

이 방법은 어떤 단어 주변에 특정 단어가 나타날지 예측하거나, 이전 단어들이 주어졌을 때 다음 단어가 무엇일지 예측하거나, 문장 내 일부 단어를 지우고 해당 단어가 무엇일지 맞추는 과정에서 학습하는 방법이다. 그림 1-7의 뉴럴 네트워크 방법들이 예측 기반 방법에 속한다. Word2Vec, FastText, BERT, ELMo, GPT 등이 예측 기반 임베딩 기법들이다. Word2Vec과 FastText는 4장, '단어 수준 임베딩', 나머지 모델은 5장, '문장 수준 임베딩'에서 소개한다.

토픽 기반 방법

주어진 문서에 잠재된 주제latent topic를 추론inference하는 방식으로 임베딩을 수행하는 기법도 있다. 잠재 디리클레 할당Latent Dirichlet Allocation이 대표적인 기법이다. LDA 같은 모델은 학습이 완료되면 각 문서가 어떤 주제 분포topic distribution를 갖는지 확률 벡터 형태로 반환하기 때문에 임베딩 기법의 일종으로 이해할 수 있다. LDA는 5장, '문장 수준 임베딩'에서 소개한다.

임베딩 성능 평가

Tenney et al. (2019)은 영어 기반 다운스트림 태스크에 대한 임베딩 종류별 성능을 분석했다. 성능 측정 대상 다운스트림 태스크는 형태소 분석, 문장 성분 분석, 의존 관계 분석, 의미역 분석, 상호 참조 해결 등이다. 파인 튜닝 모델의 구조를 고정한 뒤 각각의 임베딩을 전이 학습시키는 형태로 정확도를 측정했다. 해당 논문의 실험 결과를 재해석해 정리한 결과는 그림 1-10과 같다. 문장 임베딩 기법인 ELMo, GPT, BERT가 단어 임베딩 기법인 GloVe를 크게 앞서고 있다. 아울러 BERT-large 모델이 가장 좋은 성능을 보여준다. 임베딩 품질이 각종 다운스트림 태스크 성능에 크게 영향을 주고 있음을 다시 한 번 확인할 수 있다.

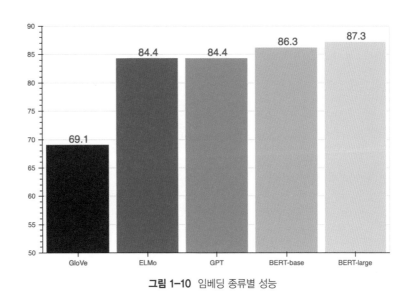

그림 1-10 임베딩 종류별 성능

안타깝게도 한국어는 공개돼 있는 데이터가 많지 않아 그림 1-10처럼 측정하기 어렵다. 한국어 데이터가 많아져 한국어에 대해서도 그림 1-10과 같은 품질 측정을 할 수 있기를 기대해본다. 단어 임베딩 성능 평가는 4장, 문장 임베딩 평가는 6장에서 설명한다.

1.4 개발 환경

내가 더 멀리 보았다면 이는 거인들의 어깨 위에 올라 서 있었기 때문이다.

– 아이작 뉴턴(Isaac Newton, 1643~1727)

1.4.1 환경 소개

이 책의 개발 환경은 다음과 같다. 이 밖에도 다양한 패키지를 사용한다. 의존성이 있는 패키지 목록은 1.4.5절의 '이 책이 도움받고 있는 오픈소스들'에 소개했다.

- Ubuntu 16.04.5
- Python 3.5.2
- Tensorflow 1.12.0

아래 모델은 엔비디아^{nvidia} GPU가 있어야 학습이 가능하다. 이 밖의 모델은 GPU가 없어도 수행에 문제가 없다.

- ELMo(5.4절, 6.4절)
- BERT(5.6절, 6.5절)
- 단어 임베딩 파인 튜닝(6.3절)

이 책의 소스 코드 실행을 위해서는 도커^{docker} 환경을 구성해야 한다. 도커란 컨테이너^{container} 기반의 오픈소스 가상화 플랫폼이다. 이 책에서는 우분투 16.04 운영체제와 구글 텐서플로를 비롯한 다양한 의존성 패키지들을 컨테이너 이미지 형태로 제공한다. 도커가 있으면 컴퓨팅 환경이 어떤 것이든 관계없이 컨테이너에서 제공하는 환경을 그대로 사용할 수 있다. 다시 말해 자신의 운영체제가 윈도우든 리눅스든 상관없이 우분투 환경에 최적화된 이 책의 코드들을 모두 실행해볼 수 있다는 이야기다.

GPU를 활용할 수 있는 독자라면 nvidia-docker를, CPU만 있는 분들이라면 docker를 자신의 환경에 맞게 설치하면 된다. 도커 설치 방법과 관련해 자세한 내용은 공식 문서(https://docs.docker.com)를 참고하면 된다. GPU가 없는데 GPU를 필요로 하는 모델을 학습하고 싶다면 아마존이 제공하는 클라우드 컴퓨팅 서비스$^{AWS, Amazon Web Service}$를 활용하는 것을 추천한다. 다음 절에서 안내한다.

1.4.2 AWS 구성

AWS는 사용자에게 인스턴스^{instance}라는 가상 컴퓨터를 빌려준다. 사용자는 이를 이용한 시간만큼 요금을 내야 한다. 그런데 GPU를 갖춘 인스턴스는 꽤 비싼 편이다. 때문에 이 책에서는 스팟 인스턴스^{spot instance} 활용법을 소개한다. 스팟 인스턴스는 경매 방식으로 빌려 쓰는 것으로 유휴 인스턴스를 싼 값에 빌리는 대신, AWS 사용자가 많아지면 그 사용이 언제라도 중단될 수 있다. 물론 시간당 요금을 더 내겠다고하면 중단 걱정을 하지 않고 계속해서 쓸 수 있다.

우선 AWS 사이트(https://aws.amazon.com)에 접속해 회원 가입을 한다. 콘솔^{console}에로그인해서 EC2 대시보드에 접속한 뒤 그림 1-11과 같이 AMI^{Amazon Machine Image}를선택하자. AMI는 운영체제와 소프트웨어가 미리 설치돼 있는 이미지다. 우선 **퍼블릭이미지**를 클릭한 뒤 deep learning base ami를 검색한다. 우리는 GPU를 활용할수 있는 우분투 환경이 필요하므로 Deep Learning Base AMI(Ubuntu) Version18.1을 선택하자. 이후 **작업** 박스의 **스팟 요청**을 클릭한다.

그림 1-11 AMI 선택

이제 어떤 가상 컴퓨터(인스턴스)를 쓸지 선택해야 한다. 튜토리얼 용도이니 GPU를 쓸 수 있는 인스턴스 가운데 가장 저렴한 **p2**를 선택하자. 그림 1-12와 같다. **p2.xlarge**는 엔비디아 K80 GPU를 하나 사용할 수 있다. 자원이 더 필요하다면 다른 인스턴스를 선택하면 된다.

그림 1-12 인스턴스 선택

인스턴스 유형을 선택한 다음에는 세부 사항을 정할 수 있다. 여기서는 일단 기본 사양으로 한다. 다 정했으면 **시작** 버튼을 눌러 인스턴스를 활성화한다.

그림 1-13 인스턴스 세부 스펙 선택

AWS에 접속하려면 암호화된 키^{key} 파일이 필요하다. 키 파일을 처음 만드는 경우라면 그림 1-14처럼 **새 키 페어 생성**을 선택한 후 이름을 지정한 뒤 **다운로드** 버튼을 클릭한다. 마지막으로 **스팟 인스턴스 요청**을 누르면 인스턴스 생성 절차가 마무리된다.

기존 키 페어 선택 또는 새 키 페어 생성 ✕

키 페어는 AWS에 저장하는 **퍼블릭 키**와 사용자가 저장하는 **프라이빗 키 파일**로 구성됩니다. 이 둘을 모두 사용하여 SSH를 통해 인스턴스에 안전하게 접속할 수 있습니다. Windows AMI의 경우 인스턴스에 로그인하는 데 사용되는 암호를 얻으려면 프라이빗 키 파일이 필요합니다. Linux AMI의 경우, 프라이빗 키 파일을 사용하면 인스턴스에 안전하게 SSH로 연결할 수 있습니다.

참고: 선택한 키 페어가 이 인스턴스에 대해 승인된 키 세트에 추가됩니다. 퍼블릭 AMI에서 기존 키 페어 제거에 대해 자세히 알아보기

새 키 페어 생성 ▲▼
키 페어 이름
key

키 페어 다운로드

💬 계속하려면 먼저 **프라이빗 키 파일**(*.pem 파일)을 다운로드해야 합니다. 액세스할 수 있는 안전한 위치에 저장합니다. 파일은 생성되고 나면 다시 다운로드할 수 없습니다.

취소   스팟 인스턴스 요청

그림 1-14 키 페어 생성

여기까지 다 마치고 콘솔의 **인스턴스** 항목을 클릭하면 우리가 만든 인스턴스 목록을 확인할 수 있다. 여기에서 IPv4 **퍼블릭 IP** 정보를 확인한다.

그림 1-15 생성된 인스턴스 정보 확인

이제 인스턴스에 접속할 차례다(코드 1-1). MacOS에서는 그림 1-14에서 생성한 키 페어가 저장된 위치에서 키 페어의 권한을 바꿔준다. 이후 그림 1-15에서 확인한 IP 정보에 맞춰 ssh 명령어로 접속하면 된다. 윈도우에서 AWS 우분투 인스턴스에 접속하는 방법은 공식 문서(https://docs.aws.amazon.com/ko_kr/AWSEC2/latest/UserGuide/putty.html)를 확인하면 된다.

코드 1-1 AWS 인스턴스 접속(MacOS)

```
chmod 400 key.pem
ssh -i "key.pem" ubuntu@my-public-ip
```

1.4.3 코드 실행

GPU가 있는 개인 컴퓨터, 혹은 1.4.2절에서 생성한 AWS P2 스팟 인스턴스에서 코드 1-2를 실행하면 GPU 학습이 가능한 임베딩 환경을 만들 수 있다. AWS를 사용하지 않고 개인 컴퓨터에서 GPU 환경 도커 컨테이너를 띄우려면 nvidia-docker가 반드시 설치돼 있어야 한다(nvidia-docker는 윈도우/맥을 지원하지 않으므로 우분투 운영체제에서 nvidia-docker를 설치하기를 권한다).

코드 1-2 GPU 환경 도커 컨테이너 띄우기

```
docker pull ratsgo/embedding-gpu
docker run -it --rm --gpus all ratsgo/embedding-gpu bash
```

GPU가 없는 환경에서라면 코드 1-3을 실행하면 CPU 환경의 도커 컨테이너를 실행할 수 있다. 이 컨테이너에서는 GPU 기반의 학습은 불가능하다. AWS를 사용하지 않고, 개인 컴퓨터에서 CPU 환경 도커 컨테이너를 띄우려면 docker가 반드시 설치돼 있어야 한다.

코드 1-3 CPU 환경 도커 컨테이너 띄우기

```
docker pull ratsgo/embedding-cpu
docker run -it --rm ratsgo/embedding-cpu bash
```

코드 1-2나 코드 1-3을 실행하면 그림 1-16과 같은 프롬프트를 만날 수 있다. 이 프롬프트에서 파일 목록을 확인하는 우분투 명령어 ll을 입력하면 현재 디렉터리의 파일들을 볼 수 있다.

```
root@b01e7feb27ff:/notebooks/embedding# ll
합계 72
drwxr-xr-x 1 root root 4096 6월 29 15:16 ./
drwxr-xr-x 1 root root 4096 6월 29 15:17 ../
drwxr-xr-x 8 root root 4096 6월 29 15:16 .git/
-rw-r--r-- 1 root root 2793 6월 29 15:16 .gitignore
-rw-r--r-- 1 root root 1068 6월 29 15:16 LICENSE
-rw-r--r-- 1 root root 285 6월 29 15:16 README.md
drwxr-xr-x 2 root root 4096 6월 29 15:16 docker/
drwxr-xr-x 4 root root 4096 6월 29 15:16 docs/
drwxr-xr-x 1 root root 4096 6월 29 15:17 models/
drwxr-xr-x 2 root root 4096 6월 29 15:16 preprocess/
-rwxr-xr-x 1 root root 10977 6월 29 15:16 preprocess.sh*
-rwxr-xr-x 1 root root 10974 6월 29 15:16 sentmodel.sh*
-rwxr-xr-x 1 root root 7730 6월 29 15:16 wordmodel.sh*
root@b01e7feb27ff:/notebooks/embedding#
```

그림 1-16 도커 컨테이너 프롬프트

이 디렉터리에서 코드 1-4를 입력해 최신 실습 코드로 업데이트한다. 버그 수
정, 개선 등이 수시로 이뤄지기 때문이다. 실습 코드는 깃허브 리포지터리 https://
github.com/ratsgo/embedding에서 관리된다.

코드 1-4 최신 실습 코드 업데이트

```
git pull origin master
```

이 책의 코드 실행 방법은 크게 두 가지가 있다. 첫째는 우분투 셸^{shell}에서 직접 실
행하는 방법이다. 예컨대 코드 1-5, 그림 1-17과 같다. 이처럼 실행할 경우, 이 책에
서는 코드 제목에 bash 라는 표시를 달아 둘 예정이다. 앞으로 이 표시가 있을 경우
우분투 셸에서 코드를 실행하면 된다.

코드 1-5 전처리가 완료된 데이터 자동 다운로드 `bash`

```
bash preprocess.sh dump-processed
```

```
root@09c0f950f708:/notebooks/embedding# bash preprocess.sh dump-processed
download processed data...
하략
```

그림 1-17 우분투 셸에서 코드 실행하기

경우에 따라서는 파이썬 콘솔상에서 코드를 실행할 수 있다. 예컨대 코드 1-6, 그림 1-18과 같다. 우분투 셸에서 python을 입력해 콘솔을 실행하고 코드 1-6을 한 줄씩 따라 치면 된다. 이 경우 책에서는 코드 제목에 `python` 이라는 표시를 달아 둘 예정이다.

코드 1-6 은전한닢 형태소 분석 `python`

```python
from konlpy.tag import Mecab
tokenizer = Mecab()
tokenizer.morphs("자연어 처리 공부는 재미가 있어요")
```

```
root@518e52980de3:/notebooks/embedding# python
Python 3.5.2 (default, Nov 23 2017, 16:37:01)
[GCC 5.4.0 20160609] on linux
Type "help", "copyright", "credits" or "license" for more information.
>>> from konlpy.tag import Mecab
>>> tokenizer = Mecab()
>>> tokenizer.morphs("자연어 처리 공부는 재미가 있어요")
['자연어', '처리', '공부', '는', '재미', '가', '있', '어요']
>>>
```

그림 1-18 파이썬 콘솔에서 코드 실행하기

이 책의 모든 코드는 깃허브 리포지터리에 공개돼 있다. 주요 코드와 튜토리얼은 그림 1-19의 홈페이지에서 확인할 수 있다.

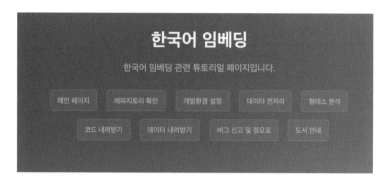

그림 1-19 튜토리얼 홈페이지

- https://ratsgo.github.io/embedding

1.4.4 버그 리포트 및 Q&A

꼼꼼히 확인한다고 했지만 책 내용이나 코드에 오류나 버그가 있을 수 있다. 이 경우 https://github.com/ratsgo/embedding/issues 사이트에 접속해 이슈를 작성해 지은이에게 직접 알리면 된다. 이슈를 만드는 방법은 그림 1-20의 녹색 네모 칸 New issue를 클릭한 다음 그림 1-21의 양식을 채워 Submit new issue 버튼을 누르면 완성된다.

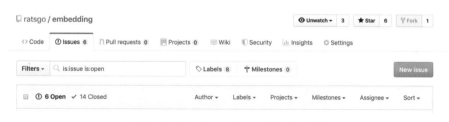

그림 1-20 버그 리포트 및 Q&A 이슈 만들기 (1)

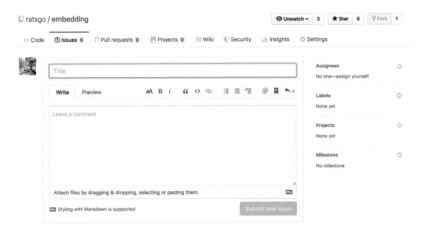

그림 1-21 버그 리포트 및 Q&A 이슈 만들기 (2)

책의 오류나 코드 버그가 확실해 수정이 불가피한 경우 그 수정 사항을 알릴 예정이다. 다음 주소에 접속하면 최신 정오표를 확인해볼 수 있다.

- https://ratsgo.github.io/embedding/notice.html

1.4.5 이 책이 도움받고 있는 오픈소스들

이 책과 튜토리얼이 사용하고 있는 오픈소스 목록은 다음과 같다. 어깨를 빌려주신 거인 여러분께 감사드린다.

- TensorFlow: https://www.tensorflow.org
- Gensim: https://radimrehurek.com/gensim
- FastText: https://fasttext.cc
- GloVe: https://nlp.stanford.edu/projects/glove
- Swivel: https://github.com/tensorflow/models/tree/master/research/swivel
- ELMo: https://allennlp.org/elmo
- BERT: https://github.com/google-research/bert

- Scikit-Learn: https://scikit-learn.org

- KoNLPy: https://konlpy.org/en/latest

- Mecab: https://eunjeon.blogspot.com

- soynlp: https://github.com/lovit/soynlp

- Khaiii: https://tech.kakao.com/2018/12/13/khaiii

- Bokeh: https://bokeh.pydata.org

- sentencepiece: https://github.com/google/sentencepiece

1.5 이 책이 다루는 데이터와 주요 용어

이 책이 다루는 데이터는 텍스트^{text} 형태의 자연어다. 음성은 다루지 않는다. 우리가 한국어 위키백과와 네이버 영화 리뷰 데이터를 임베딩에 쓴다고 가정해보자. 이때 한국어 위키백과와 네이버 영화 리뷰 데이터를 모두 합쳐 **말뭉치**^{corpus}라고 한다. 말뭉치란 임베딩 학습이라는 특정한 목적을 가지고 수집한 표본^{sample}이다. 표본이라함은 말뭉치 크기가 아무리 커도 이 데이터는 자연어의 일부만을 커버한다는 의미를지닌다. 자연어의 표현력은 무한하기 때문이다.

　말뭉치에 속한 각각의 집합은 **컬렉션**^{collection}이라고 부른다. 한국어 위키백과와 네이버 영화 리뷰를 말뭉치로 쓴다면 이들 각각이 컬렉션이 된다. 그림 1-22는 한국어위키백과 컬렉션의 일부다.

맥스웰 방정식(Maxwell 方程式)은 전기와 자기의 발생, 전기장과 자기장, 전하 밀도와 전류 밀도의 형성을 나타내는 4개의 편미분 방정식이다. 맥스웰 방정식은 빛 역시 전자기파의 하나임을 보여준다.

초월수(超越數)는 계수가 유리수인 어떤 다항 방정식의 해도 될 수 없는 복소수이다. 다항 방정식의 해가 될 수 있는 수인 대수적 수와 반대 개념이다. 실수인 초월수는 모두 무리수이다.

음계(音階)는 음악에서 음높이(pitch) 순서로 된 음의 집합을 말한다. 악곡을 주로 구성하는 음을 나타낸 것이며 음계의 종류에 따라 곡의 분위기가 달라진다.

그림 1-22 한국어 위키백과 일부

이 책이 다루는 데이터의 기본 단위는 **문장**sentence이다. 문장은 생각이나 감정을 말과 글로 표현할 때 완결된 내용을 나타내는 최소의 독립적인 형식 단위를 가리킨다. 하지만 실제로는 이렇게 엄밀하게 분리할 수는 없다. 처리해야 할 데이터가 너무 많기 때문이다. 여기서는 문장을 마침표(.)나 느낌표(!), 물음표(?)와 같은 기호로 구분된 문자열을 문장으로 취급한다. 이 기준으로 그림 1-22에서 문장을 뽑으면 다음과 같다.

- 맥스웰 방정식은 빛 역시 전자기파의 하나임을 보여준다.
- 실수인 초월수는 모두 무리수이다.
- 음계(音階)는 음악에서 음높이(pitch) 순서로 된 음의 집합을 말한다.

이 책에서는 생각이나 감정, 정보를 공유하는 문장 집합을 **문서**document로 규정한다. 엄밀하게 따지면 문서는 **단락**paragraph의 집합으로 표현될 수도 있으나 여기에서는 문서와 단락을 굳이 구분하지 않는다. 별도의 설명이 없다면 줄바꿈(\n) 문자로 구분된 문자열을 문서로 취급한다. 이 기준에 따라 그림 1-22에서 문서를 뽑으면 다음과 같다.

- 맥스웰 방정식(Maxwell 方程式)은 전기와 자기의 발생, 전기장과 자기장, 전하 밀도와 전류 밀도의 형성을 나타내는 4개의 편미분 방정식이다. 맥스웰 방정식은 빛 역시 전자기파의 하나임을 보여준다.
- 초월수(超越數)는 계수가 유리수인 어떤 다항 방정식의 해도 될 수 없는 복소수이다. 다항 방정식의 해가 될 수 있는 수인 대수적 수와 반대 개념이다. 실수인 초월수는 모두 무리수이다.
- 음계(音階)는 음악에서 음높이(pitch) 순서로 된 음의 집합을 말한다. 악곡을 주로 구성하는 음을 나타낸 것이며 음계의 종류에 따라 곡의 분위기가 달라진다.

이 책에서 다루는 가장 작은 단위는 **토큰**token이다. 문장은 여러 개의 토큰으로 구성된다. 문맥에 따라서는 토큰을 **단어**word, **형태소**morpheme, **서브워드**subword라고 부를 수도 있지만, 같은 뜻으로 서술하는 것이니 별도의 언급이 없다면 이들 용어 의미 차이에 크게 신경 쓰지 않아도 된다.

토큰 분리 기준은 그때그때 다를 수 있다. 예컨대 우리가 오픈소스 형태소 분석기 은전한닢^{Mecab}과 꼬꼬마^{Kkma}를 쓴다면 토큰은 각각 다음과 같이 분석된다. 물론 어절 단위(띄어쓰기)로 토큰을 나눌 수도 있다. 다시 말하자면 토큰을 언어학자들이 분석하는 것처럼 의미 단위로 엄밀하게 구분하는 것은 아니다. 아래에서 쉼표는 토큰 구분자다. 문장을 이처럼 토큰 시퀀스로 분석하는 과정을 **토크나이즈**^{tokenize}라고 한다.

- 은전한닢: 실수, 인, 초월수, 는, 모두, 무리수, 이, 다, .
- 꼬꼬마: 실수, 이, ㄴ, 초월수, 는, 모두, 무리수, 이, 다, .
- 띄어쓰기: 실수인, 초월수는, 모두, 무리수이다.

한편 형태소 분석^{morphological analysis}이란 문장을 형태소 시퀀스로 나누는 과정을 말한다. 이 책에서는 형태소와 토큰을 구분하고 있지 않으므로, 별도의 설명이 없다면 형태소 분석, 토크나이즈, 토큰화 등을 같은 의미로 쓴 것이다. 이들 용어 차이에 큰 의미를 두지 않아도 된다. 다만 한국어는 토큰화와 품사 판별^{Part Of Speech Tagging}이 밀접한 관계를 가지며, 대부분의 오픈소스 한국어 형태소 분석기가 품사 판별까지 수행하고 있어 광의로 해석하는 쪽에서는 형태소 분석을 '토큰화 + 품사 판별'로 이해하고 있다는 점 역시 참고하자.

어휘 집합^{vocabulary}은 말뭉치에 있는 모든 문서를 문장으로 나누고 여기에 토크나이즈를 실시한 후 중복을 제거한 토큰들의 집합이다. 아래는 그림 1-22를 말뭉치라고 봤을 때 이를 은전한닢으로 토큰화해서 어휘 집합으로 만들어본 것이다. 이 어휘 집합에는 총 85개의 토큰이 존재한다(쉼표는 구분자). 어휘 집합에 없는 토큰(예: 서울)을 **미등록 단어**^{unknown word}라고 한다.

- (,), „, .., 4, Maxwell, pitch, 數, 方, 程式, 超越, 音階, 가, 개, 개념, 것, 계수, 곡, 과, 구성, 나타내, 나타낸, 는, 다, 다항, 달라진다, 대수, 된, 될, 따라, 로, 말, 맥스웰, 며, 모두, 무리수, 밀도, 반대, 발생, 방정식, 보여준다, 복소수, 분위기, 빛, 수, 순서, 실수, 악곡, 어떤, 없, 에, 에서, 역시, 와, 유리수, 은, 을, 음, 음계, 음높이, 음악, 의, 이, 인, 임, 있, 자기, 자기장, 적, 전기, 전기장, 전류, 전자기파, 전하, 종류, 주로, 집합, 초월수, 편미분, 하, 하나, 한다, 해, 해도, 형성

한편 이 책에서 수식과 변수의 표기^{notation}는 기본적으로 해당 모델 원 논문을 따랐다. 다만 이해가 어렵다고 판단될 경우 표기를 일부 수정했다.

1.6 이 장의 요약

1장에서는 임베딩의 정의와 역할, 역사와 종류 등을 살펴봤다. 주요 내용은 다음과 같다.

- 임베딩이란 자연어를 기계가 이해할 수 있는 숫자의 나열인 벡터로 바꾼 결과 혹은 그 일련의 과정 전체를 가리킨다.
- 임베딩을 사용하면 단어/문장 간 관련도를 계산할 수 있다.
- 임베딩에는 의미적/문법적 정보가 함축돼 있다.
- 임베딩은 다른 딥러닝 모델의 입력값으로 쓰일 수 있다.
- 임베딩 기법은 (1) 통계 기반에서 뉴럴 네트워크 기반으로 (2) 단어 수준에서 문장 수준으로 (3) 엔드투엔드에서 프리트레인/파인 튜닝 방식으로 발전해왔다.
- 임베딩 기법은 크게 행렬 분해 모델, 예측 기반 방법, 토픽 기반 기법 등으로 나뉜다.
- 이 책이 다루는 데이터의 최소 단위는 토큰이다. 문장은 토큰의 집합, 문서는 문장의 집합, 말뭉치는 문서의 집합을 가리킨다. 토크나이즈란 문장을 토큰으로 분석하는 과정을 의미한다. 어휘 집합은 말뭉치에 있는 모든 문서를 문장으로 나누고 여기에 토크나이즈를 실시한 후 중복을 제거한 토큰들의 집합이다.

1.7 참고 문헌

강필성(2017). "IME653 : 비정형데이터분석", 고려대학교.

Bengio, Y., Ducharme, R., Vincent, P., & Jauvin, C. (2003). A neural probabilistic language model. Journal of machine learning research, 3(Feb), 1137-1155.

McCormick C. (2016). "Word2Vec Tutorial – The Skip-Gram Model", http://mccor mickml.com

Tenney, I., Xia, P., Chen, B., Wang, A., Poliak, A., McCoy, R. T. & Pavlick, E. (2019). What do you learn from context? probing for sentence structure in contextualized word representations. arXiv preprint arXiv:1905.06316.

Jurafsky, D., & Martin, J. H. (2019). Speech and language processing (3rd ed. draft).

Cho, K. (2015). Natural language understanding with distributed representation. arXiv preprint arXiv:1511.07916.

Socher, R. (2016). "CS224d : Deep Learning for Natural Language Processing", Stanford University, USA.

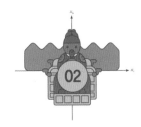

벡터가 어떻게 의미를 가지게 되는가

2장에서 다루는 내용

2장에서는 자연어의 의미를 임베딩에 어떻게 녹여낼 수 있는지를 주로 살핀다. 목차는 다음과 같다.

2장   벡터가 어떻게 의미를 가지게 되는가

2.1   자연어 계산과 이해

2.2   어떤 단어가 많이 쓰였는가

2.2.1 백오브워즈 가정

2.2.2 TF-IDF

2.2.3 Deep Averaging Network

2.3   단어가 어떤 순서로 쓰였는가

2.3.1 통계 기반 언어 모델

2.3.2 뉴럴 네트워크 기반 언어 모델

2.4   어떤 단어가 같이 쓰였는가

2.4.1 분포 가정

              2.4.2 분포와 의미 (1): 형태소

              2.4.3 분포와 의미 (2): 품사

              2.4.4 점별 상호 정보량

              2.4.5 Word2Vec

   2.5   이 장의 요약

   2.6   참고 문헌

2.1 자연어 계산과 이해

컴퓨터는 자연어를 사람처럼 이해할 수 없다. 컴퓨터는 그저 계산기일 뿐이다. 그런데 임베딩을 활용하면 컴퓨터가 자연어를 계산하는 것이 가능해진다. 임베딩은 자연어를 컴퓨터가 처리할 수 있는 숫자들의 나열인 벡터로 바꾼 결과이기 때문이다. 컴퓨터는 임베딩을 계산/처리해 사람이 알아들을 수 있는 형태의 자연어로 출력한다. 사람 말을 100% 이해하는 인공지능이 등장하더라도 그 이해의 본질은 계산이다.

그러면 임베딩에 자연어 의미를 어떻게 함축할 수 있을까. 그 비결은 자연어의 통계적 패턴^{statistical pattern} 정보를 통째로 임베딩에 넣는 것이다. 자연어의 의미는 해당 언어 화자(話者)들이 실제 사용하는 일상 언어에서 드러나기 때문이다. 임베딩을 만들 때 쓰는 통계 정보는 크게 세 가지가 있다. 첫째는 문장에 어떤 단어가 (많이) 쓰였는지이고, 둘째는 단어가 어떤 순서로 등장하는지이며, 마지막으로는 문장에 어떤 단어가 같이 나타났는지와 관련한 정보다. 이를 정리하면 표 2-1과 같다.

표 2-1 임베딩을 만드는 세 가지 철학

구분	백오브워즈 가정	언어 모델	분포 가정
내용	어떤 단어가 (많이) 쓰였는가	단어가 어떤 순서로 쓰였는가	어떤 단어가 같이 쓰였는가
대표 통계량	TF-IDF	–	PMI
대표 모델	Deep Averaging Network	ELMo, GPT	Word2Vec

백오브워즈^bag of words 가정에서는 어떤 단어가 (많이) 쓰였는지 정보를 중시한다. 저자의 의도는 단어 사용 여부나 그 빈도에서 드러난다고 보기 때문이다. 단어의 순서^order 정보는 무시한다. 백오브워즈 가정에서 가장 많이 쓰이는 통계량은 Term Frequency-Inverse Document Frequency^TF-IDF이며 백오브워즈 가정의 딥러닝 버전은 Deep Averaging Network(Iyyer et al., 2015)다. 2.2절, '어떤 단어가 많이 쓰였는가'에서 설명한다.

단어의 등장 순서를 무시하는 백오브워즈 가정의 대척점에는 **언어 모델**^language model이 있다. 언어 모델은 단어의 등장 순서를 학습해 주어진 단어 시퀀스가 얼마나 자연스러운지 확률을 부여한다. ELMo, GPT 등과 같은 뉴럴 네트워크 기반의 언어 모델이 여기에 해당한다. 2.3절, '단어가 어떤 순서로 쓰였는가'를 참고하자.

분포 가정^distributional hypothesis에서는 문장에서 어떤 단어가 같이 쓰였는지를 중요하게 따진다. 단어의 의미는 그 주변 **문맥**^context을 통해 유추해볼 수 있다고 보는 것이다. 분포 가정의 대표 통계량은 **점별 상호 정보량**^PMI, Pointwise Mutual Information이며 대표 모델은 Word2Vec을 꼽을 수 있다. 2.4절, '어떤 단어가 같이 쓰였는가'를 보면 된다.

위의 세 철학은 서로 연관이 있다. 언어 모델에서는 단어의 등장 순서를, 분포 가정에서는 이웃 단어(문맥)를 우선시한다. 어떤 단어가 문장에서 주로 나타나는 순서는 해당 단어의 주변 문맥과 떼려야 뗄 수 없는 관계를 가진다. 한편 분포 가정에서는 어떤 단어 쌍^pair이 얼마나 같이 자주 나타나는지와 관련한 정보를 수치화(2.4.4절, '점별 상호 정보량'에서 설명)하기 위해 개별 단어 그리고 단어 쌍의 빈도 정보를 적극 활용한다. 요컨대 백오브워즈 가정, 언어 모델, 분포 가정은 말뭉치의 통계적 패턴을 서로 다른 각도에서 분석하는 것이며 상호 보완적이다.

2.2 어떤 단어가 많이 쓰였는가

2.2.1 백오브워즈 가정

수학에서 **백**^bag이란 중복 원소를 허용한 집합^multiset을 뜻한다. 원소의 순서는 고려하지 않는다. 예컨대 중복집합 {a, a, b, c, c, c}는 {c, a, b, c, a, c}, {c, a, c, b, a, c}와 같다. 자연어 처리 분야에서 백오브워즈^{bag of words}란 단어의 등장 순서에 관계없이 문서 내 단어의 등장 빈도를 임베딩으로 쓰는 기법을 말한다. 백오브워즈는 문장을 단어들로 나누고 이들을 중복집합에 넣어 임베딩으로 활용하는 것이라고 보면 된다. 그림 2-1처럼 단어들을 바구니에 넣고 흔들어 그 빈도를 세어 놓은 것으로 이해하면 쉽다. 경우에 따라서는 빈도 역시 단순화해 등장 여부(등장 시 1, 아니면 0)만을 백오브워즈 임베딩으로 쓰기도 한다.

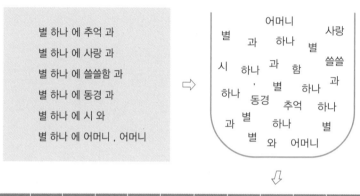

그림 2-1 백오브워즈 임베딩

백오브워즈 임베딩에는 '저자가 생각한 주제가 문서에서의 단어 사용에 녹아 있다'는 가정이 깔려 있다. 다시 말해 주제가 비슷한 문서라면 단어 빈도 또는 단어 등장 여부 역시 비슷할 것이고, 백오브워즈 임베딩 역시 유사할 것이라고 보는 것이다. 빈도를 그대로 백오브워즈로 쓴다면 많이 쓰인 단어가 주제와 더 강한 관련을 맺고 있을 것이라는 전제 역시 깔려 있다. 표 2-2는 1장, '서론'의 단어-문서 행렬^{Term-Document matrix}을 그대로 옮겨 놓았다. 표 2-2에 따르면 사랑 손님과 어머니 와 삼포 가는 길 문서 관련성이 상대적으로 높다.

표 2-2 단어-문서 행렬

구분	메밀꽃 필 무렵	운수 좋은 날	사랑 손님과 어머니	삼포 가는 길
기차	0	2	10	7
막걸리	0	1	0	0
선술집	0	1	0	0

백오브워즈 임베딩은 간단한 아이디어지만 **정보 검색**^{Information Retrieval} 분야에서 여전히 많이 쓰이고 있다. 사용자의 질의^{query}에 가장 적절한 문서를 보여줄 때 질의를 백오브워즈 임베딩으로 변환하고 질의와 검색 대상 문서 임베딩 간 코사인 유사도를 구해 유사도가 가장 높은 문서를 사용자에게 노출한다.

2.2.2 TF-IDF

단어 빈도 또는 등장 여부를 그대로 임베딩으로 쓰는 것에는 큰 단점이 있다. 어떤 문서에든 쓰여서 해당 단어가 (많이) 나타났다 하더라도 문서의 주제를 가늠하기 어려운 경우가 있기 때문이다. 예컨대 '을/를', '이/가' 같은 조사는 대부분의 한국어 문서에 등장한다. 이에 우리는 '을/를' 또는 '이/가'만으로는 해당 문서의 주제를 추측하기 어렵다.

이러한 단점을 보완하기 위해 제안된 기법이 Term Frequency-Inverse Document Frequency^{TF-IDF}이다. 표 2-2와 같은 단어-문서 행렬에 수식 2-1과 같이 가중치를 계산해 행렬 원소^{matrix element}를 바꾼다. TF-IDF 역시 단어 등장 순서를 고려하지 않는다는 점에서 백오브워즈 임베딩이라고 이해할 수 있다.

수식 2-1 TF-IDF

$$\mathrm{TF-IDF}(w) = \mathrm{TF}(w) \times \log(\frac{N}{\mathrm{DF}(w)})$$

수식 2-1에서 TF^{Term Frequency}는 어떤 단어가 특정 문서에 얼마나 많이 쓰였는지 빈도를 나타낸다. 많이 쓰인 단어가 중요하다는 가정을 전제로 한 수치다. 예컨대 `A`라는 단어가 `문서1`에서 10번, `문서3`에서 5번 쓰였다면 `문서1` - `단어A`의 TF는 10, `문서3` - `단어A`의 TF는 5가 된다.

DF^{Document Frequency}란 특정 단어가 나타난 문서의 수를 뜻한다. 만약 `A`라는 단어가 말뭉치 전체에서 `문서1`, `문서3`에만 등장했다면 DF는 2가 된다. DF가 클수록 다수 문서에 쓰이는 범용적인 단어라고 볼 수 있겠다. TF는 같은 단어라도 문서마다 다른 값을 갖고, DF는 문서가 달라지더라도 단어가 같다면 동일한 값을 지닌다.

IDF^{Inverse Document Frequency}는 전체 문서 수(N)를 해당 단어의 DF로 나눈 뒤 로그를 취한 값이다. 그 값이 클수록 특이한 단어라는 뜻이다. 이는 단어의 주제 예측 능력 (해당 단어만 보고 문서의 주제를 가늠해볼 수 있는 정도)과 직결된다.

TF-IDF가 지향하는 원리는 이렇다. 어떤 단어의 주제 예측 능력이 강할 수록 가중치가 커지고 그 반대의 경우 작아진다. 표 2-3을 보면 `어머니`라는 명사는 `사랑 손님과 어머니`라는 문서에서 의존명사 `것`보다 TF-IDF 값이 크다. `것`만 봐서는 해당 문서의 주제를 추측하기 어렵지만, `어머니`가 나왔다면 문서 주제를 예측하기가 상대적으로 수월하다.

한편 어떤 단어의 TF가 높으면 TF-IDF 값 역시 커진다. 단어 사용 빈도는 저자가 상정한 주제와 관련을 맺고 있을 것이라는 가정에 기초한 것이다.

표 2-3 TF-IDF 행렬

구분	메밀꽃 필 무렵	운수 좋은 날	사랑 손님과 어머니	삼포 가는 길
어머니	0.066	0.0	0.595	0.0
것	0.2622	0.098	0.145	0.0848

표 2-3처럼 TF-IDF를 적용하면 `것` 같이 정보성이 없는 단어들은 그 가중치가 줄게 돼 불필요한 정보가 사라진다. 따라서 표 2-2보다는 표 2-3이 좀 더 품질이 좋은 임베딩이라고 볼 수 있는 것이다. TF-IDF 행렬 구축 튜토리얼은 4.4절, '잠재 의미

분석'에서 설명한다.

2.2.3 Deep Averaging Network

Deep Averaging Network(Iyyer et al., 2015)는 백오브워즈 가정의 뉴럴 네트워크 버전이다. 모델의 콘셉트는 그림 2-2와 같다.

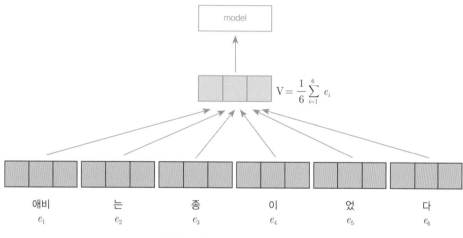

그림 2-2 Deep Averaging Network

Iyyer et al. (2015)이 백오브워즈 가정과 연결될 수 있는 지점은 단어의 순서를 고려하지 않는다는 점에 있다. 그림 2-2에서 확인할 수 있는 것처럼 애비는 종이었다 라는 문장의 임베딩은 중복집합 {애비, 는, 종, 이, 었, 다에 속한 단어의 임베딩을 평균 mean을 취해 만든다. 벡터의 덧셈은 교환 법칙이 성립하기 때문에 [종, 이, 었, 다, 애비, 는]은 [애비, 종, 이, 었, 다, 는], [애비, 는, 종, 이, 었, 다] 순서로 쓰는 임베딩과 동일하다.

요컨대 Iyyer et al. (2015)은 문장 내에 어떤 단어가 쓰였는지, 쓰였다면 얼마나 많이 쓰였는지 그 빈도만을 따진다. Iyyer et al. (2015)은 이러한 문장 임베딩을 입력받아 해당 문서가 어떤 범주인지 분류classification한다. 간단한 구조의 아키텍처임에도 성능이 좋아서 현업에서도 자주 쓰인다.

2.3 단어가 어떤 순서로 쓰였는가

2.3.1 통계 기반 언어 모델

언어 모델^{language model}이란 단어 시퀀스에 확률^{probability}을 부여^{assign}하는 모델이다. 단어의 등장 순서를 무시하는 백오브워즈와 달리 언어 모델은 시퀀스 정보를 명시적으로 학습한다. 따라서 백오브워즈의 대척점에 언어 모델이 있다고 말할 수 있다.

단어가 n개 주어진 상황이라면 언어 모델은 n개 단어가 동시에 나타날 확률, 즉 $P(w_1, ..., w_n)$을 반환한다. 통계 기반의 언어 모델은 말뭉치에서 해당 단어 시퀀스가 얼마나 자주 등장하는지 빈도를 세어 학습한다.

잘 학습된 언어 모델이 있다면 어떤 문장이 그럴듯한지(확률 값이 높은지), 주어진 단어 시퀀스 다음 단어는 무엇이 오는 게 자연스러운지 알 수 있다. 그림 2-3처럼 자연스러운 한국어 문장에 높은 확률 값을 부여한다.

누명을 쓰다 → 0.41
누명을 당하다 → 0.02

두시 삼십이분 → 0.51
이시 서른두분 → 0.08

난폭 운전 → 0.39
무모 운전 → 0.01

선생님께는 낡은 집이 한 채 있으시다 → 0.12
진이에게는 존경하는 선생님이 한 분 있으시다 → 0.01

진이는 이 책을 세 번을 읽었다. → 0.47
이 책이 진이한테 세 번을 읽혔다. → 0.23
세 번이 진이한테 이 책을 읽혔다. → 0.07

그림 2-3 한국어 언어 모델 예시

n-gram이란 n개 단어를 뜻하는 용어다. 난폭, 운전 , 눈, 뜨다 등은 2-gram 또는 바이그램[bigram]이다. 누명, 을, 쓰다 등은 3-gram 또는 트라이그램[trigram], 바람, 잘, 날, 없다 등은 4-gram이다. 경우에 따라서 n-gram은 n-gram에 기반한 언어 모델을 의미하기도 한다. 말뭉치 내 단어들을 n개씩 묶어서 그 빈도를 학습했다는 뜻이다.

표 2-4는 네이버 영화 리뷰 말뭉치(데이터에 대한 자세한 내용은 3장 참고)에서 각각의 표현이 등장한 횟수를 가리킨다. 띄어쓰기 단위인 어절을 하나의 단어로 보고 빈도를 센 것이다. 표 2-4를 보면 내 마음 속에 영원히 기억될 최고의 명작이다 는 이 말뭉치에 한 번도 등장하지 않는다. 이 경우 네이버 영화 말뭉치로 학습한 언어 모델은 해당 표현이 나타날 확률을 0으로 부여하게 된다. 즉, 문법적으로나 의미적으로 결함이 없는 훌륭한 한국어 문장임에도 해당 표현을 말이 되지 않는 문장으로 취급한다는 이야기다.

표 2-4 네이버 영화 말뭉치의 각 표현별 등장 횟수

표현	빈도
내	1309
마음	172
속에	155
영원히	104
기억될	29
최고의	3503
명작이다	298
내 마음	93
마음 속에	9
속에 영원히	7
영원히 기억될	7
기억될 최고의	1
최고의 명작이다	23
영원히 기억될 최고의 명작이다	1
내 마음 속에 영원히 기억될 최고의 명작이다	0

내 마음 속에 영원히 기억될 최고의 라는 표현 다음에 **명작이다** 라는 단어가 나타날 확률은 조건 부확률conditional probability의 정의를 활용해 **최대우도추정법**Maximum Likelihood Estimation으로 유도하면 수식 2-2와 같다. Freq란 해당 문자열 시퀀스가 말뭉치에서 나타난 빈도 frequency를 가리킨다. 하지만 수식 2-2의 우변의 분자가 0이어서 전체 값이 0이 된다.

수식 2-2 '내 마음 속에 영원히 기억될 최고의' 다음에 '명작이다'가 나타날 확률

$$P(\text{명작이다} \mid \text{내, 마음, 속에, 영원히, 기억될, 최고의})$$
$$= \frac{\text{Freq}(\text{내, 마음, 속에, 영원히, 기억될, 최고의, 명작이다})}{\text{Freq}(\text{내, 마음, 속에, 영원히, 기억될, 최고의})}$$

n-gram 모델을 쓰면 이런 문제를 일부 해결할 수 있다. 직전 $n-1$개 단어의 등장 확률로 전체 단어 시퀀스 등장 확률을 근사approximation하는 것이다. 이는 한 상태state 의 확률은 그 직전 상태에만 의존한다는 **마코프 가정**Markov assumption에 기반한 것이다. **내 마음 속에 영원히 기억될 최고의** 다음에 **명작이다** 가 나타날 확률을 바이그램 모델로 근사하면 수식 2-3과 같다. **최고의 명작이다** 빈도를 **최고의** 빈도로 나눠준 값이다. 다시 말해 **명작이다** 직전의 1개 단어만 보고 전체 단어 시퀀스 등장 확률을 근사한 것이다.

수식 2-3 바이그램 근사 예시 (1)

$$P(\text{명작이다} \mid \text{내, 마음, 속에, 영원히, 기억될, 최고의}) \approx P(\text{명작이다} \mid \text{최고의})$$
$$= \frac{\text{Freq}(\text{최고의, 명작이다})}{\text{Freq}(\text{최고의})} = \frac{23}{3503}$$

그렇다면 바이그램 모델에서 **내 마음 속에 영원히 기억될 최고의 명작이다** 라는 단어 시퀀스가 나타날 확률은 얼마나 될까? 이는 수식 2-4와 같다. 수식 2-4를 풀어서 생각하면 이렇다. 일단 **내** 가 단독으로 등장할 확률을 계산한다. 이후 **내** 다음에 **마음** 이 나타날 확률을 곱한다. 여기에 **마음** 다음에 **속에** 가 등장할 확률을 곱한다(1. **내** 가 나타난 경우를 고려한다. 2. **내** 다음에 **마음** 이 나타났고, 3. **마음** 다음에 **속에** 가 등장한 사건이 동시에 일어날 확률을 구하려는 것이므로 이들 확률 간 곱셈이 된다). 이렇게 단어를 슬라이딩해가면서 끝까지

계산한 결과가 수식 2-4가 된다. 수식 2-4에서 $|V|$는 어휘 집합^vocabulary에 속한 단어 수를 가리킨다.

수식 2-4 바이그램 근사 예시 (2)

$$P(\text{내, 마음, 속에, 영원히, 기억될, 최고의, 명작이다})$$
$$\approx P(\text{내}) \times P(\text{마음}|\text{내}) \times P(\text{속에}|\text{마음}) \times P(\text{영원히}|\text{속에}) \times$$
$$P(\text{기억될}|\text{영원히}) \times P(\text{최고의}|\text{기억될}) \times P(\text{명작이다}|\text{최고의})$$
$$= \frac{1309}{|V|} \ \frac{93}{1309} \ \frac{9}{172} \ \frac{7}{155} \ \frac{7}{104} \ \frac{1}{29} \ \frac{23}{3503}$$

바이그램 모델을 일반화한 식은 수식 2-5와 같다. n-gram 모델은 바이그램 모델의 확장판으로 직전 1개 단어만 참고하는 바이그램 모델과 달리 전체 단어 시퀀스 등장 확률 계산 시 직전 $n-1$개 단어의 히스토리를 본다.

수식 2-5 바이그램 모델

$$P(w_n \mid w_{n-1}) = \frac{\text{Freq}(w_{n-1}, w_n)}{\text{Freq}(w_{n-1})}$$
$$P(w_1^n) = P(w_1, w_2, \cdots, w_n) = \prod_{k=1}^{n} P(w_k \mid w_{k-1})$$

하지만 문제는 여전히 남아 있다. 데이터에 한 번도 등장하지 않는 n-gram이 존재할 때 예측 단계에서 문제가 발생할 수 있다. 바이그램을 예로 들어 설명한 그림 2-4를 보자. '또바기'는 '언제나 한결같이 꼭 그렇게'라는 뜻을 가진 한국어 부사다. 학습 데이터에 아이는 다음에 또바기 라는 단어가 한 번도 등장하지 않았다면 이 언어 모델은 예측 단계에서 그 아이는 또바기 인사를 잘한다 는 자연스런 한국어 문장이 등장할 확률을 0으로 부여하게 된다.

$$P(\text{그 아이는 또바기 인사를 잘한다})$$
$$= P(\text{그}) \times P(\text{아이는|그}) \times P(\text{또바기|아이는}) = 0$$
$$\times P(\text{인사를|또바기}) \times P(\text{잘한다|인사를})$$
$$= 0$$

그림 2-4 n-gram 모델의 한계 예시

이를 위해 **백오프**back-off, **스무딩**smoothing 등의 방식이 제안됐다. 백오프란 n-gram 등장 빈도를 n보다 작은 범위의 단어 시퀀스 빈도로 근사하는 방식이다. n을 크게 하면 할수록 등장하지 않는 케이스가 많아질 가능성이 높기 때문이다. 예컨대 7-gram 모델을 적용하면 네이버 영화 리뷰 말뭉치에서 <mark>내 마음 속에 영원히 기억될 최고의 명작이다</mark>의 등장 빈도는 0이 된다.

이를 백오프 방식(N을 4로 줄임)으로 7-gram 빈도를 근사하면 수식 2-6과 같다. 수식 2-6에서 α, β는 실제 빈도와의 차이를 보정해주는 **파라미터**parameter다. 물론 빈도가 1 이상인 7-gram에 대해서는 백오프(수식 2-6처럼 근사)하지 않고 해당 빈도를 그대로 n-gram 모델 학습에 사용한다.

수식 2-6 백오프 기법 예시

$$\text{Freq}(\text{내 마음 속에 영원히 기억될 최고의 명작이다})$$
$$\approx \alpha\text{Freq}(\text{영원히 기억될 최고의 명작이다}) + \beta$$

스무딩은 표 2-4와 같은 등장 빈도 표에 모두 k만큼을 더하는 기법이다. 이렇게 되면 표 2-4의 <mark>내 마음 속에 영원히 기억될 최고의 명작이다</mark>의 빈도는 $k(=0+k)$가 된다. 이 때문에 **Add-k 스무딩**이라고 부르기도 한다. 만약 k를 1로 설정한다면 이를 특별히 **라플라스 스무딩**laplace smoothing이라고 한다. 스무딩을 시행하면 높은 빈도를 가진 문자열 등장 확률을 일부 깎고 학습 데이터에 전혀 등장하지 않는 케이스들에는 작으나마 일부 확률을 부여하게 된다.

2.3.2 뉴럴 네트워크 기반 언어 모델

2.3.1에서 설명한 통계 기반 언어 모델은 단어들의 빈도를 세어서 학습한다. 그런데 이를 뉴럴 네트워크로 학습할 수도 있다. 뉴럴 네트워크는 입력과 출력 사이의 관계를 유연하게 포착해낼 수 있고, 그 자체로 확률 모델로 기능할 수 있기 때문이다. 그 콘셉트는 그림 2-5와 같다.

발 없는 말이 ⇨ | 언어 모델 | ⇨ 천리

그림 2-5 뉴럴 네트워크 기반 언어 모델을 활용한 임베딩

뉴럴 네트워크 기반 언어 모델은 그림 2-5처럼 주어진 단어 시퀀스를 가지고 다음 단어를 맞추는prediction 과정에서 학습된다. 학습이 완료되면 이들 모델의 중간 혹은 말단 계산 결과물을 단어나 문장의 임베딩으로 활용한다. ELMo, GPT 등 모델이 여기에 해당한다.

마스크 언어 모델masked language model은 언어 모델 기반 기법과 큰 틀에서 유사하지만 디테일에서 차이를 보이는 기법이다. 그림 2-6처럼 문장 중간에 마스크를 씌워 놓고, 해당 마스크 위치에 어떤 단어가 올지 예측하는 과정에서 학습한다.

언어 모델 기반 기법은 단어를 순차적으로 입력받아 다음 단어를 맞춰야 하기 때문에 태생적으로 **일방향**uni-directional이다. 하지만 마스크 언어 모델 기반 기법은 문장 전체를 다 보고 중간에 있는 단어를 예측하기 때문에 **양방향**bi-directional 학습이 가능하다. 이 덕분에 마스크 언어 모델 기반의 방법들은 기존 언어 모델 기법들 대비 임베딩 품질이 좋다. BERT가 이 부류에 속한다.

발 없는 말이 [MASK] 간다
⇩
| 언어 모델 |
⇩
천리

그림 2-6 마스크 언어 모델 기반 임베딩 기법

ELMo, GPT, BERT 등의 모델은 5장, '문장 수준 임베딩'에서 설명할 예정이다.

2.4 어떤 단어가 같이 쓰였는가

2.4.1 분포 가정

자연어 처리에서 분포^{distribution}란 특정 범위, 즉 윈도우^{window} 내에 동시에 등장하는 이웃 단어 또는 문맥^{context}의 집합을 가리킨다. 개별 단어의 분포는 그 단어가 문장 내에서 주로 어느 위치에 나타나는지, 이웃한 위치에 어떤 단어가 자주 나타나는지에 따라 달라진다. 어떤 단어 쌍^{pair}이 비슷한 문맥 환경에서 자주 등장한다면 그 의미^{meaning} 또한 유사할 것이라는 게 분포 가정^{distributional hypothesis}의 전제다.

분포 가정은 "단어의 의미는 곧 그 언어에서의 활용이다(the meaning of a word is its use in the language)"라는 언어학자 비트겐슈타인(1889~1951)의 철학에 기반해 있다. 다시 말해 모국어 화자들이 해당 단어를 실제 어떻게 사용하고 있는지 문맥을 살핌으로써 그 단어의 의미를 밝힐 수 있다는 이야기다.

예컨대 한국어의 빨래, 세탁이라는 단어의 의미를 전혀 모른다고 하자. 두 단어의 의미를 파악하기 위해서는 이들 단어가 실제 어떻게 쓰이고 있는지 관찰하면 된다. 그림 2-7은 한국어 위키백과에서 두 단어가 쓰인 부분만 일부 발췌한 것이다. 빨래, 세탁은 각각 타깃 단어^{target word}이고 청소, 물 등은 그 주위에 등장한 문맥 단어^{context word}이다.

... 특기 는 자칭 청소 와 **빨래** 지만 요리 는 절망 적 ...
... 재 를 우려낸 물 로 **빨래** 할 때 나 ...
... 개울가 에서 속옷 **빨래** 를 하 는 남녀 ...

... 찬 물 로 옷 을 **세탁** 한다 ...
... **세탁** , 청소 , 요리 와 가사 는 ...

그림 2-7 한국어 위키백과에 언급된 빨래, 세탁

타깃 단어 빨래가 사용된 문맥을 보자. 빨래는 청소, 요리, 물, 속옷과 같이 등장했다. 이번엔 세탁이라는 타깃 단어를 살피자. 세탁은 청소, 요리, 물, 옷과 같이 등장한다. 이같은 사실을 바탕으로 분포 가정을 적용해 유추해 보자면 빨래와 세탁은 비슷한 의미를 지닐 가능성이 높다. 이웃한 단어(청소, 요리, 물, 옷/속옷)들이 서로 비슷하기 때문이다.

아울러 빨래가 청소, 요리, 물, 속옷과 같이 등장하는 경향을 미루어 짐작해볼 때 이들끼리도 직간접적으로 관계를 지닐 가능성 역시 낮지 않다. 이로써 우리는 빨래의 의미를 물을 이용해 하는 어떤 행위 또는 속옷에 가하는 어떤 행위, 청소/요리와 비슷한 부류의 행위 등으로 추측해볼 수 있는 것이다.

그럼에도 개별 단어의 분포 정보와 그 의미 사이에는 논리적으로 직접적인 연관성이 있어 보이지는 않는다. 다시 말해 분포 정보가 곧 의미라는 분포 가정에 의문점이 제기될 수 있다는 이야기다. 다음 절에서 둘 사이에 어떤 관계가 있는지 언어학적 관점에서 추가로 살펴보겠다.

2.4.2 분포와 의미 (1): 형태소

언어학에서 형태소^{morpheme}란 의미를 가지는 최소 단위를 말한다. 더 쪼개면 뜻을 잃어버린다. 이때의 '의미'는 어휘적인 것뿐만 아니라 문법적인 것도 포함된다. 예문을 보자.

- 철수가 밥을 먹었다.

위 예문에서 한국어 화자가 직관적으로 유추해낼 수 있는 형태소 후보는 철수, 밥 등이다. 철수를 철과 수로 쪼개면 철수라는 사람을 지칭하는 의미가 사라진다. 마찬가지로 밥을 ㅂ과 압으로 나누면 먹는 밥^{rice}이라는 뜻이 없어진다. 이런 점에서 철수와 밥은 형태소라 할 수 있다.

그런데 언어학자들이 형태소를 분석하는 방법은 조금 다르다. 대표적인 기준으로는 계열 관계^{paradigmatic relation}가 있다. 계열 관계는 해당 형태소 자리에 다른 형태소가 '대치'돼 쓰일 수 있는가를 따지는 것이다. 언어학자들이 한국어 말뭉치를 다량 분석한 결과 철수 자리에 영희 같은 말이 올 수 있고, 밥 대신 빵을 쓸 수도 있다는 사실을 확인했다고 가정해보자. 언어학자들은 이를 근거로 철수와 밥에 형태소 자격을 부여한다.

언어학자들이 계열 관계를 바탕으로 형태소를 분석한다는 사실을 곱씹어보자. 이는 언어학자들이 특정 타깃 단어 주변의 문맥 정보를 바탕으로 형태소를 확인한다는 이야기와 일맥상통한다. 말뭉치의 분포 정보와 형태소가 밀접한 관계를 이루고 있다는 것이다.

2.4.3 분포와 의미 (2): 품사

이번엔 품사(品詞) 관점에서 살펴보자. 품사란 단어를 문법적 성질의 공통성에 따라 언어학자들이 몇 갈래로 묶어 놓은 것이다. 학교 문법에 따르면 품사 분류 기준은 기능function, 의미meaning, 형식form 등 세 가지다. 다음 예문을 보자.

- 이 샘의 깊이가 얼마냐?
- 저 산의 높이가 얼마냐?
- 이 샘이 깊다.
- 저 산이 높다.

기능은 한 단어가 문장 가운데서 다른 단어와 맺는 관계를 가리킨다. 위 예시에서 깊이, 높이는 문장의 주어로 쓰이고 있고, 깊다, 높다는 서술어로 사용되고 있다. 이처럼 기능이 같은 단어 부류를 같은 품사로 묶을 수 있다.

의미란 단어의 형식적 의미를 나타낸다. 물론 깊이, 깊다를 하나로 묶고 높이, 높다를 같은 군집으로 넣을 수도 있다. 이때 적용된 기준은 어휘적 의미이다. 하지만 품사 분류에는 어휘적 의미보다는 형식적 의미가 중요하다. 다시 말해 어떤 단어가 사물의 이름을 나타내느냐, 그렇지 않으면 움직임이나 성질, 상태를 나타내느냐 하는 것이다. 이렇게 본다면 깊이, 높이를 한 덩어리로, 깊다, 높다를 다른 덩어리로 묶을 수 있다.

형식이라고 함은 단어의 형태적 특징을 의미한다. 위 예문에서 깊이, 높이는 변화하지 않는다. 하지만 깊다, 높다는 깊었다/높았다, 깊겠다/높겠다 따위와 같이 어미가 붙어 여러 가지 모습으로 변화를 일으킬 수 있다. 이 기준으로 봐도 깊이, 높이를 한 덩어리로, 깊다, 높다를 다른 덩어리로 묶을 수 있다.

하지만 실제 품사를 분류할 때에는 여러 가지 어려움이 따른다. 예컨대 의미는 품사 분류 시 고려 대상이 될 수 있으나 결정적인 분류 기준이 될 수 없다. 다음 예문을 보자.

- 공부하다
- 공부

한국어 화자라면 대개 공부하다를 동사, 공부를 명사로 분류할 것이다. 공부하다는 움직임을 나타내고, 공부는 사물의 이름이라는 의미를 내포한다고 보는 것이다. 그렇다면 공부라는 단어에는 움직임이라는 의미가 전혀 없는 것일까? 딱 잘라 그렇다고 말하기 어렵다. 의미가 품사 분류의 결정적인 기준이 될 수 없다는 이야기다.

품사 분류 시 결정적 기준이 될 수 없는 건 형태도 마찬가지다. 예문을 보자.

(a) 영수가 학교에 간다.
(b) 영수! 조용히 해.

(a)에서 영수는 명사, (b)에서 영수는 감탄사로 쓰였다. 형태는 같지만 기능과 의미가 달라졌음을 확인할 수 있다.

그렇다면 품사 분류에서 가장 중요한 기준은 무엇일까? 언어학자들이 꼽는 결정적인 기준은 바로 '기능'이라고 한다. 해당 단어가 문장 내에서 점하는 역할에 초점을 맞춰 품사를 분류한다는 것이다.

그런데 한국어를 비롯한 많은 언어에서는 어떤 단어의 기능이 그 단어의 분포 distribution와 매우 밀접한 관련을 맺고 있다고 한다. 국어학의 창시자 격인 최현배 선생(1894~1970)은 1930년 『조선어의 품사분류론』이라는 책에서 다음과 같이 언급한 바 있다.

씨(품사)의 가름(분류)은 그 말법에서의 구실 곧 씨 서로의 관계와 월(文)을 만드는 작용의 관계를 주장(主)으로 삼고, 그에 따르는 형식과 의미를 붙힘(從)으로 삼아, 이 네 가지가 서로 관계하는 양태를 표준으로 삼아 결정해야 한다. (중략) 씨와 씨의 관계라는 것은 한 씨가 다른 씨와 합하는 일이 있나 없나, 또 합하는 경우에는 어떠한 자리에서 하는가 하는 것이 그 씨의 뜻과 꼴(형식)에 들어나는 모양을 이름이요.

기능은 특정 단어가 문장 내에서 어떤 역할을 하는지, 분포는 그 단어가 어느 자리에 있는지를 나타낸다. 비유컨대 '이웃사촌'은 정이 들어 사촌 형제나 다를 바 없이 지내는 이웃을 뜻한다. 자주 만나고 가까이에 있는 이웃(분포)이 혈육 같이 챙겨주는 역할(기능)을 하는 데서 생겨난 말이다. 이처럼 기능과 분포는 개념적으로 엄밀히 다르지만, 둘 사이에는 밀접한 관련을 지닌다. 국어학자들은 한국어 품사 분류의 일반적인 기준을 다음과 같이 정의하고 있다.

체언(명사): 관형사가 그 앞에 올 수 있고 조사가 그 뒤에 올 수 있음
용언(동사/형용사): 부사가 그 앞에 올 수 있고 선어말어미가 그 뒤에 올 수 있고 어말어미가 그 뒤에 와야 함
관형사: 명사가 그 뒤에 와야 함
부사: 용언, 부사, 절이 그 뒤에 와야 함
조사: 체언 뒤에 와야 함
어미: 용언 뒤에 와야 함
감탄사(간투사): 특별한 결합 제약 없이 즉, 문장 내의 다른 단어와 문법적 관계를 맺지 않고 따로 존재함

그림 2-8 한국어 품사 분류의 일반적 기준

요컨대 형태소의 경계를 정하거나 품사를 나누는 것과 같은 다양한 언어학적 문제는 말뭉치의 분포 정보와 깊은 관계를 갖고 있다. 이 덕분에 임베딩에 분포 정보를 함축하게 되면 해당 벡터에 해당 단어의 의미를 자연스레 내재시킬 수 있게 된다.

2.4.4 점별 상호 정보량

점별 상호 정보량PMI, Pointwise Mutual Information은 두 **확률변수**random variable 사이의 상관성을 계량화하는 단위다. 두 확률변수가 완전히 독립indepent인 경우 그 값이 0이 된다. 독립이라고 함은 단어 A가 나타나는 것이 단어 B의 등장할 확률에 전혀 영향을 주지 않

고, 단어 B 등장이 단어 A에 영향을 주지 않는 경우를 가리킨다. 반대로 단어 A가 등장할 때 단어 B와 자주 같이 나타난다면 PMI 값은 커진다. 요컨대 PMI는 두 단어의 등장이 독립일 때 대비해 얼마나 자주 같이 등장하는지를 수치화한 것이다. PMI 공식은 수식 2-7과 같다.

수식 2-7 점별 상호 정보량(PMI)

$$\mathrm{PMI}(A, B) = \log \frac{P(A, B)}{P(A) \times P(B)}$$

PMI는 분포 가정에 따른 단어 가중치 할당 기법이다. 두 단어가 얼마나 자주 같이 등장하는지에 관한 정보를 수치화한 것이기 때문이다. 이렇게 구축한 PMI 행렬의 행 벡터 자체를 해당 단어의 임베딩으로 사용할 수도 있다. 그림 2-9는 단어–문맥 행렬word-context matrix을 구축하는 과정을 개념적으로 나타낸 것이다. PMI 행렬은 그림 2-9의 단어–문맥 행렬에 수식 2-7을 적용한 결과다.

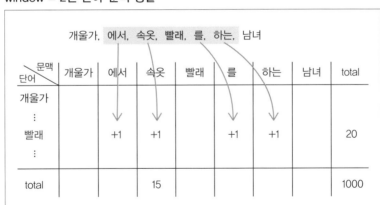

그림 2-9 단어-문맥 행렬 구축

그림 2-9에서 볼 수 있듯 원도우window가 2라면 타깃 단어 앞뒤로 2개의 문맥 단어의 빈도를 계산한다. 예컨대 현재 타깃 단어가 빨래라면 에서, 속옷, 를, 하는이라는 문맥 단어가 이번 빈도 계산의 대상이 되고 이들의 값을 1씩 올려준다. 이렇게 모든

단어를 훑어 단어-문맥 행렬을 모두 구했다고 해보자. 그리고 전체 빈도 수는 1000회, 빨래가 등장한 횟수는 20회, 속옷이 등장한 횟수는 15회, 빨래와 속옷이 동시에 등장한 빈도는 10회라고 가정해보자. 이를 통해 빨래-속옷 간 PMI 값을 계산하면 수식 2-8 과 같다.

수식 2-8 빨래-속옷의 PMI 계산

$$PMI(빨래,\ 속옷) = \log \frac{P(빨래,\ 속옷)}{P(빨래) \times P(속옷)}$$

$$= \log \frac{\frac{10}{1000}}{\frac{20}{1000} \times \frac{15}{1000}}$$

2.4.5 Word2Vec

분포 가정의 대표적인 모델은 2013년 구글 연구 팀이 발표한 Word2Vec이라는 임 베딩 기법이다. 그 기본 구조는 그림 2-10과 같다. CBOW 모델은 문맥 단어들을 가 지고 타깃 단어 하나를 맞추는 과정에서 학습된다. Skip-gram 모델은 타깃 단어를 가지고 문맥 단어가 무엇일지 예측하는 과정에서 학습된다. 둘 모두 특정 타깃 단어 주변의 문맥, 즉 분포 정보를 임베딩에 함축한다.

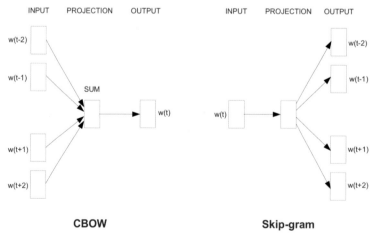

그림 2-10 CBOW와 Skip-gram 모델

실제 Word2Vec 기법은 PMI 행렬과 깊은 연관이 있다는 논문이 발표되기도 했다. Word2Vec과 PMI 행렬 사이의 연관성은 4.4절, '잠재 의미 분석'에서 설명한다.

2.5 이 장의 요약

2장에서는 "벡터가 어떻게 의미를 가지게 되는가"란 주제로 다양한 각도에서 살펴봤다. 주요 내용은 다음과 같다.

- 임베딩에 자연어의 통계적 패턴statistical pattern 정보를 주면 자연어의 의미semantic 를 함축할 수 있다.
- 백오브워즈 가정에서는 어떤 단어의 등장 여부 혹은 그 빈도 정보를 중시한다. 단, 순서 정보는 무시한다.
- 백오브워즈 가정의 대척점에는 언어 모델이 있다. 언어 모델은 단어의 등장 순서를 학습해 주어진 단어 시퀀스가 얼마나 자연스러운지 확률을 부여한다.
- 분포 가정에서는 문장에서 어떤 단어가 같이 쓰였는지를 중요하게 따진다.
- 백오브워즈 가정, 언어 모델, 분포 가정은 말뭉치의 통계적 패턴을 서로 다른 각도에서 분석하는 것이며 상호 보완적이다.

2.6 참고 문헌

남기심&고영근(2009). 『표준국어문법론』, 탑출판사

이선웅(2017). "KOR802 : 국어형태이론연구", 고려대학교

이선웅(2012). 『한국어 문법론의 개념어 연구』, 월인

정연주(2017). "한국어 문법론", 고려대학교

이익섭(2012). 『한국어 문법』, 서울대학교출판문화원

우쥔(2019), 『수학의 아름다움』, 세종서적

조경현(2018). 딥러닝을 이용한 자연어 처리. https://www.edwith.org/deepnlp/lecture/29196

Jurafsky, D., & Martin, J. H. (2019). Speech and language processing (3rd ed. draft).

Weng, L. (2019). Generalized Language Models. https://lilianweng.github.io/lil-log/2019/01/31/generalized-language-models.html

Turney, P. D., & Pantel, P. (2010). From frequency to meaning: Vector space models of semantics. Journal of artificial intelligence research, 37, 141-188.

Iyyer, M., Manjunatha, V., Boyd-Graber, J., & Daumé III, H. (2015). Deep unordered composition rivals syntactic methods for text classification. In Proceedings of the 53rd Annual Meeting of the Association for Computational Linguistics and the 7th International Joint Conference on Natural Language Processing (Volume 1: Long Papers) (Vol. 1, pp. 1681-1691).

Socher, R. (2016). "CS224d : Deep Learning for Natural Language Processing", Stanford University, USA.

한국어 전처리

3장에서 다루는 내용

3장에서는 임베딩 학습을 위한 한국어 데이터의 전처리^{preprocess} 과정을 다룬다. 웹 문서나 json 파일 같은 형태의 데이터를 순수 텍스트 파일로 바꾸고 여기에 형태소 분석을 실시하는 방법을 설명한다. 형태소 분석 방법에는 국어학 전문가들이 태깅 ^{tagging}한 데이터로 학습된 모델로 분석하는 지도 학습^{supervised learning} 기법과 우리가 가진 말뭉치의 패턴을 학습한 모델을 적용하는 비지도 학습^{unsupervised learning} 기법 등이 있다. 목차는 다음과 같다.

3장 한국어 전처리

    3.1   데이터 확보

        3.1.1 한국어 위키백과

        3.1.2 KorQuAD

        3.1.3 네이버 영화 리뷰 말뭉치

3.1.4 전처리 완료된 데이터 다운로드

3.2　지도 학습 기반 형태소 분석

3.2.1 KoNLPy 사용법

3.2.2 KoNLPy 내 분석기별 성능 차이 분석

3.2.3 Khaiii 사용법

3.2.4 은전한닢에 사용자 사전 추가하기

3.3　비지도 학습 기반 형태소 분석

3.3.1 soynlp 형태소 분석기

3.3.2 구글 센텐스피스

3.3.3 띄어쓰기 교정

3.3.4 형태소 분석 완료된 데이터 다운로드

3.4　이 장의 요약

3.5　참고 문헌

3.1 데이터 확보

임베딩을 구축하기 위해서는 말뭉치가 필요하다. 임베딩 학습용 말뭉치는 직접 만들 수도 있고 웹 문서를 스크래핑scraping을 해서 모을 수도 있다. 3장에서는 이미 공개돼 있는 말뭉치 데이터를 활용하는 방법을 설명하고자 한다.

3.1.1 한국어 위키백과

위키백과wikipedia는 누구나 자유롭게 수정, 편집할 수 있는 인터넷 백과사전이다. 2001년 지미 웨일스와 래리 생어가 시작했고 대표적인 집단 지성의 사례로 평가받고 있다. 한국어 말뭉치로서는 한국어 위키백과만큼 방대한 데이터가 없다.

　한국어 위키백과의 원 데이터raw data를 다운로드하려면 도커 컨테이너 배쉬 셸shell에서 코드 3-1을 실행하면 된다. 코드 3-1을 실행하면 최신판 한국어 위키백과를 도커 컨테이너 로컬 디렉터리인 **/notebooks/embedding/data/raw**에 내려받는다.

```bash
git pull origin master
bash preprocess.sh dump-raw-wiki
```

내려받은 파일은 압축된 형식이기 때문에 바로 내용을 확인해볼 수는 없다. 이 파일에 약간의 전처리를 해야 우리가 원하는 형태의 텍스트를 얻을 수 있다. 코드 3-2는 코드 3-1로 내려받은 원본 파일을 전처리하는 역할을 한다. 파이썬 콘솔에서 다음 코드를 실행하면 전처리가 완료된 텍스트 파일을 out_f 경로에서 확인할 수 있다.

코드 3-2 한국어 위키백과 전처리 python

```python
from gensim.corpora import WikiCorpus, Dictionary
from gensim.utils import to_unicode

in_f = "/notebooks/embedding/data/raw/kowiki-latest-pages-articles.xml.bz2"
out_f = "/notebooks/embedding/data/processed/processed_wiki_ko.txt"
output = open(out_f, 'w')
wiki = WikiCorpus(in_f, tokenizer_func=tokenize, dictionary=Dictionary())
i = 0
for text in wiki.get_texts():
    output.write(bytes(' '.join(text), 'utf-8').decode('utf-8') + '\n')
    i = i + 1
    if (i % 10000 == 0):
        print('Processed ' + str(i) + ' articles')
output.close()
print('Processing complete!')
```

코드 3-2가 수행하는 역할은 원문 XML 문서에서 우리가 필요로 하는 본문 텍스트만을 추출하는 데 있다. 예컨대 한국어 위키백과에서 '문학'이라는 표제어에 해당하는 문서는 그림 3-1과 같다.

문학

위키백과, 우리 모두의 백과사전.

🔑 다른 뜻에 대해서는 문학 (동음이의) 문서를 참조하십시오.

문학(文學)은 언어를 예술적 표현의 제재로 삼아 새로운 의미를 창출하여, 인간과 사회를 진실되게 묘사하는 예술의 하위분야이다.[1] 간단하게 설명하면, 언어를 통해 인간의 삶을 미적(美的)으로 형상화한 것이라고 볼 수 있다.[2] 문학은 원래 **문예(文藝)**라고 부르는 것이 옳으며, 문학을 학문의 대상으로서 탐구하는 학문의 명칭 역시 문예학이다. 문예학은 음악사학, 미술사학 등과 함께 예술학의 핵심분야로서 인문학의 하위범주에 포함된다.

장오노레 프라고나르 작 "책 읽는 소녀"

일반적으로 문학의 정의는 텍스트들의 집합이다. 각각의 국가들은 고유한 문학을 가질 수 있으며, 이는 기업이나 철학 조류, 어떤 특정한 역사적 시대도 마찬가지이다. 흔히 한 국가의 문학을 묶어서 분류한다. 예를 들어 고대 그리스어, 성서, 베오울프, 일리아드, 그리고 미국 헌법 등이 그러한 분류의 범주에 들어간다. 좀 더 일반적으로는 문학은 특정한 주제를 가진 이야기, 시, 희곡의 모음이라 할 수 있다. 이 경우, 이야기, 시, 그리고 희곡은 민족주의적인 색채를 띨 수도 아닐 수도 있다. 문학의 한 부분으로서 특정한 아이템을 구분 짓는 일은 매우 어려운 일이다. 어떤 사람들에게 "문학"은 어떠한 상징적인 기록의 형태로도 나타날 수 있는 것이다. (이를테면 이미지나 조각, 또는 문자로도 나타날 수 있다.) 그러나 또다른 사람들에게 있어 문학은 오직 문자로 이루어진 텍스트로 구성된 것만을 포함한다. 좀 더 보수적인 사람들은 그 개념이 꼭 물리적인 형태를 가진 텍스트여야 하고, 대개 그러한 형태는 종이 등의 눈에 보이는 매체에서 디지털 미디어까지 다양할 수 있다.

더 나아가 보면, "문학"과 몇몇 인기있는 기록형태의 작업들, 소위 *대중문학* 사이에는 인식가능한 차이점이 존재한다. 이때 "문학적인 허구성"과 "문학적인 재능"이 종종 개별적인 작품들을 구별하는 데에 사용된다. 예를 들어, 찰스 디킨즈의 작품들은 대부분의 사람들에게 "문학적인 것"으로 받아들여지지만, 제프리 아처의 작품들은 영문학이라는 일반적인 범주 아래 두기에는 다소 가치가 떨어지는 것으로 생각된다. 또한 예를 들어 문법과 어법에 서투르거나, 이야기가 혼란스러워 신뢰성을 주지 않거나, 인물들의 성격에 일관성이 없을 경우에도 문학에서 제외될 수 있다. 로맨스, 범죄소설, 과학소설 등의 장르 소설도 때로 "문학"이 아닌 것으로 간주되는 경우도 있다. 이들은 대부분 *대중문학*의 범주에 포함된다.

목차 [숨기기]
1 일반적인 문학의 분류
2 대중문학의 분류
3 문학 사조
4 문학과 관련된 직업
5 세계의 문학
　　5.1 동양문학
　　5.2 서양문학
6 문학의 감상

그림 3-1 한국어 위키백과의 '문학' 항목

코드 3-1로 내려받은 원문 XML 문서에서 '문학' 항목은 코드 3-3과 같이 구성돼 있다.

코드 3-3 한국어 위키백과 XML 문서상의 '문학' 항목

```
<page>
    <title>위키백과:문서 편집 도움말</title>
    <ns>4</ns>
    <id>13</id>
```

```
    <redirect title="위키백과:도움말" />
    <revision>
      <id>18582091</id>
      <parentid>18582037</parentid>
      <timestamp>2017-04-09T06:59:50Z</timestamp>
      <contributor>
        <username>Tursetic</username>
        <id>419842</id>
      </contributor>
      <minor />
      <comment>[[특:기여/기여봇|기여봇]]([[User talk:기여봇|토론]])의 편집을
[[User:Jeresy723|Jeresy723]]의 마지막 판으로 되돌림</comment>
      <model>wikitext</model>
      <format>text/x-wiki</format>
      <text xml:space="preserve">#넘겨주기 [[위키백과:도움말]]</text>
      <sha1>rs8vqqex97na2b9cxf5ao11i0q7knqs</sha1>
    </revision>
  </page>
  <page>
    <title>문학</title>
    <ns>0</ns>
    <id>19</id>
    <revision>
      <id>22341883</id>
      <parentid>21595217</parentid>
      <timestamp>2018-09-11T18:02:13Z</timestamp>
      <contributor>
        <username>TedBot</username>
        <id>368112</id>
      </contributor>
      <minor />
      <comment>봇: 틀 이름 및 스타일 정리</comment>
      <model>wikitext</model>
      <format>text/x-wiki</format>
      <text xml:space="preserve">{{다른 뜻}}
[[파일:Fragonard, The Reader.jpg|섬네일|250px|[[장오노레 프라고나르]] 작 &quot;책 읽는 소
녀&quot;]]

'''문학'''(文學)은 [[언어]]를 예술적 표현의 제재로 삼아 새로운 의미를 창출하여, 인간과 사회를 진실
되게 묘사하는 [[예술]]의 하위분야이다.&lt;ref&gt;조남현, 고등학교 문학(상), 중앙교육진흥연구소,
2003, 12~15쪽.&lt;/ref&gt; 간단하게 설명하면, 언어를 통해 인간의 삶을 미적(美的)으로 형상화한 것
```

이라고 볼 수 있다.<ref>나병철, 문학의 이해, 문예출판사, 1994, 15~17쪽.</ref> 문학은 원래 '''문예'''(文藝)라고 부르는 것이 옳으며, 문학을 학문의 대상으로서 탐구하는 학문의 명칭 역시 [[문예학]]이다. 문예학은 [[음악사학]], [[미술사학]] 등과 함께 [[예술학]]의 핵심분야로서 [[인문학]]의 하위범주에 포함된다.

(하략)

코드 3-3을 자세히 살펴보면 우리가 필요로 하는 본문 텍스트는 <text> 태그 안에 있음을 확인할 수 있다. 코드 3-2에서는 전체 XML 문서에서 우리가 필요로 하는 텍스트만을 뽑아낸다.

그러나 이 정도만으로는 원하는 결과를 얻을 수 없다. 특수문자라든가 목차, 이메일 주소 등 불필요한 문자열도 많이 끼어 있기 때문이다. 따라서 우리는 코드 3-2에 사용하는 tokenize 함수를 코드 3-4와 같이 사용자 정의 함수로 만들어 사용한다. 이 함수의 역할은 특수문자, 공백, 이메일 주소, 웹 페이지 주소 등을 제거한다. 물론 코드 3-4를 고쳐서 원하는 형태로 추가 커스터마이징이 가능하다.

코드 3-4 사용자 정의. 한국어 위키 토크나이저 `python`

```python
import re
from gensim.utils import to_unicode

WIKI_REMOVE_CHARS = re.compile("'+|(=+.{2,30}=+)|__TOC__|(ファイル:).+|:(en|de|it|fr|es|kr|zh|no|fi):|\n", re.UNICODE)
WIKI_SPACE_CHARS = re.compile("(\\s|　|  )+", re.UNICODE)
EMAIL_PATTERN = re.compile("(^[a-zA-Z0-9_.+-]+@[a-zA-Z0-9-]+\.[a-zA-Z0-9-.]+$)", re.UNICODE)
URL_PATTERN = re.compile("((ftp|http|https):\/\/)?(www.)?(?!.*(ftp|http|https|www.))[a-zA-Z0-9_-]+(\.[a-zA-Z]+)+((\/)[\w#]+)*(\/\w+\?[a-zA-Z0-9_]+=\w+(&[a-zA-Z0-9_]+=\w+)*)?$", re.UNICODE)
WIKI_REMOVE_TOKEN_CHARS = re.compile("(\\*$|:$|^파일:.+|^;)", re.UNICODE)
MULTIPLE_SPACES = re.compile(' +', re.UNICODE)

def tokenize(content, token_min_len=2, token_max_len=100, lower=True):
    content = re.sub(EMAIL_PATTERN, ' ', content)
    content = re.sub(URL_PATTERN, ' ', content)
```

```python
        content = re.sub(WIKI_REMOVE_CHARS, ' ', content)
        content = re.sub(WIKI_SPACE_CHARS, ' ', content)
        content = re.sub(MULTIPLE_SPACES, ' ', content)
        tokens = content.replace(", )", "").split(" ")
        result = []
        for token in tokens:
            if not token.startswith('_'):
                token_candidate = to_unicode(re.sub(WIKI_REMOVE_TOKEN_CHARS,
                                                    '', token))
            else:
                token_candidate = ""
            if len(token_candidate) > 0:
                result.append(token_candidate)
    return result
```

코드 3-2와 코드 3-4를 적용한 문학 항목의 최종 처리 결과는 그림 3-2와 같다.

> 문학(文學)은 언어를 예술적 표현의 제재로 삼아 새로운 의미를 창출하여, 인간과 사회를 진실되게 묘사하는 예술의 하위분야이다. 간단하게 설명하면, 언어를 통해 인간의 삶을 미적(美的)으로 형상화한 것이라고 볼 수 있다. 문학은 원래 문예(文藝)라고 부르는 것이 옳으며, 문학을 학문의 대상으로서 탐구하는 학문의 명칭 역시 문예학이다. 문예학은 음악사학, 미술사학 등과 함께 예술학의 핵심분야로서 인문학의 하위범주에 포함된다. (하략)

그림 3-2 전처리가 완료된 한국어 위키백과 '문학' 항목

한국어 위키백과 원본 파일을 내려받고 지금까지 설명한 모든 전처리 과정을 수행하려면 다음과 같은 스크립트를 /notebooks/embedding 위치에서 코드 3-5를 실행하면 된다. 원본 파일은 /notebooks/embedding/data/raw에, 전처리를 수행한 결과는 /notebooks/embedding/data/processed에 저장된다.

코드 3-5 한국어 위키백과 전과정 자동 전처리 `bash`

```bash
git pull origin master
bash preprocess.sh dump-raw-wiki
bash preprocess.sh process-wiki
```

한편 wikiextractor 또한 널리 쓰이는 위키백과 정제 라이브러리다. 사용법이 간단해서 이 또한 사용해봄직하다. 다음 링크에서 확인할 수 있다.

- https://github.com/attardi/wikiextractor

3.1.2 KorQuAD

KorQuAD(https://korquad.github.io)는 한국어 **기계 독해**Machine Reading Comprehension를 위한 데이터셋이다. LG CNS가 구축해 2018년 공개했으며 학습/데브/테스트셋을 모두 포함해 7만 79건에 이르는 방대한 데이터다. 한국어 위키백과의 '알찬 글', '좋은 글' 등 양질의 문서를 수집해 이 가운데 일부 문단(지문)으로부터 파생될 수 있는 질문과 답변 쌍을 사람들이 직접 만들었다. 예컨대 그림 3-3과 같다.

Paragraph1: ...작품 활동을 시작했고 이듬해 1996년 장편 『나는 나를 파괴할 권리가 있다』로 제1회 문학동네 작가상을 수상했다.

Question1: 제1회 문학동네 작가상을 수상한 작품으로, 1996년 발표된 장편소설은?

Paragraph2: ...이 투수들이 클레멘스를 제외하고 모두 명예의 전당에 올랐기 때문이다. 클레멘스만이 ... 받았다. 그는 **경기력 향상 약물 사용에 연루**돼 있기 때문에 입성 여부가 불확실...

Question2: 클레멘스가 명예의 전당에 입성하지 못한 이유는?

그림 3-3 KorQuAD 지문(Paragraph)-질문(Question)-답변 예시(볼드 표시는 답변 정답)

KorQuAD는 구축 전 과정에 사람들이 직접 개입했고 그 검증 역시 철저한 것으로 유명하다. 이 때문에 한국어 임베딩용 말뭉치로 손색이 없다. KorQuAD 데이터셋을 로컬에 내려받는 코드는 코드 3-6과 같다. 해당 말뭉치를 /notebooks/embedding/data/raw에 내려받는다.

코드 3-6 KorQuAD 말뭉치 다운로드 `bash`

```bash
git pull origin master
bash preprocess.sh dump-raw-korquad
```

코드 3-6을 실행해 말뭉치를 내려받아 일부 내용을 확인해보면 코드 3-7과 같다.

코드 3-7 KorQuAD 원본 json 파일 일부

```
{"version": "KorQuAD_v1.0_train",
 "data": [
    {"paragraphs":
      [{"qas": [
          {"answers": [{"text": "교향곡", "answer_start": 54}],
           "id": "6566495-0-0",
           "question": "바그너는 괴테의 파우스트를 읽고 무엇을 쓰고자 했는가?"},
          {"answers": [{"text": "1악장", "answer_start": 421}],
           "id": "6566495-0-1",
           "question": "바그너는 교향곡 작곡을 어디까지 쓴 뒤에 중단했는가?"},
          {"answers": [{"text": "베토벤의 교향곡 9번", "answer_start": 194}],
           "id": "6566495-0-2",
           "question": "바그너가 파우스트 서곡을 쓸 때 어떤 곡의 영향을 받았는가?"},
          {"answers": [{"text": "파우스트", "answer_start": 15}],
           "id": "6566518-0-0",
          "question": "1839년 바그너가 교향곡의 소재로 쓰려고 했던 책은?"},
          {"answers": [{"text": "합창교향곡", "answer_start": 354}],
           "id": "6566518-0-1",
           "question": "파우스트 서곡의 라단조 조성이 영향을 받은 베토벤의 곡은?"},
          {"answers": [{"text": "1839", "answer_start": 0}],
           "id": "5917067-0-0",
           "question": "바그너가 파우스트를 처음으로 읽은 년도는?"},
          {"answers": [{"text": "파리", "answer_start": 410}],
           "id": "5917067-0-1",
           "question": "바그너가 처음 교향곡 작곡을 한 장소는?"},
          {"answers": [{"text": "드레스덴", "answer_start": 534}],
           "id": "5917067-0-2",
           "question": "바그너의 1악장의 초연은 어디서 연주되었는가?"}],
        "context": "1839년 바그너는 괴테의 파우스트를 처음 읽고 그 내용에 마음이 끌려 이를 소
재로 해서 하나의 교향곡을 쓰려는 뜻을 갖는다. 이 시기 바그너는 1838년에 빚 독촉으로 산전수전을 다 겪
```

은 상황이라 좌절과 실망에 가득했으며 메피스토텔레스를 만나는 파우스트의 심경에 공감했다고 한다. 또한 파리에서 아브네크의 지휘로 파리 음악원 관현악단이 연주하는 베토벤의 교향곡 9번을 듣고 깊은 감명을 받았는데, 이것이 이듬해 1월에 파우스트의 서곡으로 쓰여진 이 작품에 조금이라도 영향을 끼쳤으리라는 것은 의심할 여지가 없다. 여기의 라단조 조성의 경우에도 그의 전기에 적혀 있는 것처럼 단순한 정신적 피로나 실의가 반영된 것이 아니라 베토벤의 합창교향곡 조성의 영향을 받은 것을 볼 수 있다. 그렇게 교향곡 작곡을 1839년부터 40년에 걸쳐 파리에서 착수했으나 1악장을 쓴 뒤에 중단했다. 또한 작품의 완성과 동시에 그는 이 서곡(1악장)을 파리 음악원의 연주회에서 연주할 파트보까지 준비하였으나, 실제로는 이루어지지는 않았다. 결국 초연은 4년 반이 지난 후에 드레스덴에서 연주되었고 재연도 이루어졌지만, 이후에 그대로 방치되고 말았다. 그 사이에 그는 리엔치와 방황하는 네덜란드인을 완성하고 탄호이저에도 착수하는 등 분주한 시간을 보냈는데, 그런 바쁜 생활이 이 곡을 잊게 한 것이 아닌가 하는 의견도 있다."},

(하략)

학습 데이터(KorQuADv1.0train.json)를 전처리하는 코드는 코드 3-8과 같다. 데브 데이터(KorQuADv1.0dev.json)를 처리하려면 파일 이름만 바꿔주면 된다.

코드 3-8 KorQuAD 전처리 `python`

```python
import json

corpus_fname = "/notebooks/embedding/data/raw/KorQuAD_v1.0_train.json"
output_fname = "/notebooks/embedding/data/processed/processed_korquad_train.txt"

with open(corpus_fname) as f1, open(output_fname, 'w', encoding='utf-8') as f2:
    dataset_json = json.load(f1)
    dataset = dataset_json['data']
    for article in dataset:
        w_lines = []
        for paragraph in article['paragraphs']:
            w_lines.append(paragraph['context'])
            for qa in paragraph['qas']:
                q_text = qa['question']
                for a in qa['answers']:
                    a_text = a['text']
                    w_lines.append(q_text + " " + a_text)
        for line in w_lines:
            f2.writelines(line + "\n")
```

코드 3-8을 실행해 전처리를 끝낸 결과는 그림 3-4와 같다. 정답 토큰이 지문의 어느 위치에 있는지는 Word2Vec, ELMo 등 우리가 앞으로 수행할 임베딩 기법에는 크게 중요하지 않아 처리에서 제외했다. 지문paragraphs은 원문 그대로 처리하고, 질문과 답변은 공백으로 연결해 한 라인line으로 처리했다. 결과적으로 텍스트 파일의 라인 하나가 일종의 문서처럼 취급될 수 있도록 했다.

1839년 바그너는 괴테의 파우스트를 처음 읽고 그 내용에 마음이 끌려 이를 소재로 해서 하나의 교향곡을 쓰려는 뜻을 갖는다. 이 시기 바그너는 1838년에 빚 독촉으로 산전수전을 다 겪은 상황이라 좌절과 실망에 가득했으며 메피스토텔레스를 만나는 파우스트의 심경에 공감했다고 한다. 또한 파리에서 아브네크의 지휘로 파리 음악원 관현악단이 연주하는 베토벤의 교향곡 9번을 듣고 깊은 감명을 받았는데, 이것이 이듬해 1월에 파우스트의 서곡으로 쓰여진 이 작품에 조금이라도 영향을 끼쳤으리라는 것은 의심할 여지가 없다. 여기의 라단조 조성의 경우에도 그의 전기에 적혀 있는 것처럼 단순한 정신적 피로나 실의가 반영된 것이 아니라 베토벤의 합창교향곡 조성의 영향을 받은 것을 볼 수 있다. 그렇게 교향곡 작곡을 1839년부터 40년에 걸쳐 파리에서 착수했으나 1악장을 쓴 뒤에 중단했다. 또한 작품의 완성과 동시에 그는 이 서곡(1악장)을 파리 음악원의 연주회에서 연주할 파트보까지 준비하였으나, 실제로는 이루어지지는 않았다. 결국 초연은 4년 반이 지난 후에 드레스덴에서 연주되었고 재연도 이루어졌지만, 이후에 그대로 방치되고 말았다. 그 사이에 그는 리엔치와 방황하는 네덜란드인을 완성하고 탄호이저에도 착수하는 등 분주한 시간을 보냈는데, 그런 바쁜 생활이 이 곡을 잊게 한 것이 아닌가 하는 의견도 있다.

바그너는 괴테의 파우스트를 읽고 무엇을 쓰고자 했는가? 교향곡
바그너는 교향곡 작곡을 어디까지 쓴 뒤에 중단했는가? 1악장
바그너가 파우스트 서곡을 쓸 때 어떤 곡의 영향을 받았는가? 베토벤의 교향곡 9번
1839년 바그너가 교향곡의 소재로 쓰려고 했던 책은? 파우스트
파우스트 서곡의 라단조 조성이 영향을 받은 베토벤의 곡은? 합창교향곡
바그너가 파우스트를 처음으로 읽은 년도는? 1839
바그너가 처음 교향곡 작곡을 한 장소는? 파리
바그너의 1악장의 초연은 어디서 연주되었는가? 드레스덴

그림 3-4 전처리가 완료된 KorQuAD 데이터셋 일부

KorQuAD 원본 파일을 내려받고 지금까지 설명한 모든 전처리 과정을 수행하려면 코드 3-9를 실행하면 된다. 원본 파일은 /notebooks/embedding/data/raw에, 전처리를 수행한 결과는 /notebooks/embedding/data/processed에 저장된다.

코드 3-9 KorQuAD 전과정 자동 전처리 bash

```
git pull origin master
```

```
bash preprocess.sh dump-raw-korquad
bash preprocess.sh process-korquad
```

3.1.3 네이버 영화 리뷰 말뭉치

네이버 영화 리뷰 말뭉치(NAVER sentiment movie corpus v1.0, https://github.com/e9t/nsmc)는 네이버 영화 페이지의 영화 리뷰들을 평점과 함께 수록한 한국어 말뭉치다. 박은정 님(lucypark)께서 구축하고 정제해 공개한 말뭉치로 **감성 분석**^{sentiment analysis}이나 **문서 분류**^{document classification} 태스크 수행에 제격인 데이터셋이다. 레코드 하나는 문서(리뷰)에 대응한다. 문서 ID, 문서 내용, 레이블(긍정 1, 부정 0)로 구성돼 있으며 각 열^{column}은 탭^{tab} 문자로 구분돼 있다. 데이터의 크기는 20만 개이며 이 가운데 절반이 긍정, 나머지 절반이 부정 레이블이 달린 문서다. 데이터는 그림 3-5, 네이버 영화 리뷰 데이터셋을 로컬에 내려받는 코드는 코드 3-10과 같다.

```
id        document        label
9976970   아 더빙.. 진짜 짜증나네요 목소리        0
3819312   흠...포스터보고 초딩영화줄....오버연기조차 가볍지 않구나        1
10265843        너무재밓었다그래서보는것을추천한다        0
9045019   교도소 이야기구먼 ..솔직히 재미는 없다..평점 조정        0
6483659   사이몬페그의 익살스런 연기가 돋보였던 영화!스파이더맨에서 늙어보이기만 했던 커스틴 던스
          트가 너무나도 이뻐보였다  1
5403919   막 걸음마 뗀 3세부터 초등학교 1학년생인 8살용영화.ㅋㅋㅋ...별반개도 아까움.        0
7797314   원작의 긴장감을 제대로 살려내지못했다.  0
9443947   별 반개도 아깝다 욕나온다 이응경 길용우 연기생활이몇년인지..정말 발로해도 그것보단 낫겠다
          납치.감금만반복반복..이드라마는 가족없다 연기못하는사람만모엿네        0
7156791   액션이 없는데도 재미 있는 몇안되는 영화 1
```

그림 3-5 네이버 영화 리뷰 말뭉치 일부

코드 3-10 네이버 영화 리뷰 데이터셋 다운로드 `bash`

```
git pull origin master
bash preprocess.sh dump-raw-nsmc
```

이 데이터셋을 전처리하는 코드는 코드 3-11과 같다. 레이블과 함께 저장하고 싶다면 with_label을 True로, 리뷰들만 저장하고 싶다면 False로 지정하면 된다.

코드 3-11 네이버 영화 리뷰 전처리 코드 `python`

```python
corpus_path = "/notebooks/embedding/data/raw/ratings.txt"
output_fname = "/notebooks/embedding/data/processed/processed_ratings.txt"
with_label = False

with open(corpus_path, 'r', encoding='utf-8') as f1, \
        open(output_fname, 'w', encoding='utf-8') as f2:
    next(f1)  # skip head line
    for line in f1:
        _, sentence, label = line.strip().split('\t')
        if not sentence: continue
        if with_label:
            f2.writelines(sentence + "\u241E" + label + "\n")
        else:
            f2.writelines(sentence + "\n")
```

코드 3-11을 실행해 전처리가 끝난 결과의 일부는 그림 3-6과 같다.

아 더빙.. 진짜 짜증나네요 목소리
흠...포스터보고 초딩영화줄....오버연기조차 가볍지 않구나
너무재밓었다그래서보는것을추천한다
교도소 이야기구먼 ..솔직히 재미는 없다..평점 조정
사이몬페그의 익살스런 연기가 돋보였던 영화!스파이더맨에서 늙어보이기만 했던 커스틴 던스트가 너무나
도 이뻐보였다
막 걸음마 뗀 3세부터 초등학교 1학년생인 8살용영화.ㅋㅋㅋ...별반개도 아까움.
원작의 긴장감을 제대로 살려내지못했다.
별 반개도 아깝다 욕나온다 이응경 길용우 연기생활이몇년인지..정말 발로해도 그것보단 낫겠다 납치.감금
만반복반복..이드라마는 가족도없다 연기못하는사람만모엿네
액션이 없는데도 재미 있는 몇안되는 영화

그림 3-6 전처리가 완료된 네이버 영화 리뷰 데이터셋 일부

네이버 영화 리뷰 데이터셋 원본 파일을 내려받고 지금까지 설명한 모든 전처리 과정을 수행하는 코드는 코드 3-12이다. 원본 파일은 `/notebooks/embedding/data/raw`에, 전처리를 수행한 결과는 `/notebooks/embedding/data/processed`에 저장된다.

코드 3-12 네이버 영화 리뷰 자동 전처리 `bash`

```bash
git pull origin master
bash preprocess.sh dump-raw-nsmc
bash preprocess.sh process-nsmc
```

3.1.4 전처리 완료된 데이터 다운로드

전처리에 시간을 투자하고 싶지 않은 독자들은 코드 3-13을 실행하면 위의 전처리를 모두 완료한 데이터셋을 한꺼번에 내려받을 수 있다.

코드 3-13 전처리 완료된 데이터 다운로드 `bash`

```bash
git pull origin master
bash preprocess.sh dump-processed
```

코드 3-13을 실행하면 모든 파일이 `/notebooks/embedding/data/processed` 디렉터리에 저장된다. 해당 디렉터리의 파일별 내용은 표 3-1과 같다. 각 데이터의 전처리 과정을 알고 싶다면 표 3-1의 관련 장을 참고하면 된다.

표 3-1 전처리 완료된 데이터 목록

파일명	내용	관련 장
processed_wiki_ko.txt	한국어 위키백과	3.1.1
processed_korquad.txt	KorQuAD 학습/데브셋	3.1.2

파일명	내용	관련 장
processed_ratings.txt	네이버 영화 말뭉치 학습/테스트셋(극성 레이블 없음)	3.1.3
processed_ratings_train.txt	네이버 영화 말뭉치 학습셋(극성 레이블 있음)	3.1.3
processed_ratings_test.txt	네이버 영화 말뭉치 테스트셋(극성 레이블 있음)	3.1.3
space-correct.model	네이버 영화 말뭉치로 학습한 띄어쓰기 교정 모델	3.3.3
corrected_ratings_train.txt	띄어쓰기 교정한 네이버 영화 말뭉치 학습셋(레이블 있음)	3.3.3
corrected_ratings_test.txt	띄어쓰기 교정한 네이버 영화 말뭉치 테스트셋(레이블 있음)	3.3.3
soyword.model	띄어쓰기 교정한 네이버 영화 말뭉치로 학습한 soynlp 형태소 분석 모델	3.3.1
processed_review_movieid.txt	네이버 영화 말뭉치 전체 데이터셋(영화 ID 포함)	3.1.3

3.2 지도 학습 기반 형태소 분석

품질 좋은 임베딩을 만들기 위해서는 문장이나 단어의 경계를 컴퓨터에 알려줘야 한다. 그렇지 않으면 어휘 집합에 속한 단어 수가 기하급수적으로 늘어나서 연산의 비효율이 발생한다. 특히 한국어는 조사와 어미가 발달한 교착어agglutinative language이기 때문에 이러한 처리를 좀 더 섬세히 해줘야 한다. 예컨대 한국어 동사 가다 는 그림 3-7과 같이 문맥에 따라 다양하게 활용될 수 있다.

가겠다 가더라

그림 3-7 한국어 동사 '가다'의 활용

그림 3-7에 있는 활용형을 모두 어휘 집합에 넣는다면 어휘 집합에 속한 단어 수는 총 2개가 된다. 이 방식의 문제는 새로운 활용형이 나타날 때마다 어휘 집합을 계속 늘려야 한다는 점에 있다. 가겠더라 , 가다 라는 활용형도 말뭉치에 존재한다면 어휘 집합을 4개로 해야 한다. 이를 해결하기 위해 형태소 분석 기법을 써 보자. 그림 3-7을 은전한닢이라는 오픈소스 형태소 분석기로 분석한 결과는 그림 3-8과 같다.

가겠다 〉 가, 겠, 다
가더라 〉 가, 더라

그림 3-8 그림 3-7의 형태소 분석 결과

그림 3-8처럼 형태소를 분석한 뒤 각 형태소들을 단어로 취급한다면 어휘 집합은 총 4개가 된다. 여기에 `가겠더라`라는 활용형이 말뭉치에 추가됐다고 가정해보자. `가겠더라`는 `가`, `겠`, `더라`로 분석된다. 따라서 우리는 어휘 집합을 수정하지 않고도 `가겠더라`라는 활용형을 처리할 수 있게 된다. 마찬가지로 우리는 `가`, `다`로 분석되는 `가다` 역시 어휘 집합 추가 없이 처리할 수 있다. 필요한 형태소가 모두 어휘 집합에 이미 있기 때문이다.

교착어인 한국어는 한정된 종류의 조사와 어미를 자주 이용하기 때문에 각각에 대응하는 명사, 용언(형용사, 동사) 어간(語幹)만 어휘 집합에 추가하면 취급 단어 개수를 꽤 줄일 수 있다. 형태소 분석기만 잘 활용해도 자연어 처리의 효율성을 높일 수 있다는 이야기다.

이 절에서는 지도 학습 기반의 형태소 분석 방법을 설명한다. **지도 학습**supervised learning이란 정답이 있는 데이터의 패턴을 학습해 모델이 정답을 맞도록 하는 기법을 가리킨다. 이 절에서 설명하는 형태소 분석기들은 언어학 전문가들이 태깅한 형태소 분석 말뭉치로부터 학습된 지도 학습 기반 모델들이다. **태깅**tagging이란 아래처럼 모델 입력과 출력 쌍을 만드는 작업을 가리킨다. 이 모델들은 문자열이 주어졌을 때 사람이 알려준 정답 패턴에 최대한 가깝게 토크나이즈한다.

- 입력: 아버지가방에들어가신다
- 출력: 아버지, 가, 방, 에, 들어가, 신다

3.2.1 KoNLPy 사용법

KoNLPy(http://konlpy.org/en/latest)는 은전한닢, 꼬꼬마, 한나눔, Okt, 코모란 등 5개 오픈소스 형태소 분석기를 파이썬 환경에서 사용할 수 있도록 인터페이스를 통일한 한국어 자연어 처리 패키지다. C++, 자바 등 각기 다른 언어로 개발된 오픈소스들을 한군데에 묶어 쉽게 사용할 수 있도록 돕는다. 사용법을 분석기별로 순서대로 살펴보겠다. 다음 코드들은 모두 파이썬 인터프리터 환경에서 실행해야 한다.

코드 3-14 은전한닢 분석기 사용법 `python`

```python
from konlpy.tag import Mecab
tokenizer = Mecab()
tokenizer.morphs("아버지가방에들어가신다")
```

코드 3-14를 실행한 결과는 그림 3-9와 같다.

['아버지', '가', '방', '에', '들어가', '신다']

그림 3-9 은전한닢 형태소 분석 결과

품사 정보까지 확인할 수 있는 코드는 코드 3-15와 같으며 그림 3-10은 코드 3-15를 실행한 결과다. 각 품사 태그가 어떤 내용인지 확인하려면 다음 링크의 표(https://docs.google.com/spreadsheets/d/1OGAjUvalBuX-oZvZ_-9tEfYD2gQe7hTGsgUpiiBSXI8/edit#gid=0)를 참고하면 된다.

코드 3-15 은전한닢 품사 정보 확인 `python`

```python
tokenizer.pos("아버지가방에들어가신다")
```

[('아버지', 'NNG'), ('가', 'JKS'), ('방', 'NNG'), ('에', 'JKB'), ('들어가', 'VV'), ('신다', 'EP+EC')]

그림 3-10 은전한닢 품사 정보 분석 결과

꼬꼬마, 한나눔, Okt 등 KoNLPy에 속한 다른 형태소 분석기의 사용법은 은전한닢과 동일하다. 다만 처음 tokenizer를 선언할 때만 다르게 해주면 된다. 이를 위해 코드 3-16에 get_tokenizer라는 함수를 만들어봤다. 어떤 형태소 분석기를 사용하고 싶은지 이 함수에 인자^{argument}로 넘기면 해당 분석기를 반환한다. 이후 분석은 지금까지 설명한 은전한닢 사용법과 똑같이 해주면 된다.

코드 3-16 get_tokenizer 함수 `python`

```python
from konlpy.tag import Okt, Komoran, Mecab, Hannanum, Kkma

def get_tokenizer(tokenizer_name):
    if tokenizer_name == "komoran":
        tokenizer = Komoran()
    elif tokenizer_name == "okt":
        tokenizer = Okt()
    elif tokenizer_name == "mecab":
        tokenizer = Mecab()
    elif tokenizer_name == "hannanum":
        tokenizer = Hannanum()
    elif tokenizer_name == "kkma":
        tokenizer = Kkma()
    else:
        tokenizer = Mecab()
    return tokenizer

# 코모란 사용 예시
tokenizer = get_tokenizer("komoran")
tokenizer.morphs("아버지가방에들어가신다")
tokenizer.pos("아버지가방에들어가신다")
```

3.2.2 KoNLPy 내 분석기별 성능 차이 분석

KoNLPy에서는 분석기별 성능 정보 역시 제공하고 있다. 이 정보를 정리한 내용은 표 3-2와 같다. 로딩 시간이란 분석기가 사용하는 사전^{dictionary} 로딩을 포함해 형태소 분석기 클래스를 읽어 들이는 시간을 뜻한다. 실행 시간이란 10만 문자의 문서를 분석하는 데 소요되는 시간을 가리킨다.

표 3-2 KoNLPy 내 분석기별 속도(단위: 초)

분석기명	로딩 시간	실행 시간
Kkma	5.6988	35.7163
Komoran	5.4866	25.6008
Hannanum	0.6591	8.8251
Okt(Twitter)	1.4870	2.4714
Mecab	0.0007	0.2838

그림 3-11은 문서의 문자 개수 대비 실행 시간을 시각화한 것이다. 5개 형태소 분석기 모두 문자 개수가 많아질 때 실행 시간이 기하급수적으로 증가한다. 표 3-2와 그림 3-11을 보면 은전한닢이 다른 분석기 대비 속도가 빠른 것을 확인할 수 있다. 때문에 개인적으로는 은전한닢을 자주 사용하는 편이다.

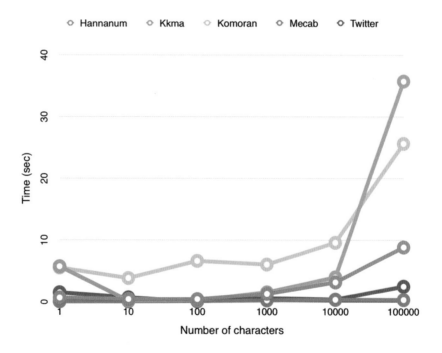

그림 3-11 문자 개수 대비 실행 시간(출처: KoNLPy)

속도만큼 중요한 지표가 형태소 분석 품질이다. 아버지가방에들어가신다 문장을 분석한 결과는 표 3-3과 같다. 어떤 형태소 분석기를 사용할지는 자신이 가진 데이터로 시험 삼아 형태소 분석을 해보고 속도나 품질을 비교해서 고르는 것이 좋다.

표 3-3 형태소 분석 품질 비교(출처: KoNLPy)

Hannanum	Kkma	Komoran	Mecab	Okt
아버지가방에들어가/N	아버지/NNG	아버지가방에들어가신다/NNP	아버지/NNG	아버지/Noun
이/J	가방/NNG		가/JKS	가방/Noun
시ㄴ다/E	에/JKM		방/NNG	에/Josa
	들어가/VV		에/JKB	들어가신/Verb
	시/EPH		들어가/VV	다/Eomi
	ㄴ다/EFN		신다/EP+EC	

3.2.3 Khaiii 사용법

Khaiii(Kakao Hangul Analyzer III, http://tech.kakao.com/2018/12/13/khaiii)는 카카오가 2018년 말 공개한 오픈소스 한국어 형태소 분석기다. 국립국어원이 구축한 세종 코퍼스를 이용해 CNN^Convolutional Neural Network 모델을 적용해 학습했다. Khaiii의 아키텍처 개요는 그림 3-12와 같다. 입력 문장을 문자 단위로 읽어 들인 뒤 **컨볼루션 필터**^convolution filter가 이 문자들을 슬라이딩해 가면서 정보를 추출한다. 이 네트워크의 말단 레이어에서는 이렇게 모은 정보들을 종합해 형태소의 경계와 품사 태그를 예측한다. 카카오 측 설명에 따르면 모델을 C++로 구현해 GPU 없이도 형태소 분석이 가능하며 실행 속도 역시 빠르다고 한다.

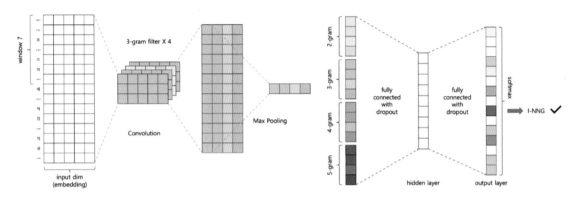

그림 3-12 Khaiii 아키텍처

Khaiii를 사용하려면 KoNLPy의 여느 분석기와 마찬가지로 클래스 선언을 해줘야 한다. 파이썬 인터프리터에서 코드 3-17을 실행하면 된다.

코드 3-17 Khaiii 클래스 선언 `python`

```python
from khaiii import KhaiiiApi
tokenizer = KhaiiiApi()
```

Khaiii로 형태소 분석을 실시하려면 코드 3-18을 실행하면 된다. 그림 3-13은 그 분석 결과다.

코드 3-18 Khaiii 형태소 분석 `python`

```python
data = tokenizer.analyze("아버지가방에들어가신다")
tokens = []
for word in data:
    tokens.extend([str(m).split("/")[0] for m in word.morphs])
```

['아버지', '가', '방에', '들', '어', '가', '시', 'ㄴ다']

그림 3-13 Khaiii 형태소 분석 결과

품사 정보까지 확인할 수 있는 코드는 코드 3-19와 같으며 그 결과는 그림 3-14다.

코드 3-19 Khaiii의 품사 정보 확인 `python`

```python
data = tokenizer.analyze("아버지가방에들어가신다")
tokens = []
for word in data:
    tokens.extend([str(m) for m in word.morphs])
```

['아버지/NNG', '가/JKS', '방에/NNG', '들/VV', '어/EC', '가/VV', '시/EP', 'ㄴ다/EC']

그림 3-14 Khaiii의 품사 정보 분석 결과

3.2.4 은전한닢에 사용자 사전 추가하기

형태소 분석기를 사용하다 보면 가장 신경 써야 하는 점이 중요 토큰들을 어떻게 처리해야 할지다. 예컨대 우리가 '가우스전자'라는 기업의 데이터 분석 팀에 속해 있고 가우스전자에 관한 말뭉치를 분석하거나 이로부터 임베딩을 만들어야 한다고 가정해보자. 이 경우 가우스전자 라는 토큰은 섬세하게 처리해야 한다. 은전한닢 분석기로 가상의 상품평 가우스전자 텔레비전 정말 좋네요 를 분석한 결과는 코드 3-20과 같다.

코드 3-20 은전한닢 형태소 분석 예시 `python`

```python
from konlpy.tag import Mecab
tokenizer = Mecab()
tokenizer.morphs("가우스전자 텔레비전 정말 좋네요")
```

['가우스', '전자', '텔레비전', '정말', '좋', '네요']

우리의 관심 단어인 `가우스전자` 가 의도치 않게 두 개의 토큰으로 분석된 것을 확인할 수 있다. `가우스전자` 하나로 분석됐을 때보다 데이터 분석이나 임베딩 품질이 떨어질 가능성이 작지 않다. 따라서 우리는 관심 단어들을 사용자 사전에 추가해 `가우스전자` 같은 단어가 하나의 토큰으로 분석될 수 있도록 강제해야 한다.

이 절에서는 널리 쓰이고 있는 형태소 분석기인 은전한닢을 기준으로 사용자 사전을 추가하는 방법을 살펴보겠다. 추가 방법은 간단하다. **/notebooks/embedding/preprocess/mecab-user-dic.csv**에 붙여 썼으면 하는 단어를 그림 3-15와 같이 추가해주면 된다.

```
가우스전자,,,,NNP,*,F,가우스전자,*,*,*,*
서울대입구역,,,,NNP,*,T,서울대입구역,*,*,*,*
```

그림 3-15 은전한닢 사용자 사전 추가

이후 코드 3-21을 실행하면 사용자 사전이 추가되고 파이썬 콘솔에서 코드 3-20을 다시 실행하면 의도대로 분석되는 것을 확인할 수 있다.

코드 3-21 은전한닢 사용자 사전 컴파일 `bash`

```bash
bash preprocess.sh mecab-user-dic
```

3.3 비지도 학습 기반 형태소 분석

이 절에서는 **비지도 학습**unsupervised learning 기반의 형태소 분석 방법을 설명한다. 3.2절의 주제인 지도 학습 기법은 언어 전문가들이 직접 형태소 경계나 품사 정보를 모델에 가르쳐줘서 학습된 모델들이다. 이와 달리 비지도 학습 기법들은 데이터의 패턴을 모델 스스로 학습하게 함으로써 형태소를 분석하는 방법이다. 데이터에 자주 등장하는 단어들을 형태소로 인식한다.

3.3.1 soynlp 형태소 분석기

soynlp(https://github.com/lovit/soynlp)는 형태소 분석, 품사 판별 등을 지원하는 파이썬 기반 한국어 자연어 처리 패키지다. 데이터 패턴을 스스로 학습하는 비지도 학습 접근법을 지향하기 때문에 하나의 문장 혹은 문서에서보다는 어느 정도 규모가 있으면서 동질적인 문서 집합homogeneous documents에서 잘 작동한다.

soynlp 패키지에 포함된 형태소 분석기는 데이터의 통계량을 확인해 만든 단어 점수 표로 작동한다. 단어 점수는 크게 **응집 확률**Cohesion Probability과 **브랜칭 엔트로피**Branching Entropy를 활용한다. 조금 더 구체적으로 말하자면 주어진 문자열이 유기적으로 연결돼 함께 자주 나타나고(응집 확률이 높을 때), 그 단어 앞뒤로 다양한 조사, 어미 혹은 다른 단어가 등장하는 경우(브랜칭 엔트로피가 높을 때) 해당 문자열을 형태소로 취급한다.

예컨대 말뭉치에서 꿀잼이라는 단어가 연결돼 자주 나타났다면 꿀잼을 형태소라고 본다(응집 확률이 높음). 한편 꿀잼 앞에 영화, 정말, 너무 등 문자열이, 뒤에 ㅋㅋ, ㅎㅎ, !! 등 패턴이 다양하게 나타났다면 이 역시 꿀잼을 형태소로 취급한다(브랜칭 엔트로피가 높음).

soynlp의 형태소 분석기는 우리가 가지고 있는 말뭉치의 통계량을 바탕으로 하기 때문에 3.2절의 지도 학습 기반 방법과 달리 별도의 학습 과정을 거쳐야 한다. 말뭉치의 분포가 어떻게 돼 있는지 확인하고 단어별로 응집 확률과 브랜칭 엔트로피 점수표를 만드는 절차가 필요하다는 이야기다. soynlp의 단어 점수를 학습하는 코드는 코드 3-22와 같다. WordExtractor 클래스의 입력 타입은 하나의 요소가 문서(문자열)인 리스트다.

코드 3-22 soynlp 단어 점수 학습

```
from soynlp.word import WordExtractor

corpus_fname = "/notebooks/embedding/data/processed/processed_ratings.txt"
model_fname = "/notebooks/embedding/data/processed/soyword.model"
```

```
sentences = [sent.strip() for sent in open(corpus_fname, 'r').readlines()]
word_extractor = WordExtractor(min_frequency=100,
                               min_cohesion_forward=0.05,
                               min_right_branching_entropy=0.0)
word_extractor.train(sentences)
word_extractor.save(model_fname)
```

코드 3-22를 실행하면 단어 점수표가 **model_fname** 경로에 저장된다. **soynlp** 의 **LTokenizer** 클래스는 입력 문장의 왼쪽부터 문자 단위로 슬라이딩해 가면서 단어 점수가 높은 문자열을 우선으로 형태소로 취급해 분리한다. 단 띄어쓰기가 돼 있다면 해당 어절을 단어로 인식한다. 한국어는 명사에 조사가 붙거나, 용언(형용사/동사)에 어미가 붙어 활용되는 교착어이기 때문에 왼쪽부터 슬라이딩해 가면서 분석해도 높은 품질을 기대할 수 있다. 예컨대 코드 3-22로 학습된 단어 점수 표가 {"애비" : 0.5, "종" : 0.4}라고 하면 애비는 종이었다 라는 문자열은 그림 3-16과 같이 분석된다.

["애비", "는", "종", "이었다"]

그림 3-16 soynlp 형태소 분석기의 분석 예시

코드 3-23은 코드 3-22에서 학습한 단어 점수표를 활용해 애비는 종이었다 라는 문장 하나를 형태소 분석하는 코드다.

코드 3-23 soynlp 형태소 분석

```
import math
from soynlp.word import WordExtractor
from soynlp.tokenizer import LTokenizer

model_fname = "/notebooks/embedding/data/processed/soyword.model"

word_extractor = WordExtractor(min_frequency=100,
                               min_cohesion_forward=0.05,
                               min_right_branching_entropy=0.0)
word_extractor.load(model_fname)
```

```
scores = word_extractor.word_scores()
scores = {key:(scores[key].cohesion_forward * math.exp(scores[key].right_
branching_entropy)) for key in scores.keys()}
tokenizer = LTokenizer(scores=scores)
tokens = tokenizer.tokenize("애비는 종이었다")
```

3.1.3절, '데이터 확보'에서 소개한 네이버 리뷰 말뭉치에 관해 soynlp 단어 점수
표 학습부터 형태소 분석에 이르기까지 전 과정을 자동으로 실행하는 셀 스크립트는
코드 3-24와 같다. 형태소 분석이 완료된 결과는 /notebooks/embedding/data/
tokenized에 저장된다.

코드 3-24 soynlp 형태소 분석 전체 실행 스크립트 `bash`

```
git pull origin master
bash preprocess.sh soy-tokenize
```

3.3.2 구글 센텐스피스

센텐스피스^{sentencepiece}는 구글(Kudo&Richardson, 2018)에서 공개한 비지도 학습 기반
형태소 분석 패키지다. 1994년 제안된 **바이트 페어 인코딩**^{BPE, Byte Pair Encoding} 기법 등
을 지원하며 pip 설치를 통해 파이썬 콘솔에서도 사용할 수 있다.

BPE의 기본 원리는 말뭉치에서 가장 많이 등장한 문자열을 병합해 문자열을 압
축하는 것이다. 예컨대 우리가 가진 데이터가 다음과 같다고 하자.

● aaabdaaabac

이 문자열에서 `aa`가 가장 많이 나타났다. 이를 `Z`로 치환하면 원래 문자열을 다음
과 같이 압축할 수 있다.

● ZabdZabac

위 문자열을 또 한 번 압축할 수 있다. `ab`가 가장 많이 나타났으므로 이를 `Y`로 치환한다.

- ZYdZYac

자연어 처리에서 BPE가 처음 쓰인 것은 기계 번역 분야다. Sennrich et al. (2015)은 BPE 알고리즘을 적용해 토크나이즈를 수행했다. BPE를 활용해 토크나이즈하는 메커니즘의 핵심은 이렇다. 우선 원하는 어휘 집합 크기가 될 때까지 반복적으로 고빈도 문자열들을 병합해 어휘 집합에 추가한다. 이것이 BPE 학습이다.

학습이 끝난 이후의 예측 과정은 이렇다. 문장 내 각 어절(띄어쓰기로 문장을 나눈 것)에 어휘 집합에 있는 서브워드subword가 포함돼 있을 경우 해당 서브워드를 어절에서 분리한다(최장 일치 기준). 이후 어절의 나머지에서 어휘 집합에 있는 서브워드를 다시 찾고, 또 분리한다. 어절 끝까지 찾았는데 어휘 집합에 없으면 미등록 단어unknown word로 취급한다.

예컨대 BPE를 학습한 결과 고빈도 서브워드가 `학교`, `밥`, `먹었` 등이라고 가정해보자. 그러면 아래 문장은 다음과 같이 분석된다. `_`로 시작하는 토큰은 해당 토큰이 어절의 시작임을 나타내는 구분자다.

- 학교에서 밥을 먹었다 → _학교, 에서, _밥, 을, _먹었, 다

그러면 3.1절에서 전처리를 수행한 한국어 위키백과 데이터를 가지고 BPE 알고리즘으로 어휘 집합vocabulary을 만들어보자. 코드 3-25를 실행하면 된다.

코드 3-25 BPE 학습 `python`

```python
import sentencepiece as spm
train = """--input=/notebooks/embedding/data/processed/processed_wiki_ko.txt \
        --model_prefix=sentpiece \
        --vocab_size=32000 \
        --model_type=bpe --character_coverage=0.9995"""
spm.SentencePieceTrainer.Train(train)
```

BPE로 학습한 어휘 집합을 BERT(Devlin et al., 2018) 모델에도 쓸 수 있다. BPE는 문자열 기반의 비지도 학습 기법이기 때문에 데이터만 확보할 수 있다면 어떤 언어에든 적용이 가능하다. 센텐스피스 패키지 학습 결과를 BERT에 사용할 수 있는 어휘 집합으로 쓸 수 있게 하기 위해서는 일부 후처리가 필요하다. ▁를 BERT에 맞게 바꾸고 [PAD], [UNK], [CLS], [MASK], [SEP] 등 스페셜 토큰을 추가한다. 각 스페셜 토큰의 역할은 5장 문장 임베딩의 BERT 관련 항목을 참고하면 된다.

코드 3-26을 실행하면 BPE 학습부터 후처리까지 일괄 처리해 BERT 모델의 어휘 집합을 만든다.

코드 3-26 BERT 어휘 집합 만들기 `bash`

```bash
git pull origin master
bash preprocess.sh make-bert-vocab
```

구글이 공개한 BERT 모델 코드에는 BPE로 학습한 어휘 집합으로 토큰을 분리하는 클래스(FullTokenizer)가 포함돼 있다. 사용 방법은 코드 3-27과 같으며 그 결과는 그림 3-17과 같다. FullTokenizer 분석 결과 ## 로 시작하는 토큰은 해당 토큰이 어절의 시작이 아님을 나타낸다.

코드 3-27 BERT FullTokenizer `python`

```python
from models.bert.tokenization import FullTokenizer

vocab_fname = "/notebooks/embedding/data/processed/bert.vocab"
tokenizer = FullTokenizer(vocab_file=vocab_fname, do_lower_case=False)

tokenizer.tokenize("집에좀 가자")
```

['집에', '##좀', '가자']

그림 3-17 BERT의 토큰 분석 결과

3.3.3 띄어쓰기 교정

soynlp에서는 띄어쓰기 교정 모듈도 제공한다. 이 모듈은 말뭉치에서 띄어쓰기 패턴을 학습한 뒤 해당 패턴대로 교정을 수행한다. 예컨대 학습 데이터에서 `하자고` 문자열 앞뒤로 공백이 다수 발견됐다고 예측 단계에서 `하자고`가 등장했을 경우 하자고 앞뒤를 띄어서 교정하는 방식이다. soynlp의 띄어쓰기 교정 모델 역시 데이터의 통계량을 확인해야 하기 때문에 교정을 수행하기 전 학습이 필요하다. 코드 3-28은 3.1절, '데이터 확보'에서 전처리한 네이버 영화 리뷰 말뭉치를 활용해 soynlp 띄어쓰기 모듈을 학습하는 코드다.

코드 3-28 soynlp 띄어쓰기 모듈 학습 `python`

```python
from soyspacing.countbase import CountSpace

corpus_fname = "/notebooks/embedding/data/processed/processed_ratings.txt"
model_fname = "/notebooks/embedding/data/processed/space-correct.model"

model = CountSpace()
model.train(corpus_fname)
model.save_model(model_fname, json_format=False)
```

코드 3-28 학습 결과를 바탕으로 띄어쓰기 교정을 수행하는 코드와 결과 예시는 각각 코드 3-29, 그림 3-18과 같다.

코드 3-29 soynlp 띄어쓰기 교정 `python`

```python
from soyspacing.countbase import CountSpace

model_fname = "/notebooks/embedding/data/processed/space-correct.model"
model = CountSpace()
model.load_model(model_fname, json_format=False)
model.correct("어릴때보고 지금다시봐도 재밌어요")
```

그림 3-18 soynlp 띄어쓰기 교정 예시

soynlp 형태소 분석이나 BPE 방식의 토크나이즈 기법은 띄어쓰기에 따라 분석 결과가 크게 달라진다. 따라서 이들 모델을 학습하기 전 띄어쓰기 교정을 먼저 적용하면 그 분석 품질이 개선될 수 있다.

3.3.4 형태소 분석 완료된 데이터 다운로드

형태소 분석에 시간을 투자하고 싶지 않은 독자들은 코드 3-30을 실행하면 형태소 분석을 마친 데이터셋을 한꺼번에 내려받을 수 있다.

코드 3-30 형태소 분석이 완료된 데이터 다운로드 `bash`

```bash
git pull origin master
bash preprocess.sh dump-tokenized
```

코드 3-30을 실행하면 모든 파일이 `/notebooks/embedding/data/tokenized` 디렉터리에 저장된다. 해당 디렉터리의 파일별 내용은 표 3-4와 같다. 각 데이터의 전처리 과정을 알고 싶다면 표 3-4의 관련 장을 참고하면 된다.

표 3-4 형태소 분석 완료된 데이터 목록

파일명	내용	관련 장
corpus_mecab_jamo.txt	한국어 위키백과, 네이버 영화 말뭉치, KorQuAD를 합치고 은전한 닢으로 형태소 분석을 한 뒤 자소로 분해한 데이터셋	4.3.3
korquad_mecab.txt	KorQuAD를 은전한닢으로 형태소 분석한 데이터셋	3.2.1
ratings_hannanum.txt	네이버 영화 말뭉치를 한나눔으로 형태소 분석한 데이터셋	3.2.1
ratings_khaiii.txt	네이버 영화 말뭉치를 Khaiii로 형태소 분석한 데이터셋	3.2.3

파일명	내용	관련 장
ratings_komoran.txt	네이버 영화 말뭉치를 코모란으로 형태소 분석한 데이터셋	3.2.1
ratings_mecab.txt	네이버 영화 말뭉치를 은전한닢으로 형태소 분석한 데이터셋	3.2.1
ratings_okt.txt	네이버 영화 말뭉치를 Okt로 형태소 분석한 데이터셋	3.2.1
ratings_soynlp.txt	네이버 영화 말뭉치를 soynlp로 형태소 분석한 데이터셋	3.3.1
wiki_ko_mecab.txt	한국어 위키백과를 은전한닢으로 형태소 분석한 데이터셋	3.2.1

3.4 이 장의 요약

3장에서는 임베딩 모델 학습을 위한 한국어 데이터의 전처리 방법을 소개했다. 주요 내용은 다음과 같다.

- 임베딩 학습용 말뭉치는 라인 하나가 문서면 좋다. 한국어 위키백과, KorQuAD, 네이버 영화 리뷰 말뭉치 등을 이같이 전처리했다.
- 지도 학습 기반의 형태소 분석 모델은 언어학 전문가들이 태깅한 형태소 분석 말뭉치로부터 학습된 기법들이다. 이 모델들은 문자열이 주어졌을 때 사람이 알려준 정답 패턴에 최대한 가깝게 토크나이즈한다. KoNLPy, Khaiii 등이 이 부류에 속한다.
- 비지도 학습 기반의 형태소 분석 모델은 데이터의 패턴을 모델 스스로 학습하게 함으로써 형태소를 나누는 기법이다. 데이터에 자주 등장하는 단어들을 형태소로 인식한다. soynlp, 구글 센텐스피스 등이 이 부류에 속한다.

3.5 참고 문헌

강필성(2017). "IME653 : 비정형데이터분석", 고려대학교.

박은정, 조성준, "KoNLPy: 쉽고 간결한 한국어 정보처리 파이썬 패키지", 제26회 한글 및 한국어 정보처리 학술대회 논문집, 2014.

신준수(2013). "자바 한국어 형태소 분석기", http://shineware.tistory.com

이선웅(2012). 『한국어 문법론의 개념어 연구』, 월인.

이선웅(2017). "KOR802 : 국어형태이론연구", 고려대학교.

이익섭(2012). 『한국어 문법』, 서울대학교출판문화원.

김현중(2019). "한국어 자연어 처리를 위한 파이썬 라이브러리", http://githuh.com/lovit/soynlp

Sennrich, R., Haddow, B., & Birch, A. (2015). Neural machine translation of rare words with subword units. arXiv preprint arXiv:1508.07909.

Jin, Z., & Tanaka-Ishii, K.(2006). Unsupervised segmentation of Chinese text by use of branching entropy. In Proceedings of the COLING/ACL on Main conference poster sessions, Association for Computational Linguistics.

Kudo, T. (2018). Subword regularization: Improving neural network translation models with multiple subword candidates. arXiv preprint arXiv:1804.10959.

Kudo, T., & Richardson, J. (2018). Sentencepiece: A simple and language independent subword tokenizer and detokenizer for neural text processing. arXiv preprint arXiv:1808.06226.

Devlin, J., Chang, M. W., Lee, K., & Toutanova, K. (2018). Bert: Pre-training of deep bidirectional transformers for language understanding. arXiv preprint arXiv: 1810.04805.

Yang, Z., Dai, Z., Yang, Y., Carbonell, J., Salakhutdinov, R., & Le, Q. V. (2019). XLNet: Generalized Autoregressive Pretraining for Language Understanding. arXiv preprint arXiv:1906.08237.

단어 수준 임베딩

4장에서 다루는 내용

4장에서는 다양한 단어 수준 임베딩 모델을 설명한다. NPLM, Word2Vec, FastText 등은 예측^{prediction} 기반 모델, LSA, GloVe, Swivel 등은 행렬 분해$^{matrix factorization}$ 기반의 기법들이다. 가중 임베딩$^{Weighted Embedding}$은 단어 임베딩을 문장 수준으로 확장하는 방법이다. 목차는 다음과 같다.

4장 단어 수준 임베딩

    4.1 NPLM

        4.1.1 모델 기본 구조

        4.1.2 NPLM의 학습

        4.1.3 NPLM과 의미 정보

    4.2 Word2Vec

        4.2.1 모델 기본 구조

        4.2.2 학습 데이터 구축

4.2.3 모델 학습

4.2.4 튜토리얼

4.3　FastText

4.3.1 모델 기본 구조

4.3.2 튜토리얼

4.3.3 한글 자소와 FastText

4.4　잠재 의미 분석

4.4.1 PPMI 행렬

4.4.2 행렬 분해로 이해하는 잠재 의미 분석

4.4.3 행렬 분해로 이해하는 Word2Vec

4.4.4 튜토리얼

4.5　GloVe

4.5.1 모델 기본 구조

4.5.2 튜토리얼

4.6　Swivel

4.6.1 모델 기본 구조

4.6.2 튜토리얼

4.7　어떤 단어 임베딩을 사용할 것인가

4.7.1 단어 임베딩 다운로드

4.7.2 단어 유사도 평가

4.7.3 단어 유추 평가

4.7.4 단어 임베딩 시각화

4.8　가중 임베딩

4.8.1 모델 개요

4.8.2 모델 구현

4.8.3 튜토리얼

4.9　이 장의 요약

4.10　참고 문헌

4.1 NPLM

Neural Probabilistic Language Model[NPLM]을 살핀다. NPLM은 자연어 처리 분야에 임베딩 개념을 널리 퍼뜨리는 데 일조한 선구자적 모델로서 임베딩 역사에서 차지하는 역할이 작지 않다.

4.1.1 모델 기본 구조

NPLM은 딥러닝의 대부 요슈아 벤지오 연구 팀이 제안한 기법(Bengio et al., 2003)이다. NPLM은 2.3절, '단어가 어떤 순서로 쓰였는가'에서 설명한 통계 기반의 전통적인 언어 모델의 한계를 극복하는 과정에서 탄생했다. Bengio et al. (2003)은 기존 언어 모델의 단점을 다음과 같이 정리했다.

- 학습 데이터에 존재하지 않는 n-gram이 포함된 문장이 나타날 확률 값을 0으로 부여한다. 물론 **백오프**[back-off]나 **스무딩**[smoothing]으로 이런 문제를 일부 보완할 수 있지만 완전한 것은 아니다.
- 문장의 **장기 의존성**[long-term dependency]을 포착해내기 어렵다. 다시 말해 n-gram 모델의 n을 5 이상으로 길게 설정할 수 없다. n이 커질수록 그 등장 확률이 0인 단어 시퀀스가 기하급수적으로 늘어난다.
- 단어/문장 간 유사도를 계산할 수 없다.

NPLM은 이러한 기존 언어 모델의 한계를 일부 극복한 언어 모델이라는 점에서 의의가 있다. 그뿐만 아니라 NPLM 자체가 단어 임베딩 역할을 수행할 수 있다. NPLM 아키텍처의 개괄적인 모습은 그림 4-1과 같다.

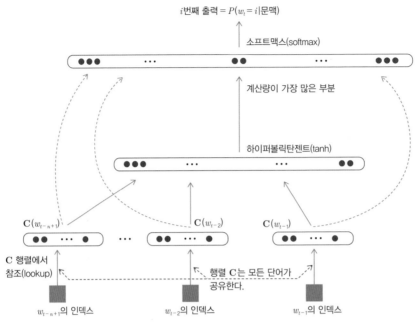

i번째 출력 = $P(w_t = i | 문맥)$

소프트맥스(softmax)

계산량이 가장 많은 부분

하이퍼볼릭탄젠트(tanh)

$C(w_{t-n+1})$ $C(w_{t-2})$ $C(w_{t-1})$

C 행렬에서
참조(lookup)

행렬 C는 모든 단어가
공유한다.

w_{t-n+1}의 인덱스 w_{t-2}의 인덱스 w_{t-1}의 인덱스

그림 4-1 NPLM(Bengio et al., 2003)

4.1.2 NPLM의 학습

NPLM은 단어 시퀀스가 주어졌을 때 다음 단어가 무엇인지 맞추는 과정에서 학습된다. NPLM은 직전까지 등장한 $n-1$개 단어들로 다음 단어를 맞추는 n-gram 언어모델이다. 예컨대 발, 없는, 말이 이 세 개 단어가 주어졌다고 가정해보자. 그다음에올 단어는 무엇일까? 수많은 단어가 올 수 있겠지만 우리가 가진 말뭉치에서는 천리와간다라는 단어가 연이어 자주 등장했다고 해보자.

　NPLM은 수식 4-1을 최대화하려고 한다. 이는 조건부확률 P(천리|발,없는,말이),P(간다|없는,말이,천리)를 각각 높인다는 의미와 같다. 수식 4-1에서 w_t는 문장의 t번째 단어를 가리킨다. 다시 말해 모델이 $w_1 =$ 발, $w_2 =$ 없는, $w_3 =$ 말이, 이렇게세 개 단어를 입력받았을 때 $w_4 =$ 천리를 잘 맞춘다는 이야기다($n=4$, $t=4$인 경우). 아울러 $w_2 =$ 없는, $w_3 =$ 말이, $w_4 =$ 천리, 이렇게 세 개 단어를 입력받았을 때 $w_5 =$ 간다를잘 맞춘다는 이야기이기도 하다($n=4$, $t=5$인 경우).

수식 4-1 NPLM의 출력

$$P(w_t | w_{t-1}, ..., w_{t-n+1}) = \frac{\exp(\mathbf{y}_{w_t})}{\sum_i \exp(\mathbf{y}_i)}$$

NPLM 구조 말단의 출력은 $|V|$차원의 스코어 벡터 $\mathbf{y}_{w_t}$에 **소프트맥스**softmax 함수를 적용한 $|V|$차원의 확률 벡터다. 이는 곧 수식 4-1에 정의된 조건부확률과 같다. NPLM은 확률 벡터에서 가장 높은 요소의 인덱스에 해당하는 단어가 실제 정답 단어와 일치하도록 학습한다.

이번엔 입력을 살펴보자. 문장 내 t번째 단어(w_t)에 대응하는 단어 벡터 $\mathbf{x}_t$를 만드는 과정이다. 수식 4-2와 같다. $|V| \times m$ 크기를 갖는 커다란 행렬 $\mathbf{C}$에서 w_t에 해당하는 벡터를 **참조**lookup한 형태다. $|V|$는 어휘 집합 크기, m은 $\mathbf{x}_t$의 차원 수다. $\mathbf{C}$ 행렬의 원소matrix element 값은 초기에 랜덤 설정한다.

수식 4-2 NPLM의 입력 (1)

$$\mathbf{x}_t = \mathbf{C}(w_t)$$

여기에서 참조는 어떤 의미일까. 그림 4-2를 보자. 어휘 집합에 속한 단어가 5개뿐이고 w_t가 이 가운데 네 번째라고 가정하자. 그러면 $\mathbf{C}(w_t)$는 행렬 $\mathbf{C}$와 w_t에 해당하는 **원핫벡터**One-hot-Vector를 **내적**inner product한 것과 같다. 원핫벡터란 한 요소만 1이고 나머지는 0인 벡터를 가리킨다. 이는 $\mathbf{C}$라는 행렬에서 w_t에 해당하는 행row만 참조하는 것과 동일하다.

$$\mathbf{C}(w_t) = \begin{bmatrix} 0 & 0 & 0 & 1 & 0 \end{bmatrix} \times \begin{bmatrix} 11 & 18 & 25 \\ 10 & 12 & 19 \\ 4 & 6 & 13 \\ 23 & 5 & 7 \\ 17 & 24 & 1 \end{bmatrix}$$

$$= \begin{bmatrix} 23 & 5 & 7 \end{bmatrix}$$

그림 4-2 행렬 C 참조하기

입력부터 천천히 살펴보자. 없는, 말이, 천리 이렇게 세 개 단어가 주어졌을 때 간다 라는 단어를 예측해야 하는 상황이라고 가정하자. 우선 세 개 각각의 단어의 인덱스 index 값을 확인한다. 수식 4-3처럼 세 개 단어에 해당하는 열 벡터를 $\mathbf{C}$에서 참조한 뒤, 이 세 개 벡터를 묶어주면 concatenate NPLM의 입력 벡터 $\mathbf{x}$가 된다. n은 고려 대상 n-gram 개수이다. 전체 문장이 발 없는 말이 천리 간다 라면 입력 단어들(없는, 말이, 천리)과 예측 대상 단어(간다)를 포함해 모두 네 개이기 때문에 n은 4이며 예측 대상 단어(간다)가 문장에서 다섯 번째로 등장하기 때문에 t는 5다.

수식 4-3 NPLM의 입력 (2)

$$\mathbf{x} = [\mathbf{x}_{t-1}, \mathbf{x}_{t-2}, ..., \mathbf{x}_{t-n+1}]$$

그림 4-1의 하단에서 상단으로 봤을 때 파란색 선으로 그어진 레이어가 각각 **입력층** input layer, **은닉층** hidden layer, **출력층** output layer이다. 스코어 벡터 $\mathbf{y}_{w_t}$를 계산하는 방식은 수식 4-4와 같다.

수식 4-4 NPLM 스코어 벡터 $\mathbf{y}$ 계산

$$\mathbf{y}_{w_t} = \mathbf{b} + \mathbf{W}\mathbf{x} + \mathbf{U}\tanh(\mathbf{d} + \mathbf{H}\mathbf{x})$$

마지막으로 $\mathbf{y}_{w_t}$에 소프트맥스 함수를 적용한 뒤 이를 정답 단어인 간다 의 인덱스와 비교해 **역전파** backpropagation하는 방식으로 학습이 이루어지게 된다. NPLM 학습이 종료되면 우리는 행렬 $\mathbf{C}$를 각 단어에 해당하는 m차원 임베딩으로 사용한다.

수식 4-5는 NPLM의 학습 파라미터 차원 수를 정리한 것이다. 4.2절 이후에 설명하는 단어 임베딩 기법들과 비교하면 학습해야 하는 파라미터 종류가 많고 그 크기 또한 큰 편이다. 이후 제안된 단어 임베딩 기법은 추정 대상 파라미터를 줄이고 그 품질은 높이는 쪽으로 발전해왔다.

수식 4-5 NPLM의 학습 파라미터

$$\mathbf{H} \in \mathbb{R}^{h \times (n-1)m}, \quad \mathbf{x} \in \mathbb{R}^{(n-1)m}, \quad \mathbf{d} \in \mathbb{R}^{h}, \quad \mathbf{W} \in \mathbb{R}^{|V| \times (n-1)m}$$
$$\mathbf{U} \in \mathbb{R}^{|V| \times h}, \quad \mathbf{b} \in \mathbb{R}^{|V|}, \quad \mathbf{y} \in \mathbb{R}^{|V|}, \quad \mathbf{C} \in \mathbb{R}^{|V| \times m}$$

4.1.3 NPLM과 의미 정보

NPLM은 단어의 의미를 어떻게 임베딩에 녹여낼 수 있는 걸까. Bengio et al. (2003)
이 예로 든 그림 4-3을 먼저 보자.

The cat is walking in the bedroom
A dog was running in a room
The cat is running in a room
A dog is walking in a bedroom
The dog was walking in the room

그림 4-3 벤지오 연구 팀이 예로 든 유사 문장(Bengio et al., 2003)

우선 n-gram의 n을 4로 두고 생각해보자. 그렇다면 NPLM은 직전 3개 단어를
가지고 그다음 단어 하나를 맞추는 과정에서 학습된다. 네 번째 단어가 walking 인 문
장은 그림 4-4와 같다. NPLM은 그림 4-4의 입력을 받으면 walking 이 출력되도록
학습한다.

따라서 The , A , cat , dog , is , was 등은 walking 이라는 단어와 모종의 관계가 형성
된다. 바꿔 말하면 The , A , cat , dog , is , was 등에 해당하는 **C** 행렬의 행 벡터들은
walking 을 맞추는 과정에서 발생한 **학습 손실**^{train loss}을 최소화하는 **그래디언트**^{gradient}를
받아 동일하게 업데이트된다. 결과적으로는 The , A , cat , dog , is , was 벡터가 벡터
공간에서 같은 방향으로 조금 움직인다는 이야기다.

The cat is
A dog is
The dog was

그림 4-4 타깃 단어 walking을 공유하는 3-gram(Bengio et al., 2003)

문장에서 네 번째 단어가 running 인 3-gram을 뽑아보면 그림 4-5와 같다. NPLM
은 그림 4-5의 입력을 받으면 running 이 출력되도록 학습한다.

따라서 `The`, `A`, `cat`, `dog`, `is`, `was` 또한 `running` 이라는 단어와 관계를 지니게 된다. 결과적으로는 `The`, `A`, `cat`, `dog`, `is`, `was` 벡터가 벡터 공간에서 같은 방향으로 업데이트된다.

A dog was
The cat is

그림 4-5 타깃 단어 running을 공유하는 3-gram(Bengio et al., 2003)

문장에서 다섯 번째 단어가 `in`인 3-gram을 뽑아보면 그림 4-6이 된다. 따라서 그림 4-6에 속한 모든 단어들은 벡터 공간상 같은 방향으로 업데이트된다. 이렇게 문장 내 모든 단어들을 한 단어씩 훑으면서 말뭉치 전체를 학습하게 된다면 NPLM 모델의 C 행렬에 각 단어의 문맥 정보를 내재할 수 있게 된다.

cat is walking
dog was running
cat is running
dog is walking
dog was walking

그림 4-6 타깃 단어 in을 공유하는 3-gram(Bengio et al., 2003)

NPLM은 그 자체로 언어 모델 역할을 수행할 수 있다. 예컨대 학습 데이터에 없는 `The mouse is running in a room` 이라는 문장의 등장 확률을 예측해야 한다고 가정해보자. 4.1절에서 설명한 기존의 통계 기반 n-gram 모델은 학습 데이터에 한 번도 등장하지 않은 패턴에 대해서는 그 등장 확률을 0으로 부여하는 문제점을 가지고 있다. 하지만 NPLM은 `The mouse is running in a room` 이라는 문장이 말뭉치에 없어도 문맥이 비슷한 다른 문장을 참고해 확률을 부여한다. 결과적으로 NPLM은 `The mouse is running in a room` 의 등장 확률을 그림 4-3의 문장들과 비슷하게 추론하게 되는 것이다.

4.2 Word2Vec

Word2Vec은 2013년 구글 연구 팀이 발표한 기법으로 가장 널리 쓰이고 있는 단어 임베딩 모델이다. Word2Vec 기법은 두 개의 논문으로 나누어 발표됐다. 「Efficient Estimation of Word Representations in Vector Space(Mikolov et al., 2013a)」라는 논문과 「Distributed Representations of Words and Phrase and their Compositionality(Mikolov et al., 2013b)」가 바로 그것이다.

Mikolov et al. (2013a)에서는 Skip-Gram과 CBOW라는 모델이 제안됐고, Mikolov et al. (2013b)은 이 두 모델을 근간으로 하되 네거티브 샘플링negative sampling 등 학습 최적화 기법을 제안한 내용이 핵심 골자다. 이 절에서 차례로 살펴보겠다.

4.2.1 모델 기본 구조

Mikolov et al. (2013a)이 제안한 CBOW와 Skip-gram 모델의 기본 구조는 그림 4-7과 같다. CBOW는 주변에 있는 **문맥 단어**context word들을 가지고 **타깃 단어**target word 하나를 맞추는 과정에서 학습된다. Skip-gram 모델은 타깃 단어를 가지고 주변 문맥 단어가 무엇일지 예측하는 과정에서 학습된다.

그림 4-7을 보면 CBOW의 경우 입력, 출력 학습 데이터 쌍pair이 {문맥 단어 4개, 타깃 단어} 하나인 반면 Skip-gram의 학습 데이터는 {타깃 단어, 타깃 직전 두 번째 단어}, {타깃 단어, 타깃 직전 단어}, {타깃 단어, 타깃 다음 단어}, {타깃 단어, 타깃 다음 두 번째 단어} 이렇게 4개쌍이 된다. Skip-gram이 같은 말뭉치로도 더 많은 학습 데이터를 확보할 수 있어 임베딩 품질이 CBOW보다 좋은 경향이 있다. 따라서 4장에서는 Skip-gram 모델을 중심으로 Word2Vec 기법을 설명하겠다.

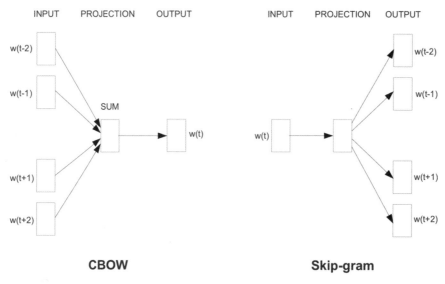

그림 4-7 CBOW와 Skip-gram 모델(Mikolov et al., 2013a)

4.2.2 학습 데이터 구축

Word2Vec Skip-gram 모델의 학습 데이터를 구축하는 과정(Mikolov et al., 2013b)을 살펴보자. 그림 4-8은 한국어 위키백과에서 빨래가 쓰인 문장 하나를 가져온 것이다.

... 개울가 에서 속옷 **빨래** 를 하는 남녀 ...

그림 4-8 한국어 위키백과에 언급된 빨래

Skip-gram 모델의 학습 데이터를 구축하는 과정은 그림 4-9와 같다. 그림 4-9에서 **포지티브 샘플**positive sample이란 타깃 단어(t)와 그 주변에 실제로 등장한 문맥 단어(c) 쌍을 가리킨다. **네거티브 샘플**negative sample은 타깃 단어와 그 주변에 등장하지 않은 단어(말뭉치 전체에서 랜덤 추출) 쌍을 의미한다. 그림 4-9에서 **윈도우**window는 2로 설정했다. 포지티브 샘플을 만들 때 타깃 단어 앞뒤 두 개씩만 고려한다는 뜻이다.

Skip-gram 모델은 전체 말뭉치를 단어별로 슬라이딩해 가면서 학습 데이터를 만든다. 다시 말해 이 다음 학습 데이터를 만들 때는 █를█이라는 단어가 타깃 단어(t)가 되고 █빨래█는 문맥 단어(c)가 된다. 결과적으로 Skip-gram 모델은 같은 말뭉치를 두고도 엄청나게 많은 학습 데이터 쌍을 만들어낼 수 있다.

... 개울가 (에서 속옷 **빨래** 를 하는) 남녀 ...
c_1 c_2 t c_3 c_4

포지티브 샘플

t	c
빨래	에서
빨래	속옷
빨래	를
빨래	하는

네거티브 샘플

t	c	t	c
빨래	책상	빨래	커피
빨래	안녕	빨래	떡
빨래	자동차	빨래	사과
빨래	숫자	빨래	노트북

그림 4-9 Skip-gram 모델의 학습 데이터 구축

Skip-gram 모델이 처음 제안된 Mikolov et al. (2013a)에서는 타깃 단어가 주어졌을 때 문맥 단어가 무엇일지 맞추는 과정에서 학습됐다. 하지만 이 방식은 소프트맥스 때문에 계산량이 비교적 큰 편이다. 조금 구체적으로 말하자면 이렇다. 타깃 단어를 입력받아 문맥 단어를 직접 출력하는 모델을 학습하려면, 정답 문맥 단어가 나타날 확률은 높이고 나머지 단어들 확률은 그에 맞게 낮춰야 한다. 그런데 어휘 집합에 속한 단어 수는 보통 수십만 개나 된다. 이를 모두 계산하려면 비효율적이다.

Mikolov et al. (2013b)에서 제안한 Skip-gram 모델은 타깃 단어와 문맥 단어 쌍이 주어졌을 때 해당 쌍이 포지티브 샘플(+)인지, 네거티브 샘플(−)인지 이진 분류binary classification하는 과정에서 학습된다. 이렇게 학습하는 기법을 네거티브 샘플링negative sampling이라고 한다.

네거티브 샘플링 방식으로 학습하게 되면 1개의 포지티브 샘플과 k개의 네거티브 샘플만 계산(=정확히는 매 스텝마다 차원 수가 2인 시그모이드를 $k+1$회 계산)하면 되기 때문에 모델을 1스텝에 전체 단어를 모두 계산(=정확히는 매 스텝마다 어휘 집합 크기만큼의 차

원 수를 가진 소프트맥스를 1회 계산)해야 하는 기존 방법보다 계산량이 훨씬 적다.

그림 4-9는 k를 2로 설정한 예시다. 이 경우 모델은 하나의 스텝에서 1개의 포지티브 샘플과 2개의 네거티브 샘플, 즉 3개만 학습하면 된다. 예컨대 그림 4-9 예시에서 첫 번째 스텝에서는 빨래-에서 포지티브 샘플 1개와 빨래-책상 , 빨래-커피 네거티브 샘플 2개가 학습된다. Mikolov et al. (2013b)에 따르면 작은 데이터에는 k를 5~20, 큰 말뭉치에는 k를 2~5로 하는 것이 성능이 좋았다고 한다.

네거티브 샘플은 어떻게 뽑는 걸까. Mikolov et al. (2013b)은 말뭉치에 자주 등장하지 않는 희귀한 단어가 네거티브 샘플로 조금 더 잘 뽑힐 수 있도록 설계했다. 네거티브 샘플 확률은 수식 4-6과 같다. 수식 4-6에서 $U(w_i)$란 해당 단어의 유니그램^{unigram} 확률(해당 단어 빈도/전체 단어 수)을 의미한다.

수식 4-6 네거티브 샘플 확률

$$P_{negative}(w_i) = \frac{U(w_i)^{3/4}}{\sum_{j=0}^{n} U(w_j)^{3/4}}$$

예컨대 우리가 가진 말뭉치에 있는 단어가 용과 미르 둘뿐이고 그 구성 비율은 각각 0.99, 0.01이라고 하자. 그렇다면 용과 미르가 네거티브로 뽑힐 확률은 각각 수식 4-7과 같다. 원래대로라면 용은 0.99의 확률로 네거티브 샘플이 됐겠지만 0.97로 살짝 낮아졌다. 대신에 미르는 0.01에서 0.03으로 살짝 높아졌다.

수식 4-7 용과 미르가 네거티브 샘플로 뽑힐 확률

$$P(용) = \frac{0.99^{0.75}}{0.99^{0.75} + 0.01^{0.75}} = 0.97$$

$$P(미르) = \frac{0.01^{0.75}}{0.99^{0.75} + 0.01^{0.75}} = 0.03$$

Mikolov et al. (2013b)은 이와 별개로 자주 등장하는 단어는 학습에서 제외하는 서브샘플링^{subsampling}이라는 기법도 적용했다. 그림 4-9에서 볼 수 있듯 Skip-gram 모델은 말뭉치로부터 엄청나게 많은 학습 데이터 쌍을 만들어낼 수 있기 때문에 고

빈도 단어의 경우 등장 횟수만큼 모두 학습시키는 것이 비효율적이라고 본 것이다. 서브샘플링 확률은 수식 4-8과 같다. $f(w_i)$는 w_i의 빈도를 가리키며, t는 하이퍼파라미터이다. Mikolov et al. (2013b)은 t를 10^{-5}로 설정했다.

수식 4-8 서브샘플링 확률

$$P_{\text{subsampling}}(w_i) = 1 - \sqrt{\frac{t}{f(w_i)}}$$

만일 $f(w_i)$가 0.01로 나타나는 빈도 높은 단어(예컨대 조사 은/는)는 위 식으로 계산한 $P_{\text{subsampling}}(w_i)$가 0.9684나 돼서 해당 단어가 가질 수 있는 100번의 학습 기회 가운데 96번 정도는 학습에서 제외하게 된다. 반대로 등장 비율이 적어 $P_{\text{subsampling}}(w_i)$가 0에 가깝다면 해당 단어가 나올 때마다 빼놓지 않고 학습을 시키는 구조다. 서브샘플링은 학습량을 효과적으로 줄여 계산량을 감소시키는 전략이다.

4.2.3 모델 학습

Skip-gram 모델은 타깃 단어와 문맥 단어 쌍이 주어졌을 때 해당 쌍이 포지티브 샘플(+)인지 아닌지를 예측하는 과정에서 학습된다. 따라서 타깃 단어와 문맥 단어 쌍이 실제 포지티브 샘플이라면 수식 4-9에 정의된 조건부확률을 최대화해야 한다. 모델이 포지티브 샘플 단어 쌍을 입력받았을 때 이 쌍이 정말 포지티브 샘플이라고 잘 맞춰야 한다는 이야기다.

수식 4-9 t, c가 포지티브 샘플(=t 주변에 c가 존재)일 확률

$$P(+|t,c) = \frac{1}{1 + \exp(-\mathbf{u}_t \mathbf{v}_c)}$$

Skip-gram 모델의 학습 파라미터는 $\mathbf{U}$와 $\mathbf{V}$ 행렬 두 개뿐이다. 둘의 크기는 어휘 집합 크기($|V|$) × 임베딩 차원 수(d)로 동일하다. $\mathbf{U}$와 $\mathbf{V}$는 각각 타깃 단어와 문맥 단어에 대응한다. 그림 4-9와 연관지어 예를 들면 $\mathbf{u}_t$는 타깃 단어(t) 빨래에 해당하는

$\mathbf{U}$의 행 벡터, $\mathbf{v}_c$는 문맥 단어(c) 속옷 에 해당하는 $\mathbf{V}$의 열 벡터가 된다. NPLM의 수식 4-5와 비교해보면 학습 파라미터의 종류와 크기가 확 줄어든 것을 확인할 수 있다.

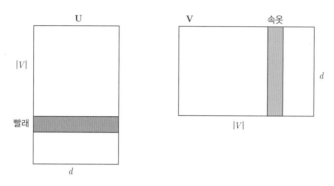

그림 4-10 Skip-gram 모델 파라미터

수식 4-9를 최대화하려면 분모를 줄여야 한다. 수식 4-9의 분모를 줄이려면 $\exp(-\mathbf{u}_t\mathbf{v}_c)$를 줄여야 한다. 그러려면 포지티브 샘플에 대응하는 단어 벡터인 $\mathbf{u}_t$와 $\mathbf{v}_c$의 내적$^{inner\ product}$ 값을 키워야 한다.

그런데 두 벡터의 내적은 **코사인 유사도**$^{cosine\ similarity}$와 비례한다. 따라서 내적 값의 상향은 포지티브 샘플 t와 c에 해당하는 단어 벡터 간 유사도를 높인다(＝벡터 공간상 가깝게)는 의미로 이해할 수 있다(코사인 유사도는 벡터 간 유사도 측정 기법의 일종으로, 자세한 내용은 부록 참고).

Skip-gram 모델은 네거티브 샘플 단어 쌍에 관해 수식 4-10에 정의된 조건부확률을 최대화해야 한다. 다시 말해 네거티브 샘플을 모델에 입력하면 모델은 이 데이터가 정말 네거티브 샘플이라고 잘 맞춰야 한다는 이야기다.

수식 4-10 t, c가 네거티브 샘플(c를 t와 무관하게 말뭉치 전체에서 랜덤 샘플)일 확률

$$P(-|t,c) = 1 - P(+|t,c) = \frac{\exp(-\mathbf{u}_t\mathbf{v}_c)}{1 + \exp(-\mathbf{u}_t\mathbf{v}_c)}$$

수식 4-10을 최대화하려면 식 우변 분자를 최대화해야 한다. 분자를 최대화하려면 네거티브 샘플에 대응하는 단어 벡터인 $\mathbf{u}_t$와 $\mathbf{v}_c$의 내적 값을 줄여야 한다. 그런데

두 벡터의 내적은 코사인 유사도와 비례한다. 따라서 내적 값의 하향은 네거티브 샘플 t와 c에 해당하는 단어 벡터 간 코사인 유사도를 낮춘다(=벡터 공간상 멀게)는 의미로 이해할 수 있다.

수식 4-11은 Skip-gram 모델이 최대화해야 하는 **로그우도 함수**^{log-likelihood function}다. 모델 파라미터인 θ를 한 번 업데이트할 때 1개 쌍의 포지티브 샘플(t_p, c_p)과 k개 쌍의 네거티브 샘플(t_{n_i}, c_{n_i})이 학습된다는 의미다. 수식 4-11을 최대화하는 과정에서 결과적으로 Skip-gram 모델은 말뭉치의 분포 정보를 단어 임베딩에 함축시키게 된다.

수식 4-11 Skip-gram 모델의 로그우도 함수

$$\mathcal{L}(\theta) = \log P(+|t_p, c_p) + \sum_{i=1}^{k} \log P(-|t_{n_i}, c_{n_i})$$

Skip-gram 모델은 수식 4-11을 계산할 때 타깃 단어에 해당하는 단어 벡터 $\mathbf{u}_t$는 행렬 $\mathbf{U}$에서, 문맥 단어에 해당하는 단어 벡터 $\mathbf{v}_c$는 행렬 $\mathbf{V}$에서 참조한다. 모델 학습이 완료되면 $\mathbf{U}$만 d차원의 단어 임베딩으로 쓸 수도 있고, $\mathbf{U} + \mathbf{V}^\top$ 행렬을 임베딩으로 쓸 수도 있다. 혹은 $\mathbf{U}$, $\mathbf{V}^\top$를 이어 붙여 $2d$ 차원의 단어 임베딩으로 사용할 수도 있다.

4.2.4 튜토리얼

그러면 Word2Vec Skip-gram 임베딩을 만들어보자. 임베딩 수행 대상 말뭉치는 한국어 위키백과, 네이버 영화 리뷰 말뭉치, KorQuAD 등 3개 데이터셋을 합쳐서 사용해보겠다. 3장, '한국어 데이터 전처리'에서 가이드한 대로 전처리를 직접 수행할 수도 있고, 도커 컨테이너상의 /notebooks/embedding 위치에서 코드 4-1을 실행해 형태소 분석까지 완료된 데이터를 내려받아 바로 사용할 수도 있다. 형태소 분석이 완료된 데이터는 각 말뭉치별로 구분돼 있으니, 우리가 사용할 3가지 말뭉치(형태소 분석기는 은전한닢)를 파일 하나로 합친다. 코드 4-2와 같다.

코드 4-1 형태소 분석 완료된 데이터 다운로드 `bash`

```bash
git pull origin master
bash preprocess.sh dump-tokenized
```

코드 4-2 데이터 합치기 `bash`

```bash
cd /notebooks/embedding
cat data/tokenized/wiki_ko_mecab.txt data/tokenized/ratings_mecab.txt data/
tokenized/korquad_mecab.txt > data/tokenized/corpus_mecab.txt
```

코드 4-2에서 만든 데이터를 가지고 Word2Vec 모델을 학습한다. 파이썬 콘솔에서 코드 4-3을 실행하면 된다. 이때 `size`는 Word2Vec 임베딩의 차원 수, `workers`는 CPU 스레드^{thread} 개수, `sg`는 Skip-gram 모델인지 여부를 나타내는 하이퍼파라미터^{hyperparameter}이다. `sg`가 1이면 Skip-gram, 0이면 CBOW 모델로 학습된다. 나머지 하이퍼파라미터는 기본값을 적용한다. 코드 4-4는 코드 4-3을 셸^{shell}에서 실행할 수 있는 스크립트이며 그 역할은 둘이 동일하다.

코드 4-3 Word2Vec Skip-gram 모델 학습 `python`

```python
corpus_fname = "/notebooks/embedding/data/tokenized/corpus_mecab.txt"
model_fname = "/notebooks/embedding/data/word-embeddings/word2vec/word2vec"

from gensim.models import Word2Vec
corpus = [sent.strip().split(" ") for sent in open(corpus_fname, 'r').readlines()]
model = Word2Vec(corpus, size=100, workers=4, sg=1)
model.save(model_fname)
```

코드 4-4 Word2Vec Skip-gram 모델 학습 스크립트 `bash`

```bash
cd /notebooks/embedding
mkdir -p data/word-embedding/word2vec
python models/word_utils.py --method train_word2vec \
```

```
--input_path data/tokenized/corpus_mecab.txt \
--output_path data/word-embeddings/word2vec/word2vec
```

학습이 완료되면 지정한 **output_path**에 임베딩 결과물들이 생성된다. 파이썬 콘
솔에서 코드 4-5를 실행하면 기준 단어와 코사인 유사도가 가장 높은 단어 5개와 그
유사도가 출력된다. 표 4-1은 코드 4-5를 실행해 각 기준 단어의 코사인 유사도 상
위 단어를 정리한 것이다.

코드 4-5 코사인 유사도 상위 단어 목록 체크 코드와 결과 예시 `python`

```python
from models.word_eval import WordEmbeddingEvaluator
model = WordEmbeddingEvaluator("/notebooks/embedding/data/word-embeddings/
word2vec/word2vec", method="word2vec", dim=100, tokenizer_name="mecab")
model.most_similar("희망", topn=5)
```

```
[('소망', 0.79329586),
 ('행복', 0.7861444),
 ('희망찬', 0.76918393),
 ('꿈', 0.76410115),
 ('열망', 0.7336163)]
```

표 4-1 Word2Vec Skip-gram 모델의 코사인 유사도 상위 단어 목록

희망	절망	학교	학생	가족	자동차
소망	체념	초등	대학생	아이	승용차
행복	고뇌	중학교	대학원생	부모	상용차
희망찬	절망감	고등학교	고학생	편부모	트럭
꿈	상실감	야학교	교직원	고달픈	대형트럭
열망	번민	중학	학부모	사랑	모터사이클

여기에서 "어떤 단어 쌍이 비슷하다^similar"는 의미를 곱씹을 필요가 있다. 우리는
보통 **춥다**와 **덥다**가 유사하지 않다고 생각한다. 정말 그럴까? **춥다**는 **덥다**의 반의어

antonyms이긴 하지만 '기온'이라는 속성attribute을 매개로 강한 관련을 맺고 있다. 마찬가지로 흑과 백은 '색상'을 매개로, 소음과 적막은 '소리'를 매개로 관계가 있다. 특정 속성(기온, 색상, 소리) 관점에서 보면 춥다/덥다, 흑/백, 소음/적막 같은 반의 관계에 있는 단어 쌍들도 서로 비슷하다고 말할 수 있다.

Word2Vec을 위시한 단어 임베딩 기법들은 대개 말뭉치의 분포distribution 정보를 벡터에 녹이고, 분포가 유사한 단어 쌍은 그 속성 또한 공유할 가능성이 높다. 코드 4-5의 most_similar 함수는 쿼리 단어와 코사인 유사도가 가장 높은(=특정 속성을 강하게 공유하는) 단어들을 출력한다. 다만 어떤 단어 쌍이 특정 속성을 공유한다고 해서 해당 쌍이 반드시 유의 관계인 것은 아니다. 여기에는 반의 관계도, 상하 관계도 있을 수 있다. 따라서 most_similar 함수는 해당 쿼리 단어와 유의 관계에 있는 단어를 보여준다기보다는, 관련성relevance이 높은 단어를 출력한다는 의미로 이해하는 것이 좋다.

4.3 FastText

FastText(Bojanowski et al., 2017)는 페이스북에서 개발해 공개한 단어 임베딩 기법이다. FastText는 각 단어를 문자character 단위 n-gram으로 표현한다. 이 밖의 내용은 Word2Vec과 같다.

4.3.1 모델 기본 구조

예컨대 시나브로라는 단어의 문자 단위 n-gram($n = 3$)은 그림 4-11과 같다. 그림 4-11에서 <, >는 단어의 경계를 나타내 주기 위해 FastText 모델이 사용하는 특수 기호다.

〈시나, 시나브, 나브로, 브로〉, 〈시나브로〉

그림 4-11 '시나브로'의 $n = 3$인 문자 단위 n-gram

FastText 모델에서는 시나브로라는 단어의 임베딩을 수식 4-12와 같이 5개의 문자 단위 n-gram 벡터의 합으로 표현한다. G_t는 타깃 단어 t에 속한 문자 단위 n-gram 집합을 가리킨다.

수식 4-12 FastText의 단어 벡터 표현

$$\mathbf{u}_{\text{시나브로}} = \mathbf{z}_{<\text{시나}} + \mathbf{z}_{\text{시나브}} + \mathbf{z}_{\text{나브로}} + \mathbf{z}_{\text{브로}>} + \mathbf{z}_{<\text{시나브로}>}$$

$$\mathbf{u}_t = \sum_{g \in G_t} \mathbf{z}_g$$

FastText 모델 역시 네거티브 샘플링 기법을 쓴다. 수식 4-13에 정의된 조건부 확률을 최대화하는 과정에서 학습된다. 입력 단어 쌍(t, c)이 실제 포지티브 샘플이라면 모델은 해당 입력 쌍이 포지티브라고 맞춰야 한다. 여기까지는 Word2Vec과 다르지 않다. FastText는 한발 더 나아가 타깃 단어(t), 문맥 단어(c) 쌍을 학습할 때 타깃 단어(t)에 속한 문자 단위 n-gram 벡터($\mathbf{z}$)들을 모두 업데이트한다.

수식 4-13 FastText 모델에서 t, c가 포지티브 샘플(=t 주변에 c가 존재)일 확률

$$P(+|t, c) = \frac{1}{1 + \exp(-\mathbf{u}_t \mathbf{v}_c)} = \frac{1}{1 + \exp(-\sum_{g \in G_t} \mathbf{z}_g^\top \mathbf{v}_c)}$$

포지티브 샘플이 주어졌을 때 수식 4-13을 최대화하려면 분모를 최소화해야 한다. 분모를 최소화하기 위해서는 $\mathbf{z}$들과 $\mathbf{v}_c$ 간 내적 값을 높여야 한다. 벡터의 내적은 코사인 유사도와 비례한다. 따라서 내적 값의 상향은 타깃 단어(t)에 속하는 문자 단위 n-gram 벡터와 문맥 단어의 포지티브 샘플(c)에 해당하는 단어 벡터 간 유사도를 높여야(=벡터 공간상 가깝게) 한다는 의미로 이해할 수 있다.

예컨대 시나브로가 타깃 단어(t), 쌓였다가 문맥 단어의 포지티브 샘플(c)이라면 <시나, 시나브, 나브로, 브로>, <시나브로> 등 문자 n-gram 벡터($\mathbf{z}$)들 각각을 쌓였다에 해당하는 단어 벡터($\mathbf{v}_c$)와의 유사도를 높인다.

FastText 모델은 또한 네거티브 샘플 단어 쌍에 대해 수식 4-14에 정의된 조건부확률을 최대화해야 한다. 다시 말해 네거티브 샘플을 모델에 입력하면 모델은 이

데이터가 정말 네거티브 샘플이라고 잘 맞춰야 한다는 이야기다.

수식 4–14 FastText 모델에서 t, c가 네거티브 샘플(c를 t와 무관하게 말뭉치 전체에서 랜덤 샘플)일 확률

$$P(-|t,c) = 1 - P(+|t,c) = \frac{\exp(-\mathbf{u}_t \mathbf{v}_c)}{1 + \exp(-\mathbf{u}_t \mathbf{v}_c)} = \frac{\exp(-\sum_{g \in G_t} \mathbf{z}_g^\top \mathbf{v}_c)}{1 + \exp(-\sum_{g \in G_t} \mathbf{z}_g^\top \mathbf{v}_c)}$$

네거티브 샘플이 주어졌을 때 수식 4-14를 최대화하려면 분자를 최대화해야 한다. 분자를 최대화하기 위해서는 $\mathbf{z}$들과 $\mathbf{v}_c$ 간 내적 값을 낮춰야 한다. 벡터의 내적은 코사인 유사도와 비례한다. 따라서 내적 값의 하향은 타깃 단어(t)에 속하는 문자 단위 n-gram 벡터와 문맥 단어의 네거티브 샘플(c)에 해당하는 단어 벡터 간 유사도를 낮춰야(=벡터 공간상 멀게) 한다는 의미로 이해할 수 있다.

예컨대 시나브로가 타깃 단어(t), 컴퓨터가 문맥 단어의 네거티브 샘플(c)이라면 <시나, 시나브, 나브로, 브로>, <시나브로> 같은 문자 n-gram 벡터($\mathbf{z}$)들 각각을 컴퓨터에 해당하는 단어 벡터($\mathbf{v}_c$)와의 유사도를 낮춘다.

수식 4-15는 FastText 모델이 최대화해야 할 로그우도 함수다. 모델을 한 번 업데이트할 때 1개의 포지티브 샘플(t_p, c_p)과 k개의 네거티브 샘플(t_{n_i}, c_{n_i})을 학습한다는 의미다.

수식 4–15 FastText 모델의 로그우도 함수

$$\mathcal{L}(\theta) = \log P(+|t_p, c_p) + \sum_{i=1}^{k} \log P(-|t_{n_i}, c_{n_i})$$

4.3.2 튜토리얼

그럼 이제 FastText 임베딩을 만들어보자. FastText 또한 Word2Vec과 동일한 말뭉치(한국어 위키백과, 네이버 영화 리뷰 말뭉치, KorQuAD)를 활용할 계획이다. 코드 4-6과 코드 4-7을 도커 컨테이너상의 **/notebooks/embedding** 위치에서 실행해 데이터를 준비하자.

코드 4-6 데이터 다운로드 bash

```bash
git pull origin master
bash preprocess.sh dump-tokenized
```

코드 4-7 데이터 합치기 bash

```bash
cat data/tokenized/wiki_ko_mecab.txt data/tokenized/ratings_mecab.txt data/
tokenized/korquad_mecab.txt > data/tokenized/corpus_mecab.txt
```

FastText는 페이스북에서 직접 구현한 C++ 코드를 실행해 임베딩을 학습한다. 코드 4-8을 도커 컨테이너상의 /notebooks/embedding 위치에서 실행하면 된다. FastText의 기본 임베딩 차원 수는 100이다. 코사인 유사도 기준 유사어 상위 단어를 체크하는 코드는 파이썬 콘솔에서 코드 4-9를 입력한다. 표 4-2는 각 단어의 FastText 임베딩의 코사인 유사도 상위 단어 목록이다.

코드 4-8 FastText Skip-gram 모델 학습 bash

```bash
mkdir -p data/word-embeddings/fasttext
models/fastText/fasttext skipgram -input data/tokenized/corpus_mecab.txt -output
data/word-embeddings/fasttext/fasttext
```

코드 4-9 FastText Skip-gram 모델의 코사인 유사도 상위 단어 목록 체크 python

```python
from models.word_eval import WordEmbeddingEvaluator
model = WordEmbeddingEvaluator(
    vecs_txt_fname="data/word-embeddings/fasttext/fasttext.vec",
    vecs_bin_fname="data/word-embeddings/fasttext/fasttext.bin",
    method="fasttext", dim=100, tokenizer_name="mecab")
model.most_similar("희망", topn=5)
```

표 4-2 FastText Skip-gram 모델의 코사인 유사도 상위 단어 목록

희망	절망	학교	학생	가족	자동차
행복	고뇌	초등	재학생	미혼모	경자동차
희망찬	절망감	중학교	대학생	부부	안전자동차
소망	몸부림친	·중학교	교직원	편부모	승용차
땀방울	슬픔	개교	교내	대가족	상용차
희망특강	상실감	분교	학부모	노부모	경승용차

FastText 모델의 강점은 조사나 어미가 발달한 한국어에 좋은 성능을 낼 수 있다는 점이다. FastText 모델로 학습하면 그림 4-12와 같이 용언(동사, 형용사)의 활용이나 그와 관계된 어미(語尾)들이 벡터 공간상 가깝게 임베딩된다. 예컨대 하였다가 타깃 단어(t), 진행이 문맥 단어의 포지티브 샘플(c)이라면 <하였, 하였다, 였다> 벡터(z)들 각각이 진행에 해당하는 벡터(v_c)와의 유사도가 높아진다. 이러한 방식으로 학습이 됐다면 하였다 벡터와 하(다), 했(다), (하)였으며 등에 해당하는 벡터 간 유사도가 높을 것이다. 문맥이 서로 비슷하기 때문이다.

```python
model.most_similar("하였다", topn=5)
```

```
[('하', 0.9295729665862918),
 ('다', 0.907324941314357),
 ('했', 0.8929994169029608),
 ('였으며', 0.8632510577839813),
 ('했으며', 0.8549427906656639)]
```

그림 4-12 '하였다'와 가장 유사한 FastText 단어 목록 `python`

FastText는 또한 오타나 **미등록 단어**unknown word에도 강건하다robust. FastText는 각 단어의 임베딩을 문자 단위 n-gram 벡터의 합으로 표현하기 때문이다. 예컨대 그림 4-13에서처럼 미등록 단어 서울특벌시에 대해서도 FastText 임베딩을 추정할 수 있다. 서울특벌시는 서울 같은 문자 단위 n-gram을 포함하고 있다. 서울이 어휘 집합에

있다면 나머지 n-gram(울특, 특별 등)이 모두 미등록 단어라 할지라도 서울특별시 에 대한 임베딩을 추정할 수 있다. 다른 단어 임베딩 기법이 미등록 단어 벡터를 아예 추출할 수 없다는 사실을 감안하면 FastText는 경쟁력이 있다.

```python
model._is_in_vocabulary("서울특별시")
model.get_word_vector("서울특별시")
model.most_similar("서울특별시", topn=5)
```

```
False
array([-0.34943753, ..., -0.05073657], dtype=float32)
[('서울색', 0.7196167662285975),
 ('서울한강체', 0.661677125632246),
 ('서울새남굿', 0.6590039219164663),
 ('철화문', 0.65209296055566),
 ('서울서체', 0.6515671876001969)]
```

그림 4-13 미등록 단어에 대한 FastText 임베딩 체크 `python`

4.3.3 한글 자소와 FastText

FastText는 문자 단위 n-gram을 쓰기 때문에 한글과 궁합이 잘 맞는 편이다. 한글은 자소 단위로 분해할 수 있고, 이 자소 각각을 하나의 문자로 보고 FastText을 시행할 수 있기 때문이다. 이 절에서는 한국어 위키백과, 네이버 영화 리뷰 말뭉치, KorQuAD 세 가지 말뭉치를 은전한닢으로 형태소 분석을 시행한 뒤 이를 자소 단위로 분해한 데이터로 FastText 임베딩을 시행하는 튜토리얼을 진행한다. 자소 분해 전 데이터를 준비하는 과정은 4.3절과 4.3.2절에서 설명한 절차와 동일하다. 코드 4-10, 코드 4-11과 같다.

코드 4-10 데이터 다운로드 `bash`

```bash
git pull origin master
bash preprocess.sh dump-tokenized
```

코드 4-11 데이터 합치기 `bash`

```bash
cd /notebooks/embedding
cat data/tokenized/wiki_ko_mecab.txt data/tokenized/ratings_mecab.txt data/
tokenized/korquad_mecab.txt > data/tokenized/corpus_mecab.txt
```

코드 4-12는 한글 텍스트를 자소 단위로 변환하는 예시다. 우선 변환 대상 문장을 은전한닢으로 형태소 분석을 한 뒤 각 토큰들을 공백과 함께 묶어준다. 이를 soynlp에서 제공하는 `jamo_sentence` 함수에 넣으면 코드 4-12와 같은 결과가 반환된다. 한글 한 글자를 초성, 중성, 종성 셋으로 분리하며 해당 요소가 없으면 -를 리턴한다. 알파벳이나 숫자, 기호 등은 그대로 출력한다. 코드 4-13은 말뭉치 전체를 한꺼번에 자소 단위로 분해하는 스크립트다.

코드 4-12 한글 자소분해 예시 `python`

```python
from preprocess import jamo_sentence, get_tokenizer
tokenizer = get_tokenizer("mecab")
tokens = " ".join(tokenizer.morphs("나는 학교에 간다"))
print(jamo_sentence(tokens))
```

```
'ㄴㅏ- ㄴㅡㄴ ㅎㅏㄱㄱㅛ- ㅇㅔ- ㄱㅏㄴㄷㅏ-'
```

코드 4-13 은전한닢으로 형태소 분석된 말뭉치를 자소 단위로 분해 `bash`

```bash
python preprocess/unsupervised_nlputils.py --preprocess_mode jamo \
    --input_path /notebooks/embedding/data/tokenized/corpus_mecab.txt \
    --output_path /notebooks/embedding/data/tokenized/corpus_mecab_jamo.txt
```

코드 4-14는 자소 단위 FastText 임베딩을 시행하는 내용이다. 자소 단위로 분해한 말뭉치를 썼다는 점 빼고는 4.3.2절에서 설명한 FastText 임베딩 코드와 완전히 같다. FastText 모델은 각 자소를 하나의 문자로 보고 문자 단위 n-gram 임베딩을 한다.

코드 4-14 자소 단위 FastText Skip-gram 모델 학습

```
cd /notebooks/embedding
mkdir -p data/word-embeddings/fasttext-jamo
models/fastText/fasttext skipgram \
    -input data/tokenized/corpus_mecab_jamo.txt \
    -output data/word-embeddings/fasttext-jamo/fasttext-jamo
```

기준 단어와 코사인 유사도가 가장 높은 단어들을 뽑는 코드와 그 결과는 코드 4-15와 표 4-3과 같다. /notebooks/embedding 위치에서 실행한다. 4.2절 Word2Vec, 4.3.2절 기존 FastText에 썼던 유사도 체크 코드와 본질적으로는 같다. 다만 쿼리 단어의 자소 변환과 상위 유사 단어의 음절 원복 과정이 추가됐다.

구체적으로 설명하면 이렇다. 임베딩을 만들 때 자소 단위로 분해한 말뭉치를 썼기 때문에 어휘 집합에 속한 단어들 또한 자소로 분리돼 있다. 이 때문에 most_similar 함수에 인자로 넣을 쿼리 단어 또한 자소 단위로 분해한 뒤 FastText 임베딩을 추출해야 한다. 그다음 이 임베딩에 대한 전체 단어 목록의 코사인 유사도를 구해 유사도 상위 단어들만 추린다. 마지막으로 이 단어들의 자소를 합쳐 다시 원래 단어로 복원시킨다.

코드 4-15 FastText Skip-gram 모델의 유사어 상위 목록 체크 `python`

```
from models.word_eval import WordEmbeddingEvaluator
model = WordEmbeddingEvaluator(
    vecs_txt_fname="data/word-embeddings/fasttext-jamo/fasttext-jamo.vec",
    vecs_bin_fname="data/word-embeddings/fasttext-jamo/fasttext-jamo.bin",
    method="fasttext-jamo", dim=100, tokenizer_name="mecab")
model.most_similar("희망")
```

표 4-3 자소 단위 FastText Skip-gram 모델의 코사인 유사도 상위 단어 목록

희망	절망	학교	학생	가족	자동차
희망찬	절망감	초등	재학생	대가족	안전자동차
행복	고뇌	·중학교	대학생	부양가족	경자동차
희망특강	빠져버린	중학교	주학생	부모	신진자동차
희망자	서글픔	·고등학교	고학생	맞벌이	물자동차
소망	빠져든	맹학교	교직원	미혼모	자동차세

FastText 모델은 미등록 단어^{unknown word}에 대한 임베딩을 추정할 수 있다. 서울특별시 라는 미등록 단어를 테스트하는 코드는 코드 4-16과 같다.

코드 4-16 미등록 단어에 대한 자소 단위 FastText 임베딩 체크 `python`

```python
model._is_in_vocabulary("서울특별시")
model.get_word_vector("서울특별시")
model.most_similar("서울특별시", topn=5)
```

```
False
array([ 0.27308005, ..., 0.24593565], dtype=float32)
[('서울시', 0.7747652879791547),
 ('특별시', 0.767032326418248),
 ('서울특별시장', 0.7537271226369762),
 ('특별시세', 0.736772918595682),
 ('성동격서', 0.736006622807833)]
```

4.4 잠재 의미 분석

잠재 의미 분석^{LSA, Latent Semantic Analysis}이란 단어-문서 행렬이나 TF-IDF^{Term Frequency-Inverse Document Frequency} 행렬, 단어-문맥 행렬 같은 커다란 행렬에 차원 축소 방법의 일종인 특이값 분해를 수행해 데이터의 차원 수를 줄여 계산 효율성을 키우는 한편 행간에 숨어 있는 잠재 의미를 이끌어내기 위한 방법론이다. 단어-문서 행렬이나 단

어-문맥 행렬 등에 특이값 분해를 시행한 뒤 그 결과로 도출되는 행 벡터들을 단어 임베딩으로 사용할 수 있다. 잠재 의미 분석은 GloVe나 Swivel과 더불어 행렬 분해 matrix factorization 기반의 기법으로 분류된다.

4.4.1 PPMI 행렬

단어-문서 행렬(1장), TF-IDF 행렬(2장), 단어-문맥 행렬(2장), **점별 상호 정보량** PMI, Pointwise Mutual Information (2장)에 모두 잠재 의미 분석을 수행할 수 있다. 각 행렬의 특징에 관해서는 괄호 안에 기재한 장을 참고하면 되겠다. 이 절에서는 PMI 행렬의 특수한 버전인 PPMI 행렬을 살펴보겠다.

2장에서 언급했듯 PMI란 두 확률변수 사이의 상관성을 계량화한 지표다. 자연어 처리 분야에서 PMI는 두 단어의 등장이 독립을 가정했을 때 대비 얼마나 자주 같이 등장하는지를 수치화한 것으로 이해할 수 있다. 수식 4-16과 같다.

수식 4-16 점별 상호 정보량(PMI)

$$\mathrm{PMI}\,(A, B) = \log \frac{P(A, B)}{P(A) \times P(B)}$$

수식 4-16 로그 안 우변의 분자가 분모보다 작을 경우 PMI는 음수가 된다. A, B 두 단어가 동시에 등장할 확률이 두 단어가 독립일 때보다 작을 때 발생한다. 하지만 이러한 수치는 우리가 가진 말뭉치의 크기가 충분히 크지 않는 한 신뢰하기 어렵다. 보통 말뭉치에서 단어 하나의 등장 확률은 0.001 이하로 작은 편이다. 예컨대 단어 A, B 각각의 등장 확률이 0.0001로 같은데 PMI가 음수가 되려면 두 단어가 동시에 나타날 확률 $P(A, B)$는 0.000000001보다 작아야 한다. 두 단어가 동시에 나타난 경우는 10억 개 가운데 1개 꼴로 매우 적다는 뜻이다. 더구나 단어 A, B가 단 한 번도 같이 등장하지 않는 경우 $\mathrm{PMI}(A, B) = \log 0 = -\infty$가 된다.

이 때문에 자연어 처리 분야에서는 PMI 대신 **양의 점별 상호 정보량** PPMI, Positive Pointwise Mutual Information 이란 지표를 사용한다. PMI가 양수가 아닐 경우 그 값을 신뢰하기 어려워 0으로 치환해 무시한다는 뜻이다. 수식 4-17과 같다.

수식 4-17 양의 점별 상호 정보량

$$\mathrm{PPMI}\,(A, B) = \max\,(\mathrm{PMI}\,(A, B)\,, 0)$$

Shifted PMI^{SPMI}란 PMI에서 $\log k$를 빼준 값이다. k는 임의의 양의 상수이다. 수식
4-18과 같다. Shifted PMI는 Word2Vec과 깊은 연관이 있다는 논문이 발표되기도
했다. 4.4.3절에서 설명한다.

수식 4-18 Shifted PMI

$$\mathrm{SPMI}\,(A, B) = \mathrm{PMI}(A, B) - \log k$$

4.4.2 행렬 분해로 이해하는 잠재 의미 분석

특이값 분해^{Singular Value Decomposition}는 $m \times n$ 크기의 임의의 사각행렬 $\mathbf{A}$를 그림 4-12
와 같이 분해하는 것을 가리킨다.

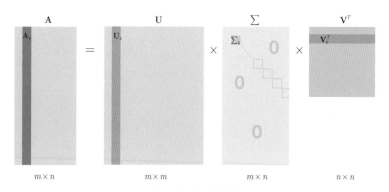

그림 4-12 특이값 분해

truncated SVD는 특이값($\sum$의 대각성분) 가운데 가장 큰 d개만 가지고, 해당 특이
값에 대응하는 특이 벡터^{singular vector}들로 원래 행렬 $\mathbf{A}$를 근사하는 기법이다. 그림

4-13과 같다.

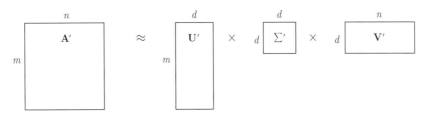

그림 4-13 truncated SVD

예컨대 m개 단어, n개 문서로 이루어진 단어-문서 행렬에 truncated SVD를 수행, 즉 LSA를 시행했다고 가정해보자. 그러면 $\mathbf{U}'$는 단어 임베딩, $\mathbf{V}'$는 문서 임베딩에 대응한다. n개 문서로 표현됐던 단어 벡터들이 $\mathbf{U}'$에서 d차원만으로도 표현이 가능해졌다. 아울러 m개 단어로 표현됐던 문서 벡터들 역시 $\mathbf{V}'$에서 d차원만으로도 커버할 수 있게 됐다. 마찬가지로 m개 단어, m개 단어로 이루어진 PMI 행렬에 LSA를 수행하면 d차원 크기의 단어 임베딩을 얻을 수 있다.

각종 연구들에 따르면 LSA를 적용하면 단어와 문맥 간의 내재적인 의미[latent/hidden meaning]을 효과적으로 보존할 수 있게 돼 결과적으로 문서 간 유사도 측정 등 모델의 성능 향상에 도움을 줄 수 있다고 한다. 또한 입력 데이터의 노이즈, 희소성[sparsity]을 줄일 수 있다.

4.4.3 행렬 분해로 이해하는 Word2Vec

Levy&Goldberg(2014)는 네거티브 샘플링 기법으로 학습된 Word2Vec의 Skip-gram 모델[SGNS, Skip-Gram with Negative Sampling]은 그림 4-14와 수식 4-19와 같이 행렬 분해 관점에서 이해할 수 있다고 증명해 주목을 받았다. 다시 말해 Word2Vec의 학습은 Shifted PMI[SPMI] 행렬을 $\mathbf{U}$와 $\mathbf{V}$로 분해하는 것과 같다는 이야기다. 수식 4-19의 $\mathbf{A}_{ij}$는 SPMI 행렬 $\mathbf{A}$의 i번째 행, j번째 열에 대응하는 행렬 원소다. $\mathbf{U}$는 타깃 단어(t)에 대응되는 임베딩 행렬, $\mathbf{V}$는 문맥 단어(c)에 대응되는 임베딩 행렬을 가리킨다.

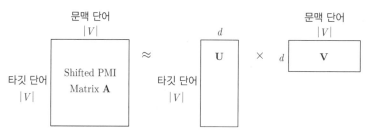

그림 4-14 행렬 분해 관점에서 이해하는 Word2Vec

수식 4-19 행렬 분해 관점에서 이해하는 Word2Vec

$$\mathbf{A}_{ij}^{\mathrm{SGNS}} = \mathbf{U}_i \cdot \mathbf{V}_j = \mathrm{PMI}(i,j) - \log k$$

수식 4-19 우변의 k는 Skip-gram 모델의 네거티브 샘플 수를 가리킨다. 네거티브 샘플 수가 1개인 Skip-gram 모델은 PMI 행렬을 분해하는 것과 같다. log1은 0이기 때문이다.

수식 4-19를 직관적으로 이해하면 이렇다. Skip-Gram 모델은 말뭉치 전체를 단어별로 슬라이딩해 가면서 타깃 단어의 실제 문맥 단어들(포지티브 샘플)과 가짜 문맥 단어들(네거티브 샘플)을 이진 분류^{binary classification}하는 과정을 통해 학습한다. 학습이 완료되면 **U**와 **V** 행렬을 얻을 수 있다.

그런데 **U**와 **V**의 내적은 SPMI 행렬이 된다. 다시말해 i번째 타깃 단어에 해당하는 $\mathbf{U}_i$ 벡터와 j번째 문맥 단어에 해당하는 $\mathbf{V}_j$ 벡터의 내적이 단어 i, j의 PMI 값에 $\log k$를 빼준 값(SPMI)이 된다. 말뭉치에서 두 단어 i, j가 자주 같이 등장한다면 SPMI가 높고 그 반대 경우라면 낮다. SPMI가 높다는 얘기를 2.4절 분포 가정^{distributional hypothesis}을 감안해 곱씹어보면 이는 두 단어가 의미상 관련이 있을 가능성이 높다고 이해할 수 있다.

따라서 i와 j 단어가 의미상 얼마나 관련이 있는지 정도가 $\mathbf{U}_i$와 $\mathbf{V}_j$ 내적 값으로 나타나고, 관련성이 높을수록 그 내적 값이 크게 나타난다. 내적 값은 코사인 유사도에 비례하기 때문에 그 내적 값이 클수록 $\mathbf{U}_i$와 $\mathbf{V}_j$ 벡터가 벡터 공간상에 가깝게 표현된다는 뜻이 된다. 결과적으로 Skip-gram과 그 변종^{FastText}은 단어 임베딩에 말뭉치 전체의 글로벌한 분포 정보를 성공적으로 녹여낼 수 있다.

4.4.4 튜토리얼

단어-문맥 행렬과 PPMI 행렬에 대한 LSA 임베딩을 각각 구축해보자. 코드 4-17과 코드 4-18을 실행해 데이터를 준비한다. 데이터로는 KorQuAD와 네이버 영화 말뭉치를 사용했다.

코드 4-17 형태소 분석된 데이터 다운로드 `bash`

```bash
git pull origin master
bash preprocess.sh dump-tokenized
```

코드 4-18 데이터 합치기 `bash`

```bash
cd /notebooks/embedding
cat data/tokenized/ratings_mecab.txt data/tokenized/korquad_mecab.txt > data/tokenized/for-lsa-mecab.txt
```

코드 4-19는 단어-문맥 행렬에 LSA를 적용하는 코드다. soynlp에서 제공하는 `sent_to_word_contexts_matrix` 함수를 활용하면 2장에서 언급한 방식의 단어-문맥 행렬을 구축할 수 있다. window=3은 타깃 단어 앞뒤 3개 단어를 문맥으로 고려한다는 뜻이다. dynamic_weight=True는 타깃 단어에서 멀어질수록 카운트하는 동시 등장 점수co-occurrence score를 조금씩 깎는다는 의미다.

예컨대 나 오늘 집 에 가서 밥 먹 었어 라는 문장이 있고 윈도우window가 3이며 타깃 단어가 가서 라면 에 와 밥 의 동시 등장 점수는 1, 집 과 먹 은 0.66, 오늘 과 었어 는 0.33이 된다. dynamic_weight=False라면 윈도우 내에 포함된 문맥 단어들의 동시 등장 점수는 타깃 단어와의 거리와 관계없이 모두 1로 계산한다. verbose는 구축 과정을 화면에 출력할지 여부를 결정하는 파라미터다.

이렇게 만든 단어-문맥 행렬의 차원 수는 어휘 수 × 어휘 수의 정방행렬square matrix이다. 말뭉치 단어 수가 보통 10만 개를 넘는 점을 고려하면 매우 큰 행렬이다. 여기에 sckit-learn에서 제공하는 TruncatedSVD 함수를 적용해 그 차원 수를 100으로 축소한다. 최종적으로는 어휘 수×100 크기의 단어 임베딩 행렬이 만들어진다.

코드 4-19 단어-문맥 행렬을 활용한 LSA `python`

```python
from sklearn.decomposition import TruncatedSVD
from soynlp.vectorizer import sent_to_word_contexts_matrix

corpus_fname = "/notebooks/embedding/data/tokenized/for-lsa-mecab.txt"

corpus = [sent.replace('\n', '').strip() for sent in open(corpus_fname, 'r').
readlines()]
input_matrix, idx2vocab = sent_to_word_contexts_matrix(
        corpus,
        windows=3,
        min_tf=10,
        dynamic_weight=True,
        verbose=True)

cooc_svd = TruncatedSVD(n_components=100)
cooc_vecs = cooc_svd.fit_transform(input_matrix)
```

코드 4-20은 PPMI 행렬에 LSA를 적용하는 코드다. 코드 4-19에서 구축한 단어-문맥 행렬(input_matrix)에 soynlp에서 제공하는 pmi 함수를 적용한다. min_pmi 보다 낮은 PMI 값은 0으로 치환한다. 따라서 min_pmi=0으로 설정하면 정확히 PPMI 와 같다. pmi_matrix의 차원 수는 또한 어휘 수×어휘 수의 정방행렬이다. 여기에 TruncatedSVD 함수를 적용해 그 차원 수를 100으로 축소한다. 최종적으로는 단어 수×100 크기의 단어 임베딩 행렬이 만들어진다.

코드 4-20 PPMI 행렬을 활용한 LSA `python`

```python
from soynlp.word import pmi
ppmi_matrix, _, _ = pmi(input_matrix, min_pmi=0)
ppmi_svd = TruncatedSVD(n_components=100)
ppmi_vecs = ppmi_svd.fit_transform(input_matrix)
```

코드 4-21을 실행하면 코드 4-19와 코드 4-20을 모두 동시에 수행한다. 이후 코드 4-22와 4-23을 수행하면 각 임베딩의 코사인 유사도 기준 상위 단어 리스트를 확인할 수 있다.

코드 4-21 LSA 학습 스크립트 `bash`

```bash
cd /notebooks/embedding
mkdir -p data/word-embeddings/lsa
python models/word_utils.py --method latent_semantic_analysis \
    --input_path /notebooks/embedding/data/tokenized/for-lsa-mecab.txt \
    --output_path /notebooks/embedding/data/word-embeddings/lsa/lsa
```

코드 4-22 코사인 유사도 상위 단어 목록 체크(단어-문맥 행렬 + LSA) `python`

```python
from models.word_eval import WordEmbeddingEvaluator
model = WordEmbeddingEvaluator("data/word-embeddings/lsa/lsa-cooc.vecs",
method="lsa", dim=100, tokenizer_name="mecab")
model.most_similar("희망", topn=5)
```

코드 4-23 코사인 유사도 상위 단어 목록 체크(PPMI + LSA) `python`

```python
from models.word_eval import WordEmbeddingEvaluator
model = WordEmbeddingEvaluator("data/word-embeddings/lsa/lsa-pmi.vecs",
method="lsa", dim=100, tokenizer_name="mecab")
model.most_similar("희망", topn=5)
```

4.5 GloVe

GloVe^{Global Word Vectors}는 미국 스탠포드대학교연구팀(Pennington et al., 2014)에서 개발한 단어 임베딩 기법이다. Pennington et al. (2014)은 Word2Vec과 잠재 의미 분석 두 기법의 단점을 극복하고자 했다. 잠재 의미 분석은 말뭉치 전체의 통계량을 모두 활용할 수 있지만, 그 결과물로 단어 간 유사도를 측정하기는 어렵다. 아울러

Pennington et al. (2014)은 Word2Vec 기법이 단어 벡터 사이의 유사도를 측정하는 데는 LSA보다 유리하지만 사용자가 지정한 윈도우 내의 로컬 문맥[local context]만 학습하기 때문에 말뭉치 전체의 통계 정보는 반영되기 어렵다는 단점을 지닌다(물론 GloVe 이후 발표된 Levy&Goldberg(2014)는 Skip-gram 모델이 말뭉치 전체의 글로벌한 통계량인 SPMI 행렬을 분해하는 것과 동치라는 점을 증명하기는 했다. 4.4.3절 참고).

4.5.1 모델 기본 구조

Pennington et al. (2014)은 임베딩된 두 단어 벡터의 내적이 말뭉치 전체에서의 동시 등장 빈도의 로그 값이 되도록 **목적함수**[objective function]를 정의했다. 수식 4-20과 그림 4-15와 같다. '임베딩된 단어 벡터 간 유사도 측정을 수월하게 하면서도 말뭉치 전체의 통계 정보를 좀 더 잘 반영해보자'가 GloVe가 지향하는 핵심 목표라 말할 수 있을 것 같다.

수식 4-20을 보면 단어 i, j 각각에 해당하는 벡터 $\mathbf{U}_i$, $\mathbf{V}_j$ 사이의 내적 값과 '두 단어 동시 등장 빈도의 로그 값($\log \mathbf{A}_{ij}$)' 사이의 차이가 최소화될수록 학습 손실이 작아진다. 바이어스[bias] 항 두개와 $f(\mathbf{A}_{ij})$는 임베딩 품질을 높이기 위해 고안된 장치이며, $|V|$는 어휘 집합 크기다.

수식 4-20 GloVe의 목적함수

$$\mathcal{J} = \sum_{i,j=1}^{|V|} f(\mathbf{A}_{ij})(\mathbf{U}_i \cdot \mathbf{V}_j + \mathbf{b}_i + \mathbf{b}_j - \log \mathbf{A}_{ij})^2$$

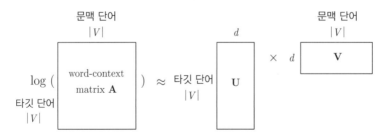

그림 4-15 그림으로 이해하는 GloVe

GloVe는 우선 학습 말뭉치를 대상으로 **단어–문맥 행렬 A**를 만드는 것에서부터 학습을 시작한다. 어휘 집합 크기가 1만 개 정도 되는 말뭉치라면 요소 개수가 1억(10000×10000)이나 되는 큰 행렬을 만들어야 한다. 이후 목적함수(수식 4-20)를 최소화하는 임베딩 벡터를 찾기 위해 행렬 분해를 수행해야 한다. 처음에 행렬 **U, V**를 랜덤으로 초기화한 뒤 수식 4-20을 최소화하는 방향으로 **U, V**를 조금씩 업데이트해 나간다. 학습 손실이 더 줄지 않거나 정해진 스텝 수만큼 학습했을 경우 학습을 종료한다. 학습이 끝나면 **U**를 단어 임베딩으로 쓸 수 있다. 이밖에 $\mathbf{U} + \mathbf{V}^\top$, **U**와 $\mathbf{V}^\top$를 이어 붙여 임베딩으로 사용하는 것도 가능하다.

4.5.2 튜토리얼

이제 GloVe를 학습해보자. 우선 코드 4-24와 4-25를 실행해 데이터를 준비한다. GloVe는 Pennington et al. (2014)이 직접 공개한 **C++** 구현체로 학습한다. 코드 4-26을 실행해 학습을 진행한다. 중요 파라미터는 임베딩 구축 대상 단어의 최소 빈도수(min-count), 단어–문맥 행렬을 만들 때 고려 대상 문맥 길이(window-size), 임베딩 차원 수(vector-size) 등이다. 학습이 완료되면 **save-file** 경로에 텍스트와 바이너리 파일 두 개가 생성된다.

코드 4-24 데이터 다운로드 `bash`

```bash
git pull origin master
bash preprocess.sh dump-tokenized
```

코드 4-25 데이터 합치기 `bash`

```bash
cd /notebooks/embedding/data
cat tokenized/wiki_ko_mecab.txt tokenized/ratings_mecab.txt tokenized/korquad_
mecab.txt > tokenized/corpus_mecab.txt
```

```bash
cd /notebooks/embedding
mkdir -p data/word-embeddings/glove
models/glove/build/vocab_count -min-count 5 -verbose 2 < data/tokenized/corpus_
mecab.txt > data/word-embeddings/glove/glove.vocab
models/glove/build/cooccur -memory 10.0 -vocab-file data/word-embeddings/glove/
glove.vocab -verbose 2 -window-size 15 < data/tokenized/corpus_mecab.txt > data/
word-embeddings/glove/glove.cooc
models/glove/build/shuffle -memory 10.0 -verbose 2 < data/word-embeddings/glove/
glove.cooc > data/word-embeddings/glove/glove.shuf
models/glove/build/glove -save-file data/word-embeddings/glove/glove
-threads 4 -input-file data/word-embeddings/glove/glove.shuf -x-max 10 -iter 15
-vector-size 100 -binary 2 -vocab-file data/word-embeddings/glove/glove.vocab
-verbose 2
```

코드 4-27을 /notebooks/embedding 위치에서 실행하면 표 4-4처럼 쿼리 단어에 관해 코사인 유사도가 가장 높은 단어 목록을 확인할 수 있다.

코드 4-27 GloVe 모델의 코사인 유사도 상위 단어 목록 체크 python

```python
from models.word_eval import WordEmbeddingEvaluator
model = WordEmbeddingEvaluator("data/word-embeddings/glove/glove.txt", method="glove",
dim=100, tokenizer_name="mecab")
model.most_similar("희망", topn=5)
```

표 4-4 GloVe 모델의 코사인 유사도 상위 단어 목록

희망	절망	학교	학생	가족	자동차
행복	빠진	초등	대학생	부모	트럭
꿈	빠지	중학교	교사	부부	차량
사랑	빠졌	고등학교	교육	친구	부품
미래	빠진다	교사	학교	아내	제조
세상	두려움	개교	입학	결혼	전기

4.6 Swivel

Swivel^{Submatrix-Wise Vector Embedding Learner}은 구글 연구 팀(Shazeer et al., 2016)이 발표한 행렬 분해 기반의 단어 임베딩 기법이다. 그림 4-16처럼 PMI 행렬을 $\mathbf{U}$와 $\mathbf{V}$로 분해하고, 학습이 종료되면 $\mathbf{U}$를 단어 임베딩으로 쓸 수 있다. 이밖에 $\mathbf{U} + \mathbf{V}^\top$, $\mathbf{U}$와 $\mathbf{V}^\top$를 이어 붙여 임베딩으로 사용하는 것도 가능하다.

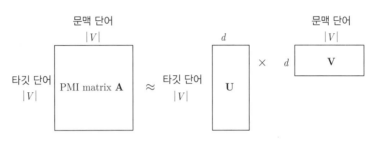

그림 4-16 그림으로 이해하는 Swivel

4.6.1 모델 기본 구조

Swivel은 PMI 행렬을 분해한다는 점에서 단어-문맥 행렬을 분해하는 GloVe와 다르다. Swivel은 목적함수를 PMI의 단점을 극복할 수 있도록 설계했다는 점 또한 눈에 띈다. 우선 수식 4-21을 보자. 수식 4-21은 i라는 타깃 단어와 j라는 문맥 단어가 사용자가 정한 윈도우 내에서 단 한 건이라도 동시에 등장한 적이 있는 경우에 적용되는 목적함수다.

수식 4-21을 직관적으로 이해하면 이렇다. 타깃 단어 i에 대응하는 $\mathbf{U}_i$ 벡터와 문맥 단어 j에 해당하는 $\mathbf{V}_j$ 벡터의 내적이 두 단어의 PMI 값과 일치하도록 두 벡터를 조금씩 업데이트한다. 여기서 $f(x_{ij})$는 단어 i, j의 동시 등장 빈도를 의미한다. $f(x_{ij})$가 클수록 $\mathbf{U}_i, \mathbf{V}_j$ 벡터 간 내적 값이 실제 PMI 값과 좀 더 비슷해야 학습 손실이 줄어든다. 다시 말해 단어 i, j가 같이 자주 등장할수록 두 단어에 해당하는 벡터의 내적이 PMI 값과 일치하도록 더욱 강제한다는 이야기다.

수식 4-21 Swivel의 목적함수 1(말뭉치에 동시 등장한 케이스가 한 건이라도 있는 경우)

$$\mathcal{J} = \frac{1}{2} f\left(x_{ij}\right) \left(\mathbf{U}_i \cdot \mathbf{V}_j - \mathrm{PMI}(i, j)\right)^2$$

이번엔 수식 4-22를 보자. 수식 4-22는 단어 i, j가 말뭉치의 특정 윈도우 내에서 동시에 등장한 적이 한 번도 없는 경우에 적용되는 목적함수다. 두 단어가 한 번도 동시에 등장하지 않았을 때 PMI는 음의 무한대^{infinity}로 발산하기 때문에 Shazeer et al. (2016)은 이 같은 케이스에 대해 목적함수를 별도로 설정했다. 수식 4-22에서 PMI*는 단어 i, j의 동시 등장 횟수를 0 대신 1로 가정하고 계산한 PMI 값이다.

수식 4-22 Swivel의 목적함수 2(말뭉치에 동시 등장한 케이스가 한 건도 없는 경우)

$$\mathcal{J} = \log\left[1 + \exp(\mathbf{U}_i \cdot \mathbf{V}_j - \mathrm{PMI}^*(i, j))\right]$$

수식 4-22를 좀 더 세밀히 이해하기 위해 PMI 식을 다시 쓰면 수식 4-23과 같다. $\mathbf{A}_{ij}$는 단어 i, j의 동시 등장 빈도, $\mathbf{A}_{i*}$는 i의 단독 빈도, $\mathbf{A}_{*j}$는 j의 단독 빈도, $|D|$는 말뭉치의 길이(중복을 허용한 말뭉치 전체 토큰 수)에 해당한다.

수식 4-23 PMI

$$\begin{aligned}
\mathrm{PMI}\left(i, j\right) &= \log \frac{P(i, j)}{P(i) \times P(j)} \\
&= \log \frac{\mathbf{A}_{ij}/|D|}{\mathbf{A}_{i*}/|D| \times \mathbf{A}_{*j}/|D|} \\
&= \log \frac{\mathbf{A}_{ij} \times |D|}{\mathbf{A}_{i*} \times \mathbf{A}_{*j}} \\
&= \log \mathbf{A}_{ij} + \log |D| - \log \mathbf{A}_{i*} - \log \mathbf{A}_{*j}
\end{aligned}$$

수식 4-24는 수식 4-22에 수식 4-23을 대입한 결과다. PMI*는 $\mathbf{A}_{ij}$를 1로 가정하고 계산한 것이기 때문에 $\log \mathbf{A}_{ij} = \log 1 = 0$이 돼 해당 항이 소거된다. 수식 4-24는 수식 4-22와 비교해 그 표현이 달라졌을 뿐 계산 결과는 동치다.

$$\mathcal{J} = \log\left[1 + \exp(\mathbf{U}_i \cdot \mathbf{V}_j - \log|D| + \log \mathbf{A}_{i*} + \log \mathbf{A}_{*j})\right]$$

수식 4-24를 직관적으로 이해하면 이렇다. Shazeer et al. (2016)은 단어 i, j가 각각 고빈도 단어인데 두 단어의 동시 등장 빈도가 0이라면 두 단어는 정말로 같이 등장하지 않는, 의미상 무관계한 단어일 것이라고 가정했다. 예컨대 무모 라는 단어와 운전 이라는 단어는 단독으로는 자주 등장하는 단어이지만 어떤 말뭉치에서든 두 단어가 연어collocation로 쓰이는 경우는 거의 없다. 이럴 땐 두 단어에 해당하는 벡터의 내적 값이 PMI*보다(=단 한 번 같이 등장했다고 가정했을 때 대비) 약간 작게 되도록 학습한다. 수식 4-24를 보면 두 단어가 고빈도 단어라면 마지막 두 개 항($\log \mathbf{A}_{i*}$, $\log \mathbf{A}_{*j}$)이 커지기 때문에 학습 손실을 줄이려면 $\mathbf{U}_i$, $\mathbf{V}_j$ 간 내적 값을 작게 해야 한다.

반대로 Shazeer et al. (2016)은 단어 i, j가 저빈도 단어인데 두 단어의 동시 등장 빈도가 0이라면 두 단어는 의미상 관계가 일부 있을 수 있다고 봤다. 우리가 가지고 있는 말뭉치 크기가 작아 어쩌다 우연히 해당 쌍의 동시 등장 빈도가 전혀 없는 걸로 나타났을 수도 있는 것이다. 예컨대 확률 이라는 단어와 분포 라는 단어는 아주 흔하지는 않지만 통계학과 관련 있는 데이터에서는 자주 같이 등장하는 편이다. 그런데 우리가 확보한 말뭉치가 네이버 영화 리뷰 데이터여서 이들의 동시 등장 빈도가 0임을 확인했다고 가정해보자. 이럴 땐 두 단어에 해당하는 벡터의 내적 값이 PMI*보다(=단 한 번 같이 등장했다고 가정했을 때 대비) 약간 크게 되도록 학습한다. 수식 4-24를 보면 두 단어가 저빈도 단어라면 마지막 두 개 항($\log \mathbf{A}_{i*}$, $\log \mathbf{A}_{*j}$)이 작아지기 때문에 $\mathbf{U}_i$, $\mathbf{V}_j$ 간 내적 값을 약간 크게 해도 학습 손실이 늘어나지 않는다.

Swivel은 GloVe와 마찬가지로 $\mathbf{U}$, $\mathbf{V}$ 행렬을 랜덤 초기화한 뒤 수식 4-21과 수식 4-22의 목적함수를 최소화하는 방향으로 행렬 값들을 조금씩 업데이트하는 방식으로 학습한다.

4.6.2 튜토리얼

이번 절에서는 Swivel 학습 절차를 살펴본다. 코드 4-28과 4-29를 실행해 데이터를 준비하자. 코드 4-30은 Shazeer et al. (2016)이 직접 구현한 코드로, 입력 행렬을 구축하는 부분은 C++, 행렬 분해 과정은 텐서플로^{Tensorflow}로 작성돼 있다. 파이썬 코드(swivel.py)를 실행할 때는 GPU로 학습하는 것이 그 속도가 훨씬 빠르다. /notebooks/embedding에서 코드 4-31을 실행하면 표 4-5를 확인할 수 있다.

코드 4-28 데이터 다운로드 `bash`

```bash
git pull origin master
bash preprocess.sh dump-tokenized
```

코드 4-29 데이터 합치기 `bash`

```bash
cd /notebooks/embedding/data
cat tokenized/wiki_ko_mecab.txt tokenized/ratings_mecab.txt tokenized/korquad_
mecab.txt > tokenized/corpus_mecab.txt
```

코드 4-30 Swivel 모델 학습 `bash`

```bash
cd /notebooks/embedding
mkdir -p data/word-embeddings/swivel
models/swivel/fastprep --input data/tokenized/corpus_mecab.txt --output_dir data/
word-embeddings/swivel/swivel.data
python models/swivel/swivel.py --input_base_path data/word-embeddings/swivel/
swivel.data --output_base_path data/word-embeddings/swivel --dim 100
```

코드 4-31 Swivel 모델의 코사인 유사도 상위 목록 체크 `python`

```python
from models.word_eval import WordEmbeddingEvaluator
model = WordEmbeddingEvaluator("data/word-embeddings/swivel/row_embedding.tsv",
method="swivel", dim=100, tokenizer_name="mecab")
```

```
model.most_similar("희망", topn=5)
```

표 4-5 Swivel 모델의 코사인 유사도 상위 단어 목록

희망	절망	학교	학생	가족	자동차
행복	슬픔	초등	교직원	부모	승용차
꿈	두려움	중학교	대학생	이웃	차종
우리	고뇌	개교	학부모	자녀	상용차
젊은이	갈망	고등학교	재학	결혼	SUV
사랑	배신	공립	입학	아내	트럭

4.7 어떤 단어 임베딩을 사용할 것인가

이 절에서는 단어 임베딩을 평가하는 방법을 소개하고자 한다. 자연어 단어 간 통사적syntactic, 의미론적semantic 관계가 임베딩에 얼마나 잘 녹아 있는지 정량적으로 평가하고자 하는 것이다. 크게 단어 유사도 평가word similarity test와 단어 유추 평가word analogy test가 있다. 이 절에서 차례로 살펴본다.

4.7.1 단어 임베딩 다운로드

단어 임베딩 성능을 측정해보려면 학습된 임베딩이 필요하다. 4장 각 절에서 설명한 대로 튜토리얼을 진행하면 각 모델의 임베딩을 얻을 수 있다. 이 절에서는 단어 임베딩 학습에 시간을 투자하고 싶지 않은 독자들을 위해 이미 학습된 단어 임베딩을 내려받는 방법을 안내한다.

코드 4-32를 실행하면 학습이 완료된 한국어 단어 임베딩을 다운로드할 수 있다. 4장에서 실습한 Word2Vec, FastText, GloVe, Swivel 네 종류가 포함돼 있다. 네 개 모두 한국어 위키백과, 네이버 영화 리뷰 말뭉치, KorQuAD 말뭉치로 학습됐으며 그 차원 수는 100이다.

이미 학습된 단어 임베딩 다운로드 `bash`

```bash
git pull origin master
bash preprocess.sh dump-word-embeddings
```

한편 카카오브레인 박규병 님께서 한국어, 일본어, 중국어 등 30개 언어의 단어 임베딩을 학습해 공개했다. 모델은 주로 해당 언어의 위키백과 등으로 학습됐으며 벡터 차원 수는 100, 300차원 두 종류가 있다. 다음 링크를 따라가면 리스트 확인과 다운로드가 가능하다.

- https://github.com/Kyubyong/wordvectors

4.7.2 단어 유사도 평가

단어 유사도 평가는 일련의 단어 쌍을 미리 구성한 후에 사람이 평가한 점수와 단어 벡터 간 코사인 유사도 사이의 **상관관계**correlation를 계산해 단어 임베딩의 품질을 평가하는 방법이다. 이동준 외(2018)가 구축한 데이터셋을 바탕으로 평가를 진행한다. 이 데이터셋은 영어 임베딩 평가를 위해 만들어진 WordSim이라는 데이터를 한국어로 번역해 구축한 것이다. WordSim 데이터는 단어 간 유사도를 0~10점 척도로 사람이 직접 평가했다. 평가셋 건수는 총 322개이다. 예컨대 표 4-6을 보면 호랑이-고양이 사이의 유사성은 사랑-섹스 보다 높다.

표 4-6 단어 유사도 평가 데이터셋(이동준 외, 2018)

단어1	단어2	유사도
사랑	섹스	6.77
호랑이	고양이	7.35
호랑이	호랑이	10
책	종이	7.46
컴퓨터	키보드	7.62

단어 유사도 평가를 해보기 위해서는 평가 데이터셋과 단어 임베딩을 준비해야 한다. 여기서는 단어 임베딩을 직접 학습했거나 학습이 완료된 단어 임베딩을 다운로드했다고 가정하고 설명을 진행한다. 코드 4-33을 실행하면 단어 유사도 평가 데이터셋을 내려받을 수 있다.

코드 4-33 단어 유사도 평가 데이터셋 다운로드 `bash`

```bash
wget https://github.com/dongjun-Lee/kor2vec/raw/master/test_dataset/kor_ws353.csv
-P /notebooks/embedding/data/raw
```

각 임베딩을 평가하기 위해서는 WordEmbeddingEvaluator라는 클래스를 선언해야 한다. 코드 4-34와 같다. 코드 4-34에서 클래스의 vecs_txt_fname을 임베딩 모델 경로로 맞추고, model_name을 각 임베딩 이름으로 바꿔주면 해당 임베딩 모델에 맞게 읽어 들인다. /notebooks/embedding 위치에서 실행한다.

코드 4-34 평가 클래스 로드 `python`

```python
from models.word_eval import WordEmbeddingEvaluator

model_name = "word2vec"

if model_name == "word2vec":
    model = WordEmbeddingEvaluator(
        vecs_txt_fname="data/word-embeddings/word2vec/word2vec",
        method="word2vec", dim=100, tokenizer_name="mecab")
elif model_name == "fasttext":
    model = WordEmbeddingEvaluator(
        vecs_txt_fname="data/word-embeddings/fasttext/fasttext.vec",
        vecs_bin_fname="data/word-embeddings/fasttext/fasttext.bin",
        method="fasttext", dim=100, tokenizer_name="mecab")
elif model_name == "glove":
    model = WordEmbeddingEvaluator(
        vecs_txt_fname="data/word-embeddings/glove/glove.txt",
        method="glove", dim=100, tokenizer_name="mecab")
```

```
elif model_name == "swivel":
    model = WordEmbeddingEvaluator(
            vecs_txt_fname="data/word-embeddings/swivel/row_embedding.tsv",
            method="swivel", dim=100, tokenizer_name="mecab")
else:
    print("model name error!")
```

이후 코드 4-33에서 내려받은 평가 데이터셋 경로를 인자로 하는 `word_sim_test` 함수를 호출하면 단어 유사도 평가가 시작된다. 코드 4-35와 같다. 평가는 표 4-6처럼 사람이 평가한 유사도 점수와 각 단어 벡터 쌍 간 코사인 유사도 사이의 상관관계를 계산하는 것으로 갈음한다. 상관관계 척도는 스피어만[spearman], 피어슨[pearson]을 사용하며 1에 가까울수록 둘 사이의 상관관계가 강하다는 뜻이다.

코드 4-35 단어 유사도 평가 수행 코드 `python`

```
model.word_sim_test("data/raw/kor_ws353.csv")
```

네 가지 임베딩을 평가한 결과는 그림 4-17과 같다. Word2Vec과 FastText 같은 예측 기반 임베딩 기법들이 GloVe, Swivel 등 행렬 분해 방법들에 비해 상관관계가 상대적으로 강한 것을 알 수 있다. 평가 데이터셋 크기가 충분치 않아 조심스럽지만, 단어 유사도 평가 기준에 있어서는 예측 기반 임베딩 기법(Word2Vec, FastText)이 행렬 분해 방법(GloVe, Swivel)들보다 의미적 관계가 잘 녹아 있다고 해석할 수 있겠다.

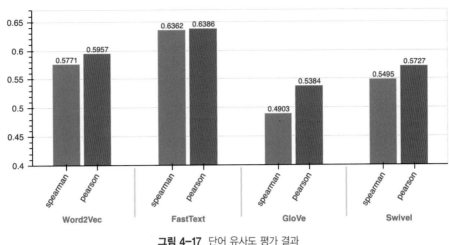

그림 4-17 단어 유사도 평가 결과

4.7.3 단어 유추 평가

단어 유추 평가^{word analogy test}는 1장 서론에서 이미 소개했던 것처럼 갑과 을의 관계는 정과 병의 관계와 같다는 의미론적 유추에서 단어 벡터 간 계산을 통해 갑 - 을 + 병이라는 질의에 정을 도출해낼 수 있는지를 평가한다. 이 평가에서는 갑 - 을 + 병에 해당하는 벡터에 대해 코사인 유사도가 가장 높은 벡터에 해당하는 단어가 실제 정인지를 확인한다. 이동 준 외(2018)는 구글에서 만든 Google analogy를 참고해 단어 유추 평가를 위한 데 이터셋을 구축해 공개했다. 평가셋 총 건수는 420개다. 이 절에서는 이 데이터로 평 가를 진행한다. 표 4-7과 같다.

표 4-7 단어 유추 평가 데이터셋(이동준 외, 2018)

갑	을	병	정
대한민국	서울	일본	도쿄
대한민국	서울	중국	베이징
대한민국	서울	미국	워싱턴
대한민국	서울	영국	런던
대한민국	서울	프랑스	파리

단어 유추 평가 역시 평가 데이터셋과 단어 임베딩이 사전에 준비돼 있어야 한다. 코드 4-36, 코드 4-32를 실행하면 각각 평가 데이터셋과 단어 임베딩을 내려받을 수 있다. 이후 코드 4-34를 실행해 단어 임베딩 평가 클래스 WordEmbeddingEvaluator 를 선언하고 코드 4-37처럼 word_analogy_test 함수를 호출해 각 임베딩별로 평가를 시작한다.

코드 4-37의 수행 결과는 Word2Vec 모델을 평가한 예시다. 코드 4-37 실행 결과 가운데 "#of data"와 "#of correct answer"는 각각 전체 데이터와 정답을 맞춘 개수, "#of errors"는 해당 단어의 임베딩 벡터가 존재하지 않는 경우의 수를 가리킨다. verbose 옵션을 True로 켜 놓으면 모든 평가 데이터에 대해 갑 - 을 + 병 에 해당하는 벡터와 코사인 유사도가 가장 높은 벡터에 해당하는 단어가 출력된다.

코드 4-36 단어 유추 평가 데이터셋 다운로드 `bash`

```bash
wget https://github.com/dongjun-Lee/kor2vec/raw/master/test_dataset/kor_analogy_
semantic.txt -P /notebooks/embedding/data/raw
```

코드 4-37 단어 유추 평가 수행 코드 `python`

```python
model.word_analogy_test("data/raw/kor_analogy_semantic.txt", verbose=False)
```

```
# of correct answer: 158 , # of data: 420 , # of errors: 0
```

그림 4-18은 모든 모델에 대해 단어 유추 평가를 시행한 결과다. 맞춘 개수(# of correct answer)를 처리 데이터 수(# of data - # of errors)로 나눈 수치다. 단어 유추 평가에 있어서는 Word2Vec과 GloVe가 상대적으로 선방하고 있음을 확인할 수 있다.

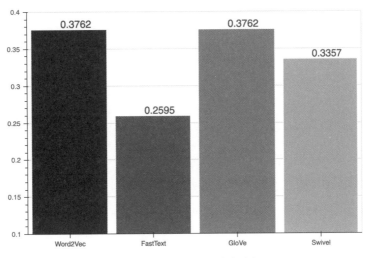

그림 4-18 단어 유추 평가 결과

4.7.4 단어 임베딩 시각화

시각화^{visualization} 또한 단어 임베딩을 평가하는 한 방법이다. 의미가 유사한 단어를 사람이 쉽게 이해할 수 있는 형태의 그림으로 표현해 임베딩의 품질을 정성적, 간접적으로 확인하는 기법이다. 다만 단어 임베딩은 보통 고차원 벡터이기 때문에 사람이 인식하는 2, 3차원으로 축소해 시각화를 하게 된다. 이번 절에서는 Word2Vec을 기준으로 시각화하는 방법을 설명하겠다.

우선 코드 4-38을 실행해 시각화 대상 단어 임베딩을 확보한 후 코드 4-39를 입력해 평가 클래스를 읽어 들인다. 물론 코드 4-39에 다른 종류의 임베딩을 인자로 주면 다른 임베딩을 시각화하는 것 역시 가능하다.

코드 4-38 이미 학습된 단어 임베딩 다운로드 `bash`

```bash
git pull origin master
bash preprocess.sh dump-word-embeddings
```

코드 4-39 평가 클래스 로드 `python`

```python
from models.word_eval import WordEmbeddingEvaluator
model = WordEmbeddingEvaluator("/notebooks/embedding/data/word-embeddings/
word2vec/word2vec", method="word2vec", dim=100, tokenizer_name="mecab")
```

코드 4-40은 t-SNE$^{\text{t-Stochastic Neighbor Embedding}}$를 적용해 고차원의 임베딩을 2차원으로 축소해 시각화하는 함수다. t-SNE는 고차원의 원공간에 존재하는 벡터 **x**의 이웃 간의 거리를 최대한 보존하는 저차원 벡터 **y**를 학습하는 방법론이다.

스토캐스틱^{stochastic}이란 이름이 붙은 이유는 거리 정보를 확률적으로 나타내기 때문이다. 원 공간의 데이터 확률 분포(P)와 축소된 공간의 분포(Q) 사이의 차이를 최소화하는 방향으로 벡터 공간을 조금씩 바꿔 나간다. t-SNE는 보통 단어나 문장 임베딩을 시각화하는 데 많이 쓰인다.

그림 4-19는 단어 유사도 평가 데이터셋에 포함된 단어들을 해당 임베딩의 벡터로 바꾼 후 t-SNE를 적용해 2차원으로 줄이고, 파이썬 시각화 라이브러리인 Bokeh의 도움을 받아 그림으로 나타낸 것이다. 코드 4-40을 실행하면 확인할 수 있으며 1장, '서론'에도 소개한 바 있다.

코드 4-40 단어 임베딩의 t-SNE 2차원 시각화 `python`

```python
model.visualize_words("data/raw/kor_analogy_semantic.txt")
```

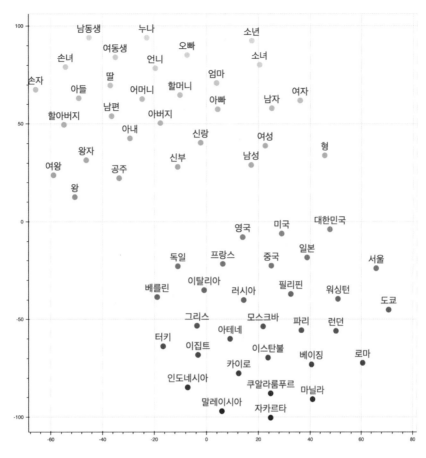

그림 4-19 Word2Vec의 시각화 결과

코드 4-41을 실행하면 그림 4-20처럼 단어 벡터 간 유사도 시각화 결과를 얻을 수 있다. `visualize_between_words` 함수는 단어 유사도 평가 데이터셋에 포함된 모든 단어 쌍 간 코사인 유사도를 구하고 이를 Bokeh 라이브러리로 그림으로 출력한다. 색이 보라색으로 진할수록 유사도가 높다.

코드 4-41 단어 벡터 간 유사도 시각화 `python`

```python
model.visualize_between_words("data/raw/kor_analogy_semantic.txt")
```

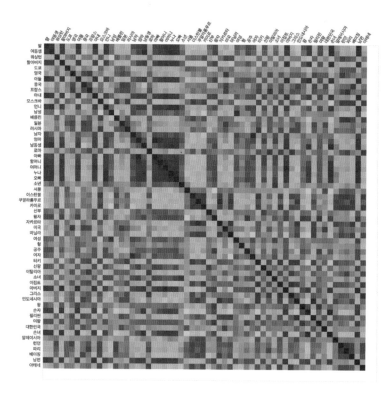

그림 4-20 Word2Vec 단어 벡터 간 유사도 시각화 결과

4.8 가중 임베딩

이번 절에서는 단어 임베딩을 문장 수준 임베딩으로 확장하는 방법을 설명한다. 아주 간단한 방법이지만 성능 향상 효과가 좋아 한번 써 봄직한 방법이다. 미국 프린스턴대학교 연구 팀(Arora et al., 2016)이 ICLR에 발표한 방법론이다.

4.8.1 모델 개요

Arora et al. (2016)은 문서 내 단어의 등장은 저자가 생각한 주제에 의존한다고 가정했다. 다시 말해 주제에 따라 단어의 사용 양상이 달라진다는 것이다. 이를 위해 Arora et al. (2016)은 주제 벡터discourse vector라는 개념을 도입했다.

Arora et al. (2016)은 주제 벡터 $\mathbf{c}_s$가 주어졌을 때 어떤 단어 w가 나타날 확률을 수식 4-25와 같이 정의했다. 수식 4-25에서 $\tilde{\mathbf{c}}_s$는 $\mathbf{c}_s$로부터 어떤 절차를 거쳐 도출하는 벡터이긴 하나, 이 책에서는 설명의 편의를 위해 주제 벡터 $\mathbf{c}_s$와 거의 비슷한 역할을 하는 임의의 어떤 벡터라고 보겠다. Z는 수식 4-25 우변 두 번째 항이 확률 값이 되도록 해주는 노멀라이즈 팩터normalize factor다.

수식 4-25 단어 등장 확률

$$P(w|\mathbf{c}_s) = \alpha P(w) + (1 - \alpha)\frac{\exp(\tilde{\mathbf{c}}_s \cdot \mathbf{v}_w)}{Z}$$

수식 4-25를 직관적으로 이해해보면 이렇다. 수식 4-25 우변의 첫 번째 항은 단어 w가 주제와 상관없이 등장할 확률을 가리킨다. 한국어를 예로 들면 조사 을/를, 이/가 같은 경우 $P(w)$가 높은 축에 속할 것이다. 우변 두 번째 항은 단어 w가 주제와 관련을 가질 확률을 의미한다. 주제 벡터 $\tilde{\mathbf{c}}_s$와 w에 해당하는 단어 벡터 $\mathbf{v}_w$가 유사할수록(=내적 값이 클수록) 그 값이 커진다. 예컨대 주제가 정치 인 상황에서 사퇴, 경제 에서 인수 같은 단어가 우변 두 번째 항이 높은 축에 속할 것이다. 마지막으로 첫 번째 항과 두 번째 항을 가중합을 취해 최종적인 등장 확률을 계산한다. α는 사용자가 지정하는 하이퍼파라미터hyperparameter다.

단어 시퀀스는 곧 문장이다. 문장 등장 확률(=단어들이 동시에 등장할 확률)은 문장에 속한 모든 단어들이 등장할 확률의 누적 곱으로 나타낼 수 있다. 그런데 확률을 누적해서 곱하는 것은 컴퓨터 연산에서 그 값이 너무 작아지는 언더플로underflow 문제가 발생하기 때문에, 보통은 로그를 취해 덧셈을 하는 것으로 대체한다. 수식 4-26은 $\log P(w|\mathbf{c}_s)$를 $f_w(\tilde{\mathbf{c}}_s)$로 둬 정리했다.

수식 4-26 문장 등장 확률

$$P(s|\mathbf{c}_s) \propto \sum_{w \in s} \log P(w|\mathbf{c}_s) = \sum_{w \in s} f_w(\tilde{\mathbf{c}}_s)$$

테일러 급수^{Talor series}는 항의 무한합으로 함수를 표현하는 한 방법이다. 테일러 급수를 쓰면 무한합의 n번째 항까지만 써서 원래 함수를 근사^{approximation}할 수 있다. Arora et al. (2016)이 수식 4-26을 테일러 근사를 활용해 다시 적은 결과는 수식 4-27과 같다.

수식 4-27 단어 등장 확률의 테일러 근사

$$f_w(\tilde{c}_s) \approx f_w(\mathbf{0}) + \nabla f_w(\mathbf{0})^\top \tilde{\mathbf{c}}_s$$
$$= \text{constant} + \frac{(1-\alpha)/\alpha Z}{P(w) + (1-\alpha)/\alpha Z} \tilde{\mathbf{c}}_s \cdot \mathbf{v}_w$$

우리가 관찰하고 있는 단어 w가 등장할 확률을 최대화하는 주제 벡터 $\mathbf{c}_s/\tilde{\mathbf{c}}_s$를 찾는 것이 목표다. w가 등장할 확률을 최대화하는 $\mathbf{c}_s/\tilde{\mathbf{c}}_s$를 찾게 된다면 이 $\mathbf{c}_s/\tilde{\mathbf{c}}_s$는 해당 단어의 사용을 제일 잘 설명하는 주제 벡터가 될 것이다.

수식 4-28은 수식 4-27의 $(1-\alpha)/\alpha Z$를 a로 치환한 후 argmax를 취해 정리한 결과다. 그런데 Arora et al. (2016)에 따르면 임의의 상수^{constant} C에 대해 $\underset{\mathbf{c}:\|\mathbf{c}\|=1}{\text{argmax}}(C + \mathbf{c} \cdot \mathbf{g}) = \mathbf{g}/\|\mathbf{g}\|$임이 성립한다고 한다. 따라서 우리는 우리가 관찰하고 있는 문장의 등장 확률을 최대한으로 높이는 주제 벡터를 수식 4-29와 같이 정리할 수 있다(벡터 크기^{norm} 정규화는 생략).

수식 4-28 단어의 등장 확률을 최대화하는 주제 벡터

$$\arg\max_{\tilde{\mathbf{c}}_s} f_w(\tilde{\mathbf{c}}_s) \approx \arg\max_{\tilde{\mathbf{c}}_s} \left[\text{constant} + \frac{a}{P(w)+a} \tilde{\mathbf{c}}_s \cdot \mathbf{v}_w \right]$$
$$= \arg\max_{\tilde{\mathbf{c}}_s} \left[\frac{a}{P(w)+a} \left(C + \tilde{\mathbf{c}}_s \cdot \mathbf{v}_w \right) \right]$$
$$= \frac{a}{P(w)+a} \frac{\mathbf{v}_w}{\|\mathbf{v}_w\|}$$

수식 4-29 문장의 등장 확률을 최대화하는 주제 벡터

$$\arg\max_{\tilde{\mathbf{c}}_s} \sum_{w \in s} f_w(\tilde{\mathbf{c}}_s) \propto \sum_{w \in s} \frac{a}{P(w)+a} \mathbf{v}_w$$

먼 길을 돌아왔지만 수식 4-29를 직관적으로 이해해보면 이렇다. 우리가 관찰하고 있는 문장이 등장할 확률을 최대화하는 주제 벡터 $c_s/\tilde{c}_s$는 문장에 속한 단어들에 해당하는 단어 벡터에 가중치를 곱해 만든 새로운 벡터들의 합에 비례한다. 새로운 단어 벡터를 만들 때의 가중치는 해당 단어가 말뭉치에 얼마나 자주 등장하는지, 즉 $P(w)$를 감안해 만든다. 다시 말해 희귀한 단어(= $P(w)$가 작다)라면 높은 가중치를 곱해 해당 단어 벡터의 크기[norm]를 키우고, 고빈도 단어라면 해당 벡터의 크기를 줄인다.

이는 정보성이 높은, 희귀한 단어에 가중치를 높게 주는 TF-IDF(2장 참고)의 철학과도 맞닿아 있는 부분이다. 아울러 문장 내 단어의 등장 순서를 고려하지 않는다는 점에서 백오브워즈 가정(2장 참고)과도 연결되는 지점이 있다.

4.8.2 모델 구현

가중 임베딩을 구현한 클래스의 이름은 CBoWModel이다. Continuous Bag of Words Model이라는 취지에서 이렇게 이름을 붙였다. 문장을 토큰으로 나눈 뒤 해당 토큰들에 대응하는 벡터들의 합[sum]으로 문장의 임베딩을 구하기 때문이다. 단어의 등장 순서에 관계없기 때문에 Bag of Words, 해당 단어 벡터들이 연속적인 벡터 공간에 존재하기 때문에 continuous라는 개념어를 차용했다.

이 모델은 네이버 영화 말뭉치를 염두에 두고 만들었다. 이 데이터는 문장(영화 댓글)+레이블(긍정/부정) 구성으로 돼 있다. 모델은 학습 데이터 문장 각각을 해당 문장에 속한 토큰에 해당하는 벡터들의 (가중)합으로 표현하고, 레이블 정보 또한 같이 저장해 둔다. 이것이 CBoWModel의 학습이다.

예측은 이렇게 한다. 테스트 문장이 들어오면 이 문장 또한 토큰 벡터의 (가중)합으로 만들고, 이 벡터와 코사인 유사도가 가장 높은 학습 데이터 문장의 임베딩을 찾는다. 이후 해당 학습 데이터 문장에 달려 있는 레이블을 리턴하는 방식이다. 예컨대 테스트 문장이 이 영화 정말 재밌어요 이고 이 문장 임베딩과 가장 유사한 학습 데이터가 이 영화 너무 재밌어요+긍정 이라면, CBoWModel은 테스트 문장을 긍정 이라고 예측한다.

코드 4-42는 **CBoWModel**의 선언부다. 이 클래스가 호출되면 각종 설정 정보를 저장해두고 형태소 분석기를 읽어 들인다(get_tokenizer). 그런데 4.8.1에서 설명한 가중 임베딩 방식이 얼마나 효과가 있는지 검증하기 위해 대조군(토큰 벡터의 단순 합)을 설정해 둘 필요가 있다. 이에 Arora et al. (2016)의 가중합 방식으로 임베딩을 만들 것인지(weighted=True) 아닌지에 따라 분기 처리가 될 수 있도록 했다.

전자라면 코드 4-44(load_or_construct_weighted_embedding)를 수행하고 후자라면 임베딩에 별도 처리를 하지 않고 그대로 읽어 들이기만 한다. 마지막으로 이렇게 단어 임베딩을 준비한 상태에서 **CBoWModel**을 한 번도 학습한 적이 없으면 모델을 학습하고(train_model), 이미 모델이 있다면 로드한다(load_model).

코드 4-42 CBoWModel (1) – 선언부

```python
class CBoWModel(object):

    def __init__(self, train_fname, embedding_fname,
                 model_fname, embedding_corpus_fname,
                 embedding_method="fasttext", is_weighted=True,
                 average=False, dim=100, tokenizer_name="mecab"):
        # configurations
        make_save_path(model_fname)
        self.dim = dim
        self.average = average
        if is_weighted:
            model_full_fname = model_fname + "-weighted"
        else:
            model_full_fname = model_fname + "-original"
        self.tokenizer = get_tokenizer(tokenizer_name)
        if is_weighted:
            # weighted embeddings
            self.embeddings = \
              self.load_or_construct_weighted_embedding(embedding_fname,
              embedding_method, embedding_corpus_fname)
            print("loading weighted embeddings, complete!")
        else:
            # original embeddings
            words, vectors = self.load_word_embeddings(embedding_fname,
```

```
                                                    embedding_method)
        self.embeddings = defaultdict(list)
        for word, vector in zip(words, vectors):
            self.embeddings[word] = vector
        print("loading original embeddings, complete!")
    if not os.path.exists(model_full_fname):
        print("train Continuous Bag of Words model")
        self.model = self.train_model(train_fname, model_full_fname)
    else:
        print("load Continuous Bag of Words model")
        self.model = self.load_model(model_full_fname)
```

코드 4-43과 4-44는 **CBoWModel**의 핵심이다. 우선 코드 4-43에서 임베딩 학습 말뭉치에 쓰인 모든 문장, 모든 단어의 빈도를 일일이 세어 둔다. 코드 4-43에 입력되는 데이터는 이미 형태소 분석이 완료됐다고 가정한다. 우리는 3장에서 각 단어 임베딩을 만들 때 한국어 위키백과, 네이버 영화 리뷰 말뭉치, KorQuAD 세 가지 데이터를 합쳐 사용했으므로 이 데이터들이 모두 코드 4-43의 입력값이 된다.

코드 4-43 CBoWModel (2) – 임베딩 학습 말뭉치 내 단어별 빈도 확인

```
def compute_word_frequency(self, embedding_corpus_fname):
    total_count = 0
    words_count = defaultdict(int)
    with open(embedding_corpus_fname, "r") as f:
        for line in f:
            tokens = line.strip().split()
            for token in tokens:
                words_count[token] += 1
                total_count += 1
    return words_count, total_count
```

코드 4-44에서는 코드 4-43에서 확인한 임베딩 말뭉치 통계량을 바탕으로 가중 임베딩을 만든다. 우선 가중 임베딩을 만든 적이 있다면 계산하지 않고, 해당 임베딩을 그냥 읽어 들이기만 한다. 가중 임베딩을 한 번도 만든 적이 없다면 비로소 계산을

시작한다. 모든 단어 벡터 각각에 수식 4-29를 적용해 해당 단어 등장 확률을 반영한 가중치를 곱해 준다. 그 값은 a/(word_prob+a)이다. a는 상수[constant]로 취급하며 그 기본값은 0.0001이다. 가중 임베딩은 정해진 경로(embedding_fname + "-weighted")에 저장하고 딕셔너리 형태로 만들어 CBoWModel 학습에 쓸 수 있도록 한다.

코드 4-44 CBoWModel (3) − 가중 임베딩 만들기

```
def load_or_construct_weighted_embedding(self, embedding_fname,
                                         embedding_method,
                                         embedding_corpus_fname, a=0.0001):
    dictionary = {}
    if os.path.exists(embedding_fname + "-weighted"):
        # load weighted word embeddings
        with open(embedding_fname + "-weighted", "r") as f2:
            for line in f2:
                word, weighted_vector = line.strip().split("\u241E")
                weighted_vector = \
                    [float(el) for el in weighted_vector.split()]
                dictionary[word] = weighted_vector
    else:
        # load pretrained word embeddings
        words, vecs = self.load_word_embeddings(embedding_fname,
                                                embedding_method)
        # compute word frequency
        words_count, total_word_count = \
                self.compute_word_frequency(embedding_corpus_fname)
        # construct weighted word embeddings
        with open(embedding_fname + "-weighted", "w") as f3:
            for word, vec in zip(words, vecs):
                if word in words_count.keys():
                    word_prob = words_count[word] / total_word_count
                else:
                    word_prob = 0.0
                weighted_vector = (a / (word_prob + a)) * np.asarray(vec)
                dictionary[word] = weighted_vector
                f3.writelines(word + "\u241E" + " ".join([str(el) for el in
weighted_vector])) + "\n")
    return dictionary
```

코드 4-45는 **CBoWModel**의 학습 과정을 정의해 놓은 것이다. 형태소 분석이 완료된 영화 리뷰^{tokens}에 코드 4-46에 정의된 **get_sentence_vector**를 적용해 문장 벡터로 만든다. 원 문장^{sentence}과 형태소 분석된 문장^{tokens}, 극성 레이블^{label}을 묶어서 저장한다. 학습 데이터 모든 문장에 이 작업을 실시한다.

코드 4-45 CBoWModel (4) – 모델 학습

```
def train_model(self, train_data_fname, model_fname):
        model = {"vectors": [], "labels": [], "sentences": []}
        train_data = self.load_or_tokenize_corpus(train_data_fname)
        with open(model_fname, "w") as f:
            for sentence, tokens, label in train_data:
                tokens = self.tokenizer.morphs(sentence)
                sentence_vector = self.get_sentence_vector(tokens)
                model["sentences"].append(sentence)
                model["vectors"].append(sentence_vector)
                model["labels"].append(label)
                str_vector = " ".join([str(el) for el in sentence_vector])
                f.writelines(sentence + "\u241E" + " ".join(tokens) + "\u241E" +
str_vector + "\u241E" + label + "\n")
        return model
```

코드 4-46은 단어 임베딩들의 합으로 문장 임베딩을 만드는 코드다. 만약 가중 임베딩을 쓴다면(weighted=True) 이때 계속 더해지는 임베딩은 코드 4-44에서 만들었던 가중 임베딩일 것이다. 가중 임베딩을 쓰지 않는다면(False) 계속 더해지는 임베딩은 그 어떤 처리도 하지 않은 원본^{original} 벡터들이 된다. 예측 단계에서 코사인 유사도를 계산하기 편하도록 그 크기가 1인 단위 벡터^{unit vector} 형태로 바꿔 리턴한다. 코드 4-46은 **CBoWModel** 학습과 예측 단계에서 모두 공유한다.

코드 4-46 CBoWModel (5) – 문장 임베딩 만들기

```
    def get_sentence_vector(self, tokens):
        vector = np.zeros(self.dim)
```

```
        for token in tokens:
            if token in self.embeddings.keys():
                vector += self.embeddings[token]
        if self.average:
            vector /= len(tokens)
        vector_norm = np.linalg.norm(vector)
        if vector_norm != 0:
            unit_vector = vector / vector_norm
        else:
            unit_vector = np.zeros(self.dim)
        return unit_vector
```

코드 4-47에 정의된 예측 단계에서는 테스트 문장을 형태소 분석을 한 뒤 get_sentence_vector를 적용해 문장 임베딩으로 변환한다. 이 문장 벡터(임베딩 차원 수)와 학습 데이터 문장 임베딩 행렬(학습 데이터 문장 수 × 임베딩 차원 수)을 내적(np.dot)하면 코사인 유사도 벡터(학습 데이터 문장 수)가 도출된다. get_sentence_vector 함수는 단위 벡터를 반환하고, 단위 벡터 간 내적은 곧 코사인 유사도이기 때문이다. 여기에 argmax를 취해 가장 큰 유사도를 가진 문장의 인덱스를 뽑아내 이 인덱스에 해당하는 학습 데이터의 레이블(긍정 혹은 부정)이 이 모델의 예측값(pred)이 된다. 이 예측값과 테스트 데이터에 달려 있는 정답이 일치하면 평가 점수를 1점 올린다.

코드 4-47 CBoWModel (6) – 문장 1개 예측

```
def predict(self, sentence):
    tokens = self.tokenizer.morphs(sentence)
    sentence_vector = self.get_sentence_vector(tokens)
    scores = np.dot(self.model["vectors"], sentence_vector)
    pred = self.model["labels"][np.argmax(scores)]
    return pred
```

그런데 테스트할 데이터가 많으면 테스트 문장 벡터와 학습 데이터 임베딩 행렬을 내적하는 과정에 병목이 생긴다. 파이썬 numpy 라이브러리는 행렬-행렬 내적 계산이 최적화돼 있으므로 테스트 데이터 문장 벡터 하나와 학습 데이터 행렬 내적을

여러 번하는 것보다는, 테스트 문장 벡터 여러 개를 묶어 행렬을 만들고 여기에 학습 데이터 행렬을 한 번 내적하는 것이 좀 더 효율적인 계산 방식이 될 수 있다. 이 경우 도출되는 코사인 유사도 행렬의 크기는 학습 데이터 문장 수 × 테스트 데이터 문장 수가 된다. 여기에 argmax를 취하면 예측값 벡터(preds) 크기는 테스트 문장 수와 일치한다. 이를 각각의 정답(label)과 비교해 평가 점수를 만든다. 이는 코드 4-48과 같다.

코드 4-48 CBoWModel (7) – 배치 단위 예측

```python
def predict_by_batch(self, tokenized_sentences, labels):
    sentence_vectors, eval_score = [], 0
    for tokens in tokenized_sentences:
        sentence_vectors.append(self.get_sentence_vector(tokens))
    scores = np.dot(self.model["vectors"], np.array(sentence_vectors).T)
    preds = np.argmax(scores, axis=0)
    for pred, label in zip(preds, labels):
        if self.model["labels"][pred] == label:
            eval_score += 1
    return preds, eval_score
```

4.8.3 튜토리얼

4.8.2절에서 구현한 CBoWModel을 직접 학습하고 임베딩 종류별로 평가해보자. 코드 4-49를 실행하면 CBoWModel 학습에 필요한 말뭉치와 단어 임베딩을 내려받을 수 있다.

코드 4-49 CBoWModel 학습 데이터 다운로드 `bash`

```bash
git pull origin master
bash preprocess.sh dump-processed
bash preprocess.sh dump-tokenized
bash preprocess.sh dump-word-embeddings
```

코드 4-50과 코드 4-51은 각각 원본 임베딩, 가중 임베딩을 활용해 CBoWModel 을 만드는 코드다. 네이버 영화 리뷰 말뭉치의 학습 데이터와 테스트 데이터의 위치를 각각 train_corpus_path, test_corpus_path에 인자로 넣어준다. 원본 임베딩의 위치(embedding_path), 원본 임베딩의 종류(embedding_name) 역시 입력해야 하며 CBoWModel 학습이 완료되면 모델은 output_path에 저장된다. CBoWModel을 학습할 때 원본 임베딩을 쓸지(False), 가중 임베딩을 쓸지(True)는 is_weighted에 정의해준다. 가중 임베딩을 쓸 경우 임베딩을 만들 때 사용한 말뭉치의 통계량을 확인해야 하기 때문에 embedding_corpus_path에 해당 말뭉치 경로를 추가로 입력해줘야 한다. corpus_mecab.txt를 만드는 방법은 코드 4-2를 참고하자.

코드 4-50 Word2Vec 임베딩을 활용한 CBoWModel 학습 및 평가 `bash`

```
cd /notebooks/embedding
python models/word_utils.py \
  --train_corpus_path data/processed/processed_ratings_train.txt \
  --test_corpus_path data/processed/processed_ratings_test.txt \
  --embedding_path data/word-embeddings/word2vec/word2vec \
  --output_path data/word-embeddings/cbow/word2vec \
  --embedding_name word2vec --method cbow --is_weighted False
```

```
loading original embeddings, complete!
train Continuous Bag of Words model
evaluation start!
# of correct: 36468 , total: 49997 , score: 0.7294037642258535
```

코드 4-51 Weighted Word2Vec 임베딩을 활용한 CBoWModel 학습 및 평가 `bash`

```
cd /notebooks/embedding
python models/word_utils.py \
  --train_corpus_path data/processed/processed_ratings_train.txt \
  --test_corpus_path data/processed/processed_ratings_test.txt \
  --embedding_corpus_path data/tokenized/corpus_mecab.txt \
  --embedding_path data/word-embeddings/word2vec/word2vec \
  --output_path data/word-embeddings/cbow/word2vec \
```

```
--embedding_name word2vec --method cbow --is_weighted True
```

```
loading weighted embeddings, complete!
train Continuous Bag of Words model
evaluation start!
# of correct: 36769 , total: 49997 , score: 0.7354241254475269
```

코드 4-52를 실행하면 Word2Vec, FastText, GloVe, Swivel 네 개 임베딩 각
각에 관해 원본, 가중 임베딩 방식의 **CBoWModel** 학습 및 평가를 한 번에 진행한다.
그 결과를 정리해 놓은 그래프가 바로 그림 4-21이다. 그림 4-21을 보면 단어 벡터의
단순 합으로 해당 문장의 임베딩으로 사용하더라도 비교적 나쁘지 않은 분류 성능을
보일 수 있다. 품질 좋은 임베딩만 확보돼 있다면 복잡한 모델을 쓰지 않고서도 원하
는 태스크를 수행할 수 있다는 이야기다. 아울러 가중 임베딩 방식의 정확도가 임베
딩 종류를 가리지 않고 원본보다 높다. 가중 임베딩 방식을 현업에서 써볼 만하다.

코드 4-52 Word2Vec, FastText, GloVe, Swivel에 대한 CBoWModel 학습 `bash`

```
git pull origin master
bash wordmodel.sh cbow
```

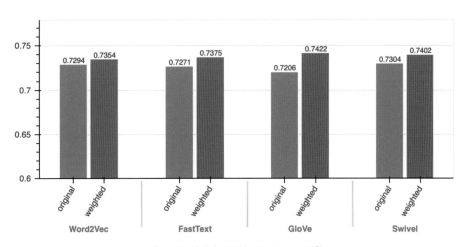

그림 4-21 임베딩 종류별 CBoWModel 정확도

4.9 이 장의 요약

4장에서는 단어 수준 임베딩 모델들을 소개했다. 주요 내용은 다음과 같다.

- NPLM은 기존 통계 기반 언어 모델의 한계를 극복하기 위해 제안된 뉴럴 네트워크 기반의 임베딩 기법이다. 단어 시퀀스가 주어졌을 때 다음 단어가 무엇인지 맞추는 과정에서 학습된다.

- 네거티브 샘플링 기법을 사용한 Word2Vec Skip-gram 모델은 타깃 단어와 문맥 단어 쌍이 주어졌을 때 해당 쌍이 포지티브 샘플(+)인지, 네거티브 샘플(−)인지 이진 분류하는 과정에서 학습된다. NPLM보다 학습 파라미터 종류와 크기가 훨씬 작고 효율적인 학습이 가능하다.

- Levy&Goldberg (2014)는 네거티브 샘플링 기법으로 학습된 Word2Vec의 Skip-gram 모델은 행렬 분해 관점에서 이해할 수 있다고 증명해 주목받았다.

- FastText는 각 단어를 문자 단위의 n-gram으로 표현하는 임베딩 기법이다. 이 밖의 모델 구조는 Word2Vec과 동일하다. FastText 모델은 조사나 어미가 발달한 한국어에 좋은 성능을 낸다. 한글과도 궁합이 잘 맞는 편이다.

- 잠재 의미 분석이란 단어-문서 행렬이나 TF-IDF 행렬, 단어-문맥 행렬 같은 커다란 행렬에 차원 축소 방법의 일종인 특이값 분해를 수행해 데이터의 차원 수를 줄여 계산 효율성을 키우는 한편 행간에 숨어 있는 잠재 의미를 이끌어내기 위한 방법론이다. 단어-문서 행렬이나 단어-문맥 행렬에 특이값 분해를 시행한 뒤 그 결과로 도출되는 벡터들을 단어 임베딩으로 사용할 수 있다.

- GloVe는 Word2Vec과 잠재 의미 분석 두 기법의 단점을 극복하고자 했다. '임베딩된 단어 벡터 간 유사도 측정을 수월하게 하면서도 말뭉치 전체의 통계 정보를 좀 더 잘 반영해보자'가 GloVe가 지향하는 핵심 목표다. GloVe 저자들은 임베딩된 두 단어 벡터의 내적이 말뭉치 전체에서의 동시 등장 빈도의 로그 값이 되도록 목적함수를 정의했다.

- Swivel은 점별 상호 정보량^{PMI} 행렬을 분해하는 과정에서 학습된다. 말뭉치에 동시 등장한 케이스가 한 건도 없는 단어 쌍에 대한 PMI는 음의 무한대로 발산

하는데, Swivel 저자들은 이러한 경우가 발생하지 않도록 목적 함수를 세심하게 설계했다.

- 단어 임베딩을 평가하는 방법으로는 단어 유사도 평가, 단어 유추 평가 두 가지가 있다. 전자는 일련의 단어 쌍을 미리 구성한 후에 사람이 평가한 점수와 단어 벡터 간 코사인 유사도 사이의 상관관계를 계산해 단어 임베딩의 품질을 평가하는 방법이다. 후자는 `갑과 을의 관계는 정과 병의 관계와 같다`는 의미론적 유추에서 단어 벡터 간 계산을 통해 `갑 - 을 + 병`이라는 질의에 `정`을 도출해낼 수 있는지를 평가한다.

- 가중 임베딩은 단어 임베딩을 문장 수준으로 확장하는 방법이다. 새로운 단어 벡터를 만들 때의 가중치는 해당 단어가 말뭉치에 얼마나 자주 등장하는지, 즉 $P(w)$를 감안해 만든다. 희귀한 단어라면 높은 가중치를 곱해 해당 단어 벡터의 크기(norm)를 키우고, 고빈도 단어라면 해당 벡터의 크기를 줄인다. 이는 정보성이 높은, 희귀한 단어에 가중치를 높게 주는 TF-IDF의 철학과도 맞닿아 있는 부분이다. 아울러 문장 내 단어의 등장 순서를 고려하지 않는다는 점에서 백오브워즈 가정과도 연결되는 지점이 있다.

4.10 참고 문헌

강필성(2017). "IME653 : 비정형데이터분석", 고려대학교.

조경현(2018). 딥러닝을 이용한 자연어 처리. https://www.edwith.org/deepnlp/lecture/29196

McCormick C.(2016). "Word2Vec Tutorial - The Skip-Gram Model", http://mccormickml.com

Mikolov, T., Chen, K., Corrado, G., & Dean, J. (2013a). Efficient estimation of word representations in vector space. arXiv preprint arXiv:1301.3781.

Mikolov, T., Sutskever, I., Chen, K., Corrado, G. S., & Dean, J. (2013b). "Distributed representations of words and phrases and their compositionality", Advances in neural information processing systems, 3111-3119.

Socher, R. (2016). "CS224d : Deep Learning for Natural Language Processing", Stanford University, USA.

Bengio, Y., Ducharme, R., Vincent, P., & Jauvin, C. (2003). A neural probabilistic language model. Journal of machine learning research, 3(Feb), 1137-1155.

Arora, S., Liang, Y., & Ma, T. (2016). A simple but tough-to-beat baseline for sentence embeddings.

Jurafsky, D., & Martin, J. H. (2019). Speech and language processing (3rd ed. draft).

Bojanowski, P., Grave, E., Joulin, A., & Mikolov, T. (2017). Enriching word vectors with subword information. Transactions of the Association for Computational Linguistics, 5, 135-146.

Turney, P. D., & Pantel, P. (2010). From frequency to meaning: Vector space models of semantics. Journal of artificial intelligence research, 37, 141-188.

Pennington, J., Socher, R., & Manning, C. (2014). Glove: Global vectors for word representation. In Proceedings of the 2014 conference on empirical methods in natural language processing (EMNLP) (pp. 1532-1543).

Cho, K. (2015). Natural language understanding with distributed representation. arXiv preprint arXiv:1511.07916.

Levy, O., & Goldberg, Y. (2014). Neural word embedding as implicit matrix factorization. In Advances in neural information processing systems (pp. 2177-2185).

Park, S., Byun, J., Baek, S., Cho, Y., & Oh, A. (2018, July). Subword-level Word Vector Representations for Korean. In Proceedings of the 56th Annual Meeting of the Association for Computational Linguistics (Volume 1: Long Papers) (pp. 2429-2438).

Shazeer, N., Doherty, R., Evans, C., & Waterson, C. (2016). Swivel: Improving embeddings by noticing what's missing. arXiv preprint arXiv:1602.02215.

문장 수준 임베딩

5장에서 다루는 내용

5장에서는 문장 수준 임베딩을 다룬다. 행렬 분해, 확률 모형, 뉴럴 네트워크 기반 모델 등 세 종류를 소개한다. 잠재 의미 분석[LSA]은 행렬 분해, 잠재 디리클레 할당[LDA]은 확률 모델, Doc2Vec, ELMo, GPT, BERT 등은 뉴럴 네트워크가 중심인 방법들이다. 특히 GPT, BERT 등은 셀프 어텐션[self-attention] 기반의 트랜스포머 네트워크[transformer network]가 그 뼈대를 구성하고 있다. 목차는 다음과 같다.

5장 문장 수준 임베딩

- 5.1 잠재 의미 분석
- 5.2 Doc2Vec
  - 5.2.1 모델 개요
  - 5.2.2 튜토리얼
- 5.3 잠재 디리클레 할당
  - 5.3.1 모델 개요

5.3.2 아키텍처

5.3.3 LDA와 깁스 샘플링

5.3.4 튜토리얼

5.4 ELMo

5.4.1 문자 단위 컨볼루션 레이어

5.4.2 양방향 LSTM, 스코어 레이어

5.4.3 ELMo 레이어

5.4.4 프리트레인 튜토리얼

5.5 트랜스포머 네트워크

5.5.1 Scaled Dot-Product Attention

5.5.2 멀티헤드 어텐션

5.5.3 Position-wise Feedforward Networks

5.5.4 트랜스포머의 학습 전략

5.6 BERT

5.6.1 BERT, ELMo, GPT

5.6.2 프리트레인 태스크와 학습 데이터 구축

5.6.3 BERT 모델의 구조

5.6.4 프리트레인 튜토리얼

5.7 이 장의 요약

5.8 참고 문헌

5.1 잠재 의미 분석

4장에서 소개한 잠재 의미 분석^{LSA, Latent Semantic Analysis}은 단어-문서 행렬이나 TF-IDF 행렬, 단어-문맥 행렬 또는 PMI 행렬에 특이값 분해^{SVD}로 차원 축소를 시행하고, 여기에서 단어에 해당하는 벡터를 취해 임베딩을 만드는 방법이다. 5장에서 소개할 잠재 의미 분석은 단어-문서 행렬이나 TF-IDF 행렬에 SVD를 시행하고, 축소된 이 행렬에서 문서에 대응하는 벡터를 취해 문서 임베딩을 만드는 방식이다. 단어-문서 행렬과 TF-IDF(2장, '벡터가 어떻게 의미를 지니게 되는가'), SVD(4장, '단어 수준 임베딩') 등 주요 개념은 관련 장을 참고하면 된다.

5장에서는 저자 블로그(http://ratsgo.github.io)의 아티클 하나를 문서로 취급해 TF-IDF 행렬을 만들고, LSA를 시행해 문서 임베딩을 구축하는 튜토리얼을 중심으로 설명하겠다. 코드 5-1을 도커 컨테이너상의 **/notebooks/embedding** 위치에서 실행하면 실습 대상 데이터셋을 내려받을 수 있다.

코드 5-1 데이터 다운로드 `bash`

```bash
git pull origin master
bash preprocess.sh dump-blog
```

분석 대상 데이터는 **/notebooks/embedding/data/processed** 디렉터리에 있는 **processed_blog.txt**다. 마크다운^{markdown} 문서의 제목과 본문을 그대로 텍스트로 저장한 형태다. 1개 라인이 1개 문서에 해당한다.

그림 5-1에서 볼 수 있듯 불필요한 기호나 LaTeX 수식이 많다. 분석에 필요한 데이터만을 남겨놓아야 한다. 코드 5-2를 실행해 은전한닢 형태소 분석기로 명사만 추출해보자. 그림 5-2는 그 결과의 예시다.

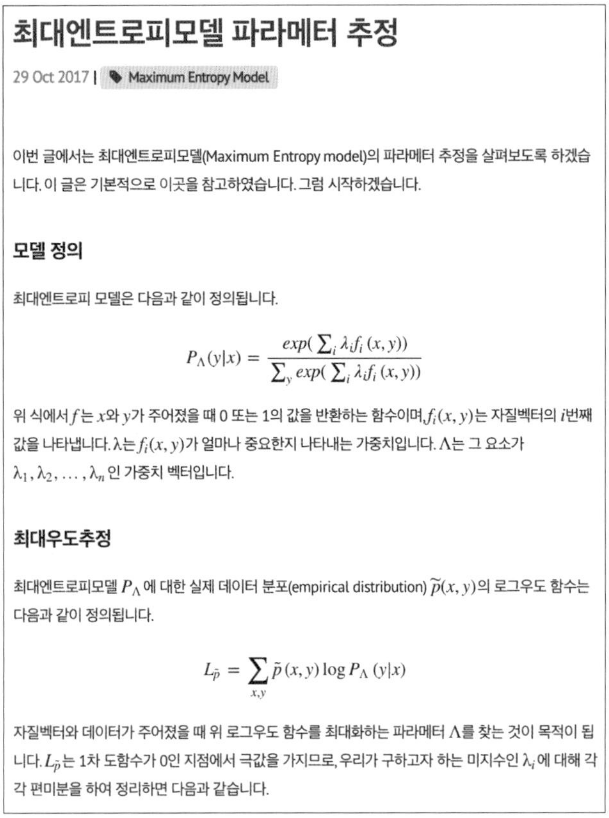

최대엔트로피모델 파라메터 추정

29 Oct 2017 | Maximum Entropy Model

이번 글에서는 최대엔트로피모델(Maximum Entropy model)의 파라메터 추정을 살펴보도록 하겠습니다. 이 글은 기본적으로 이곳을 참고하였습니다. 그럼 시작하겠습니다.

모델 정의

최대엔트로피 모델은 다음과 같이 정의됩니다.

$$P_{\Lambda}(y|x) = \frac{exp(\sum_i \lambda_i f_i(x,y))}{\sum_y exp(\sum_i \lambda_i f_i(x,y))}$$

위 식에서 f는 x와 y가 주어졌을 때 0 또는 1의 값을 반환하는 함수이며, $f_i(x,y)$는 자질벡터의 i번째 값을 나타냅니다. λ는 $f_i(x,y)$가 얼마나 중요한지 나타내는 가중치입니다. Λ는 그 요소가 $\lambda_1, \lambda_2, \ldots, \lambda_n$ 인 가중치 벡터입니다.

최대우도추정

최대엔트로피모델 P_{Λ}에 대한 실제 데이터 분포(empirical distribution) $\widetilde{p}(x,y)$의 로그우도 함수는 다음과 같이 정의됩니다.

$$L_{\tilde{p}} = \sum_{x,y} \tilde{p}(x,y) \log P_{\Lambda}(y|x)$$

자질벡터와 데이터가 주어졌을 때 위 로그우도 함수를 최대화하는 파라메터 Λ를 찾는 것이 목적이 됩니다. $L_{\tilde{p}}$는 1차 도함수가 0인 지점에서 극값을 가지므로, 우리가 구하고자 하는 미지수인 λ_i에 대해 각각 편미분을 하여 정리하면 다음과 같습니다.

maxparam 이번 글에서는 최대엔트로피모델(Maximum Entropy model)의 파라미터 추정을 살펴보도록 하겠습니다. 이 글은 기본적으로 이곳을 참고하였습니다. 그럼 시작하겠습니다. ## 모델 정의 최대 엔트로피 모델은 다음과 같이 정의됩니다. $$ { P }{ ₩Lambda }(y|x)=₩frac { { exp(}₩sum { i }^{ }{ { ₩lambda }{ i }{ f }{ i }₩left(x,y ₩right) }) }{ ₩sum { y }^{ }{ { exp(}₩sum { i }^{ }{ { ₩lambda }{ i }{ f }{ i }₩left(x,y ₩right) }) } } $$ 위 식에서 f는 x와 y가 주어졌을 때 0 또는 1의 값을 반환하는 함수이며, $f_i(x,y)$는 자질벡터의 i번째 값을 나타냅니다. $λ$는 $f_i(x,y)$가 얼마나 중요한지 나타내는 가중치입니다. $Λ$는 그 요소가 $₩{λ_1, λ_2,...,λ_n₩}$인 가중치 벡터입니다. (하략)

그림 5-1 학습 데이터의 일부

코드 5-2 학습 데이터 전처리 `python`

```
from preprocess import get_tokenizer

corpus_fname = "data/processed/processed_blog.txt"

tokenizer = get_tokenizer("mecab")
titles, raw_corpus, noun_corpus = [], [], []
with open(corpus_fname, 'r', encoding='utf-8') as f:
    for line in f:
        try:
            title, document = line.strip().split("\u241E")
            titles.append(title)
            raw_corpus.append(document)
```

```
        nouns = tokenizer.nouns(document)
        noun_corpus.append(' '.join(nouns))
    except:
        continue
```

그림 5-2 전처리 결과 예시

이제 TF-IDF 행렬을 만들 차례다. 코드 5-3과 같다. 단어 하나씩 보는 유니그램
uni-gram 방식(ngram_range=(1,1))으로 TF-IDF 행렬을 구축하되, DF Document Frequency
가 1 이상(min_df=1)인 단어만 행렬 구축에 포함시킨다는 뜻이다.

코드 5-3 TF-IDF 행렬 구축

```python
from sklearn.feature_extraction.text import TfidfVectorizer
vectorizer = TfidfVectorizer(
    min_df=1,
    ngram_range=(1, 1),
    lowercase=True,
    tokenizer=lambda x: x.split())
input_matrix = vectorizer.fit_transform(noun_corpus)
```

이렇게 구축한 input_matrix의 크기는 204×37143이다. 행은 문서, 열은 단어
에 각각 대응한다. TF-IDF 문서 벡터 각각은 코드 5-4를 통해 확인해볼 수 있다.

코드 5-4 TF-IDF 학습 결과 확인 python

```python
id2vocab = {vectorizer.vocabulary_[token]:token
            for token in vectorizer.vocabulary_.keys()}
# curr_doc : 말뭉치 첫 번째 문서의 TF-IDF 벡터
curr_doc, result = input_matrix[0], []
# curr_doc에서 TF-IDF값이 0이 아닌 요소들을 내림차순 정렬
```

```
for idx, el in zip(curr_doc.indices, curr_doc.data):
    result.append((id2vocab[idx], el))
sorted(result, key=lambda x: x[1], reverse=True)
```

```
[('우도', 0.3093543375424738),
 ('최대', 0.264419726900156),
 ('모델', 0.2150954393031573),
 ('엔트로피', 0.20954601175351922),
 ('디언', 0.20954601175351922),
 (하략)
```

코드 5-4를 실행해보면 '최대 엔트로피 파라미터 추정' 문서의 TF-IDF 벡터의 차원 수는 37,413이며 이 가운데 37,307개 원소가 0인 **희소 행렬**sparse matrix임을 확인할 수 있다. 다시 말해 조사나 어미와 같이 이 문서 주제를 가늠하는 데 별 도움이 되지 않는, 정보성이 낮은 대부분의 단어들은 0으로 무시한다는 이야기다. 문서별로 TF-IDF 상위 단어 3개씩 뽑아보면 표 5-1과 같다. TF-IDF 상위 단어만 봐도 해당 문서의 주제를 어느 정도 추측해볼 수 있다.

표 5-1 문서별 TF-IDF 상위 단어 목록

문서 제목	상위 단어
최대 엔트로피 파라미터 추정	우도, 최대, 모델
Word Weighting, TF-IDF	단어, 문서, 등장
한국어 서술어의 논항과 자릿수	논항, 서술어, 보충어

이번엔 이 TF-IDF 행렬에 100차원 SVD를 수행해보겠다. 204×37143의 희소 행렬을 204×100 크기의 **밀집 행렬**dense matrix로 **선형변환**linear transformation한다. 이를 수행하는 코드는 코드 5-5와 같다.

코드 5-5 SVD `python`

```python
from sklearn.decomposition import TruncatedSVD
svd = TruncatedSVD(n_components=100)
vecs = svd.fit_transform(input_matrix)
```

도커 컨테이너상의 /notebooks/embedding 위치에서 코드 5-6을 수행하면 코드 5-1~5-5의 모든 과정을 한 번에 학습할 수 있다. 그 결과는 output_path에 저장된다.

코드 5-6 TF-IDF 행렬에 LSA 수행해 문서 임베딩 만들기 `bash`

```bash
python models/sent_utils.py --method latent_semantic_analysis \
  --input_path /notebooks/embedding/data/processed/processed_blog.txt \
  --output_path /notebooks/embedding/data/sentence-embeddings/lsa-tfidf/lsa-
tfidf.vecs
```

코드 5-7의 마지막 라인을 실행하면 0번째 문서 임베딩과 코사인 유사도가 가장 높은 문서 임베딩의 제목을 리턴한다.

코드 5-7 유사 문서 검색 `python`

```python
from models.sent_eval import LSAEvaluator
model = LSAEvaluator("data/sentence-embeddings/lsa-tfidf/lsa-tfidf.vecs")
model.most_similar(doc_id=0)
```

그림 5-3 오른쪽의 리스트는 해당 마크다운 문서의 영문 제목명과 그에 해당하는 문서 임베딩의 코사인 유사도를 가리킨다. '최대 엔트로피 파라미터 추정'이라는 0번 문서와 코사인 유사도가 가장 높은 문서는 'loss(딥러닝 모델의 손실함수)'인 것으로 나타났다. 그다음 문서는 'MLE(최대우도추정)'다. 그림 5-3의 좌측 그림은 실제 블로그에서 Related Posts로 제시하고 있는 문서 목록이다. 사용하고 있는 형태소 분석기

종류와 분석 시점이 약간 달라 검색 상위 리스트가 약간 바뀌었지만 코드 5-7 실행 결과와 거의 비슷하다. 저자 블로그(http://ratsgo.github.io)에서는 'Related Posts' 목록을 TF-IDF 행렬에 LSA를 수행한 결과로 자동 제시하고 있다.

Related Posts

최대우도추정(Maximum Likelihood Estimation) 23 Sep 2017

딥러닝 모델의 손실함수 24 Sep 2017

Conditional Random Fields 10 Nov 2017

Variational AutoEncoder 27 Jan 2018

unsupervised generative models 18 Dec 2017

```
[('loss', 0.7452402227234523),
 ('MLE', 0.7254419775507931),
 ('CRF', 0.6840929766260055),
 ('unsugen', 0.6101171993730251),
 ('logistic', 0.5870899037852089),
```

그림 5-3 관련 문서 검색 예시

코드 5-8을 실행하면 시각화도 해볼 수 있다. 단어 임베딩 기법들과 비교해보면 시각화 품질이 좋지는 않다. 코드 5-8과 그림 5-4는 참고용으로 활용하면 좋겠다.

코드 5-8 LSA 시각화 `python`

```python
model.visualize("between")
model.visualize("tsne")
```

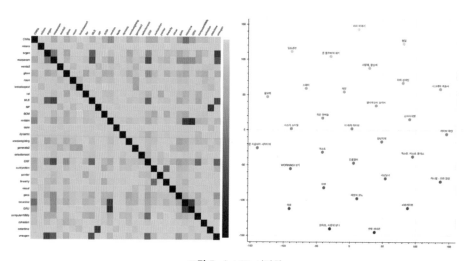

그림 5-4 LSA 시각화

5.2 Doc2Vec

5.2.1 모델 개요

Doc2Vec(Le&Mikolov, 2014)은 Word2Vec에 이어 구글 연구 팀이 개발한 문서 임베딩 기법이다. 우선 Le&Mikolov (2014)는 이전 단어 시퀀스 k개가 주어졌을 때 그다음 단어를 맞추는 **언어 모델**^{language model}을 만들었다. 그림 5-5는 이전 단어 3개(the, cat, sat)가 주어진 상태에서 다음 단어(on)를 맞추는 걸 상정한 것이다. 이 모델은 문장 전체를 처음부터 끝까지 이같이 한 단어씩 슬라이딩해 가면서 다음 단어가 무엇일지 예측한다(예컨대 the cat sat on the mat 이라는 문장이 있고 k를 3으로 둔다면 cat, sat, on 을 입력으로 하고 the 를 맞춤, sat, on, the 를 입력으로 하고 mat 을 맞춤).

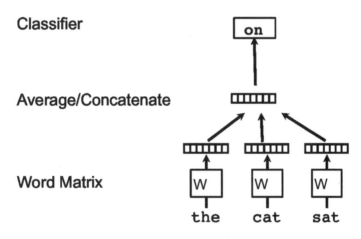

그림 5-5 언어 모델 기반 단어 벡터 학습(Le&Mikolov, 2014)

수식 5-1은 학습 데이터 문장 하나의 단어 개수가 T일 때 해당 문장의 로그 확률의 평균을 의미한다. 이 모델은 이 로그 확률 평균을 최대화하는 과정에서 학습된다. 수식 5-1의 값이 커진다는 건 모델에 이전 k개 단어들을 입력하면 모델이 다음 단어^{target}를 잘 맞춘다는 뜻이다.

수식 5-1 Doc2Vec 언어 모델

$$\mathcal{L} = \frac{1}{T} \sum_{t=k}^{T-1} \log p\left(w_t | w_{t-k}, ..., w_{t-1}\right)$$

수식 5-1에 정의된 확률은 수식 5-2와 같이 계산한다. 수식 5-2를 보면 w_t는 문장의 t번째 단어를 가리킨다. $\mathbf{y}_i$는 말뭉치 전체 어휘 집합 가운데 i번째 단어에 해당하는 점수score다. h는 벡터 시퀀스가 주어졌을 때 평균을 취하거나 이어 붙여concatenate 고정된 길이의 벡터 하나를 반환하는 역할을 하는 함수다.

$\mathbf{y}$를 만드는 방식은 이렇다. 이전 k개 단어들을 $\mathbf{W}$라는 단어 행렬에서 참조한 뒤 평균을 취하거나 이어 붙인다. 여기에 $\mathbf{U}$라는 행렬을 내적하고 바이어스 벡터 $\mathbf{b}$를 더해주면 된다. 이렇게 만든 $\mathbf{y}$에 소프트맥스를 취하면 확률 벡터가 된다. $\mathbf{U}$의 크기는 어휘 집합 크기 × 임베딩 차원 수다.

4.1절 NPLM에서 설명했던 것처럼 이 모델은 다음 단어target를 맞추는 과정에서 문맥 단어들($w_{t-k} \sim w_{t-1}$)에 해당하는 $\mathbf{W}$ 행렬의 벡터들이 업데이트되고, 이 모델은 문장 전체를 한 단어씩 슬라이딩해가면서 학습한다. 따라서 주변 이웃 단어 집합, 즉 문맥이 유사한 단어벡터는 벡터 공간에 가깝게 임베딩된다. 학습이 종료되면 $\mathbf{W}$를 각 단어의 임베딩으로 쓴다. 수식 5-2는 그림 5-5와 같이 보면 이해가 수월할 것이다.

수식 5-2 Doc2Vec 언어 모델 스코어 계산

$$P\left(w_t | w_{t-k}, ..., w_{t-1}\right) = \frac{\exp\left(\mathbf{y}_{w_t}\right)}{\sum_i \exp\left(\mathbf{y}_i\right)}$$
$$\mathbf{y} = \mathbf{b} + \mathbf{U} \cdot \mathrm{h}\left(w_{t-k}, ..., w_{t-1}; \mathbf{W}\right)$$

Le&Mikolov (2014)는 그림 5-5에 문서 ID를 추가해 그림 5-6과 같은 구조를 만들었다. 다시 말해 이전 k개 단어들과 문서 ID를 넣어서 다음 단어를 예측한다는 뜻이다. 수식 5-2의 $\mathbf{y}$를 계산할 때 $\mathbf{D}$라는 문서 행렬Paragraph Matrix에서 해당 문서 ID에 해당하는 벡터를 참조해 h 함수에 다른 단어 벡터들과 함께 입력하는 것 외에 나머지 과정은 완전히 동일하다. Le&Mikolov (2014)는 이같은 방식을 PV-DMthe

Distributed Memory Model of Paragraph Vectors이라고 이름 붙였다. 학습이 종료되면 문서 수×
임베딩 차원 수 크기를 가지는 문서 행렬 **D**를 각 문서의 임베딩paragraph vector으로 사
용한다.

Le&Mikolov (2014)는 이렇게 만든 문서 임베딩이 해당 문서의 주제topic 정보
를 함축한다고 설명한다. 문서 임베딩(그림 5-6의 paragraph id)은 동일한 문서 내 존
재하는 모든 단어와 함께 학습될 기회를 갖기 때문이다. 예컨대 말뭉치의 첫 번째
문서(paragraph_1) 내에 the cat sat on the mat 이라는 문장이 있고 k를 3으로 둔다면 학
습 데이터는 paragraph_1,the,cat,sat - on , paragraph_1,cat,sat,on - the , paragraph_1,sat,on,the
- mat 등이 된다. 따라서 해당 문서 임베딩(paragraph_1)에는 동일 문서 내 모든 단어
의 의미 정보가 녹아들어 가게 된다. 아울러 저자들은 PV-DM은 단어 등장 순서를
고려하는 방식으로 학습하기 때문에 순서 정보를 무시하는 백오브워즈 기법 대비 강
점이 있다고 주장한다.

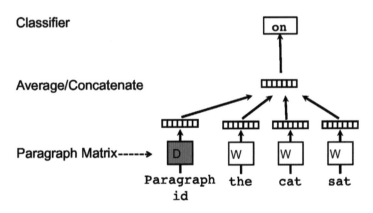

그림 5-6 Doc2Vec PV-DM(Le&Mikolov, 2014)

Le&Mikolov (2014)는 Word2Vec의 Skip-Gram 모델을 본뜬 PV-DBOWthe
Distributed Bag of Words version of Paragraph Vector도 제안했다. 그림 5-7과 같다. Skip-Gram
모델은 타깃 단어를 가지고 문맥 단어를 예측하는 과정에서 학습한다. 마찬가지로
PV-DBOW는 문서 ID를 가지고 문맥 단어를 맞춘다. 따라서 문서 ID에 해당하는
문서 임베딩엔 문서에 등장하는 모든 단어의 의미 정보가 반영된다.

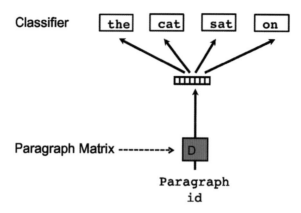

그림 5-7 Doc2Vec PV-DBOW(Le&Mikolov, 2014)

5.2.2 튜토리얼

Doc2Vec 임베딩을 하려면 학습 데이터를 준비해야 한다. 미리 처리된 데이터를 내려받거나(코드 5-9), 직접 구축(코드 5-10)할 수도 있다. 코드 5-9 혹은 코드 5-10을 실행해 데이터를 만들어놓자. 둘 중 하나를 실행하면 /notebooks/embedding/data/processed/processed_review_movieid.txt 파일이 생성된다.

코드 5-9 전처리 데이터 다운로드 `bash`

```bash
git pull origin master
bash preprocess.sh dump-processed
```

코드 5-10 Doc2Vec 학습 데이터 구축 `bash`

```bash
bash sentmodel.sh process-nsmc
```

학습 데이터 일부는 그림 5-8과 같다. 영화 댓글과 해당 영화의 ID가 라인 하나를 구성하고 있다. 우리는 영화 하나를 문서로 보고 Doc2Vec 모델을 학습할 예정이다. 따라서 그림 5-8처럼 92575(은밀하게 위대하게)라는 문서는 여러 개의 영화 댓글로 구성된다.

종합 평점은 4점 드립니다. ␞92575
원작이 칭송받는 이유는 웹툰 계 자체의 질적 저하가 심각하기 때문. 원작이나 영화나 별로인건 마찬가지. ␞92575
나름의 감동도 있고 안타까운 마음에 가슴도 먹먹 배우들의 연기가 good 김수현 최고~ ␞92575
(하략)

그림 5-8 Doc2Vec 학습 데이터 일부

코드 5-11은 Doc2Vec 입력 클래스가 정의된 것이다. Doc2Vec 모델 학습을 위해 파이썬 gensim 라이브러리의 Doc2Vec 클래스를 사용하는데 Doc2VecInput은 이 클래스가 요구하는 입력 형태를 맞춰주는 역할을 한다.

코드 5-11 Doc2Vec 입력 클래스 `python`

```python
from preprocess import get_tokenizer
from gensim.models.doc2vec import TaggedDocument

class Doc2VecInput:

    def __init__(self, fname, tokenizer_name="mecab"):
        self.fname = fname
        self.tokenizer = get_tokenizer(tokenizer_name)

    def __iter__(self):
        with open(self.fname, encoding='utf-8') as f:
            for line in f:
                try:
                    sentence, movie_id = line.strip().split("\u241E")
                    tokens = self.tokenizer.morphs(sentence)
                    tagged_doc = TaggedDocument(words=tokens,
                                                tags=['MOVIE_%s' % movie_id])
```

```
        yield tagged_doc
    except:
        continue
```

코드 5-12와 코드 5-13을 실행하면 output_fname 위치에 학습된 결과가 생성된다. 코드 5-12 Doc2Vec 클래스의 dm이라는 파라미터는 어떤 Doc2Vec 모델을 쓸지 결정하는 역할을 한다. 1이면 PV-DM, 0이면 PV-DBOW이다. 아무 값도 넣지 않으면 1(PV-DM)로 학습된다.

코드 5-12 Doc2Vec 학습 `python`

```python
from gensim.models import Doc2Vec

corpus_fname = "/notebooks/embedding/data/processed/processed_review_movieid.txt"
output_fname = "/notebooks/embedding/data/sentence-embeddings/doc2vec/doc2vec.model"
corpus = Doc2VecInput(corpus_fname)
model = Doc2Vec(corpus, dm=1, vector_size=100)
model.save(output_fname)
```

코드 5-13을 실행하면 코드 5-11과 코드 5-12를 모두 실행하는 것과 동일한 내용을 수행한다.

코드 5-13 Doc2Vec 학습 스크립트 `bash`

```bash
cd /notebooks/embedding
python models/sent_utils.py --method doc2vec \
  --input_path data/processed/processed_review_movieid.txt \
  --output_path data/sentence-embeddings/doc2vec/doc2vec.model
```

학습이 완료된 Doc2Vec 모델을 확인하고 평가해보려면 평가 클래스를 선언(코드 5-14)해야 한다. 이후 코드 5-15, 코드 5-16, 코드 5-17을 실행하면 각각의 내용을 확인해볼 수 있다. 그림 5-8에서 확인할 수 있듯 학습 데이터에는 영화 제목이 없기 때문에 **Doc2VecEvaluator** 클래스는 네이버 영화 사이트(https://movie.naver.com)에 접속해 해당 문서(영화 ID)에 맞는 제목을 스크래핑^{scraping}해온다.

코드 5-15를 /notebooks/embedding에서 실행해 쿼리가 될 만한 영화 ID를 확인한 뒤 해당 ID를 **most_similar** 함수의 인자로 줘서 쿼리가 되는 영화와 코사인 유사도가 가장 높은 영화 리스트를 출력하는 과정을 거치도록 구현했다. 코드 5-17을 실행하면 Doc2Vec 학습 데이터에 포함된 영화를 30개 랜덤 추출해 해당 벡터를 뽑고 그 벡터들을 시각화한다. 시각화 품질이 아주 좋은 건 아니기 때문에 시각화 결과는 LSA와 마찬가지로 참고용으로 활용하면 좋겠다.

코드 5-14 Doc2Vec 평가 클래스 선언 `python`

```python
from models.sent_eval import Doc2VecEvaluator
model = Doc2VecEvaluator("data/sentence-embeddings/doc2vec/doc2vec.model")
```

코드 5-15 Doc2Vec 학습 데이터에 포함된 영화 제목 추출 `python`

```python
model.get_titles_in_corpus(n_sample=3)
```

```
{'MOVIE36843': '러브 액츄얼리',
 'MOVIE19227': '스파이더맨',
 'MOVIE_24479': '스타워즈: 에피소드 1'}
```

코드 5-16 가장 관련성이 높은 영화 추출 `python`

```python
# 36843 : 러브 액츄얼리
model.most_similar(36843, topn=3)
```

```
우리, 사랑일까요? 0.7231771349906921
노팅 힐 0.7192620038986206
내 남자의 로맨스 0.7116434574127197
```

```python
model.visualize_movies(type="between")
model.visualize_movies(type="tsne")
```

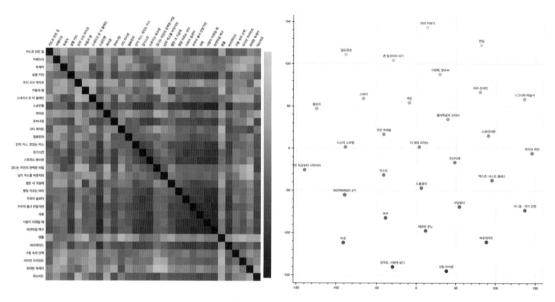

그림 5-9 Doc2Vec 시각화

5.3 잠재 디리클레 할당

잠재 디리클레 할당LDA, Latent Dirichlet Allocation이란 주어진 문서에 대하여 각 문서에 어떤 토픽(또는 주제)들이 존재하는지에 대한 확률 모형이다. 말뭉치 이면에 잠재된 토픽(또는 주제)을 추출한다는 의미에서 토픽 모델링topic modeling이라 부르기도 한다. 문서를 토픽 확률 분포로 나타내 각각을 벡터화한다는 점에서 LDA를 임베딩 기법의 일종으로 이해할 수도 있다.

5.3.1 모델 개요

LDA는 토픽별 단어의 분포, 문서별 토픽의 분포를 모두 추정해낸다. LDA의 개략적인 도식은 다음과 같다.

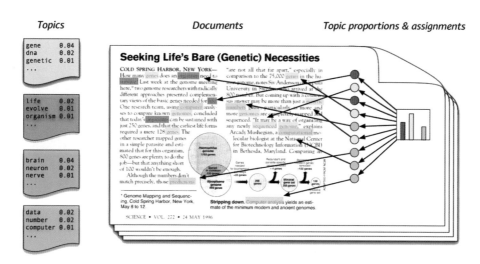

그림 5-10 LDA 개요(Blei, 2012)

우선 LDA는 특정 토픽에 특정 단어가 나타날 확률을 내어 준다. 예컨대 위 그림에서 노란색 토픽엔 gene 이라는 단어가 등장할 확률이 0.04, dna 는 0.02, genetic 은 0.01이다. 이 노란색 토픽은 대략 '유전자' 관련 주제라는 것을 알 수 있다.

이번엔 문서를 보자. 주어진 문서를 보면 파란색, 빨간색 토픽에 해당하는 단어보다는 노란색 토픽에 해당하는 단어들이 많다. 따라서 위 문서의 메인 주제는 노란색 토픽(유전자 관련)일 가능성이 크다. 이렇듯 문서의 토픽 비중 또한 LDA의 산출 결과물이다.

위 그림 우측에 있는 'Topic proportions & assignments'가 LDA의 핵심 프로세스다. LDA는 문서가 생성되는 과정을 확률 모형으로 모델링한 것이기 때문이다. 글쓰기를 예로 들면 이렇다.

우선 글감 내지 주제를 정해야 한다. 이후 실제 글을 작성할 때는 어떤 단어를 써야 할지 결정한다. LDA도 마찬가지다. 우선 말뭉치로부터 얻은 토픽 분포로부터 토픽을 뽑는다. 이후 해당 토픽에 해당하는 단어들을 뽑는다. 이것이 LDA가 가정하는 문서 생성 과정이다.

이제 반대 방향으로 생각해보자. 현재 문서에 등장한 단어들은 어떤 토픽에서 뽑힌 단어들일까? 이는 명시적으로 알기는 어렵다. 말뭉치에 등장하는 단어들 각각에 꼬리표가 달려 있는 것은 아니기 때문이다.

그런데 LDA는 이렇게 말뭉치 이면에 존재하는 정보를 추론해낼 수 있다. LDA에 잠재^{latent}라는 이름이 붙은 이유다. LDA의 학습은 바로 이러한 잠재 정보를 알아내는 과정이다.

5.3.2 아키텍처

LDA의 아키텍처, 즉 LDA가 가정하는 문서 생성 과정은 그림 5-11과 같다. D는 말뭉치 전체 문서 개수, K는 전체 토픽 수(하이퍼파라미터), N은 d번째 문서의 단어 수를 의미한다. 네모칸은 해당 횟수만큼 반복하라는 의미이며 동그라미는 변수를 가리킨다. 화살표가 시작되는 변수는 조건, 화살표가 향하는 변수는 결과에 해당한다. 우리가 관찰 가능한 변수는 d번째 문서에 등장한 n번째 단어 $w_{d,n}$이 유일하다(음영 표시). 우리는 이 정보만을 가지고 사용자가 지정하는 하이퍼파라미터 α, β를 제외한 모든 잠재 변수를 추정해야 한다.

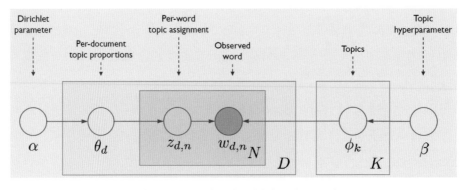

그림 5-11 그래피컬 모델로 나타낸 LDA(Blei, 2012)

그림 5-11에 따르면 토픽의 단어비중 ϕ_k는 하이퍼파라미터 β에 영향을 받는다. 이는 LDA에서 ϕ_k가 **디리클레 분포**^{Dirichlet distribution}를 따른다는 가정을 취하기 때문이다. LDA 기법에 디리클레라는 이름이 붙은 이유다.

ϕ_k는 k번째 토픽에 해당하는 벡터다. 말뭉치 전체의 단어 개수만큼의 길이를 가졌다. 예컨대 ϕ_1은 표 5-2의 단어-토픽 행렬의 첫 번째 열이다. 마찬가지로 ϕ_2는 두 번째, ϕ_3은 세 번째 열 벡터다. ϕ_k의 각 요소 값은 해당 단어가 k번째 토픽에서 차지하는 비중을 나타낸다. ϕ_k의 각 요소는 확률이므로 모든 요소의 합은 1이 된다(다음 표 기준으로는 열의 합이 1).

표 5-2 단어-토픽 행렬

단어	토픽1	토픽2	토픽3
야구	0.000	0.000	0.200
농구	0.000	0.000	0.267
권투	0.000	0.000	0.133
돈	0.231	0.313	0.400
수익	0.000	0.312	0.000
이자율	0.000	0.312	0.000
민주당	0.269	0.000	0.000
자유한국당	0.115	0.000	0.000
전당대회	0.192	0.000	0.000
대통령	0.192	0.063	0.000

θ_d는 d번째 문서가 가진 토픽 비중을 나타내는 벡터다. 전체 토픽 개수 K만큼의 길이를 가진다. 예컨대 θ_1은 표 5-3의 문서-토픽 행렬에서 첫 번째 행 벡터, θ_5는 다섯 번째 행 벡터가 된다. θ_d의 각 요소 값은 k번째 토픽이 해당 d번째 문서에서 차지하는 비중을 나타낸다. θ_d는 확률이므로 모든 요소의 합은 1이 된다(표 5-3 기준으로는 행의 합이 1). θ_d는 하이퍼파라미터 α에 영향을 받는다. 이는 LDA에서 문서의 토픽 비

중 θ_d가 디리클레 분포를 따른다는 가정을 취하기 때문이다. LDA의 학습이 끝나면 우리는 표 5-3의 행 벡터들을 각 문서가 3차원으로 표현된 문서 임베딩으로 활용할 수 있다.

표 5-3 문서-토픽 행렬

문서	토픽1	토픽2	토픽3
문서1	0.400	0.000	0.600
문서2	0.000	0.600	0.400
문서3	0.375	0.625	0.000
문서4	0.000	0.375	0.625
문서5	0.500	0.000	0.500
문서6	0.500	0.500	0.000

그림 5-11에서 마지막 남은 $z_{d,n}$을 살펴보자. $z_{d,n}$은 d번째 문서 n번째 단어가 어떤 토픽인지를 나타내는 변수다. 이 변수는 d번째 문서의 토픽 확률 분포 θ_d에 영향을 받는다. 예컨대 세 번째 문서에 속한 단어들은 토픽2일 가능성이 높다. 표 5-3의 문서-주제 행렬을 보면 문서3에서 토픽1과 토픽2가 뽑힐 확률이 각각 0.375, 0.625이기 때문이다.

$w_{d,n}$은 d번째 문서 내에 n번째로 등장하는 단어(우리가 말뭉치에서 관찰할 수 있는 유일한 데이터)를 가리킨다. 이는 ϕ_k와 $z_{d,n}$에 동시에 영향을 받는다. 의미는 이렇다. 직전 예시에서 $z_{3,1}$(3번째 문서 첫 번째 단어의 주제)가 토픽2라고 가정하자. 이제 ϕ_2를 보자. 그러면 $w_{3,1}$(3번째 문서 첫 번째 단어)은 돈이 될 가능성이 높다. 토픽2의 단어 분포 가운데 돈이 0.313으로 가장 높기 때문이다.

LDA는 토픽의 단어 분포(ϕ)와 문서의 토픽 분포(θ)의 결합으로 문서 내 단어들이 생성된다고 가정한다. LDA의 학습은 실제 관찰 가능한 말뭉치(문서와 단어)를 가지고 우리가 알고 싶은 토픽의 단어 분포, 문서의 토픽 분포를 추정하는 과정이다. LDA가 가정하는 문서 생성 과정이 합리적이라면 해당 확률 모델이 우리가 갖고 있는 말뭉치를 제대로 설명할 수 있을 것이다. 바꿔 말해 토픽의 단어 분포와 문서의 토픽 분포의 **결합 확률**joint probability이 커지도록 해야 한다는 이야기다. 수식 5-3은 LDA에서 가정한 단어 생성 과정을 수식으로 나타낸 것이다.

수식 5-3 LDA의 단어 생성 과정

$$p(\phi_{1:K}, \theta_{1:D}, z_{1:D}, w_{1:D}) =$$
$$\prod_{i=1}^{K} p(\phi_i|\beta) \prod_{d=1}^{D} p(\theta_d|\alpha) \left\{ \prod_{n=1}^{N} p(z_{d,n}|\theta_d) p(w_{d,n}|\phi_{1:K}, z_{d,n}) \right\}$$

수식 5-3에서 사용자가 지정한 하이퍼파라미터 α, β와 우리가 말뭉치로부터 관찰 가능한 $w_{d,n}$을 제외한 모든 변수가 미지수가 된다. 따라서 우리는 $p(z, \phi, \theta|w)$를 최대로 만드는 z, ϕ, θ를 찾아야 한다. 다시 말해 우리가 구해야 할 **사후확률**posterior probability 분포가 바로 $p(z, \phi, \theta|w) = p(z, \phi, \theta, w)/p(w)$라는 것이다. 이것이 LDA 모델의 학습이다.

이 사후확률을 직접 계산하려면 사후확률 분포의 분모가 되는 $p(w)$를 반드시 구해야 한다. 이는 베이지안 확률 모델에서 증거evidence라고 부른다. $p(w)$는 잠재변수 z, ϕ, θ의 모든 경우의 수를 고려한 각 단어(w)의 등장 확률을 가리킨다. 그러나 z, ϕ, θ는 우리가 직접 관찰하는 게 불가능할뿐더러, $p(w)$를 구할 때 z, ϕ, θ의 모든 경우를 감안해야 하기 때문에, 결과적으로 $p(w)$를 계산하는 것이 어렵다. 이 때문에 **깁스 샘플링** gibbs sampling 같은 표본 추출 기법을 사용해 사후확률을 근사approximation하게 된다.

깁스 샘플링이란 나머지 변수는 고정시킨 채 하나의 랜덤변수만을 대상으로 표본을 뽑는 기법이다. LDA에서는 사후확률 분포 $p(z, \phi, \theta|w)$를 구할 때 토픽의 단어분포(ϕ)와 문서의 토픽 분포(θ)를 계산에서 생략하고 토픽(z)만을 추론한다. z만 알 수 있으면 이걸로 나머지 변수(ϕ, θ)를 계산할 수 있도록 모델을 설계했기 때문이다. d번째 문서 n번째 단어($w_{d,n}$)가 실제 j번째 토픽이 될 확률을 깁스 샘플링을 적용해 구하면 수식 5-4와 같다. 이 수식의 표기를 정리한 표는 표 5-4와 같다.

$$p(z_{d,i} = j | z_{-i}, w) = \frac{n_{d,k} + \alpha_j}{\sum_{i=1}^{K} (n_{d,i} + \alpha_i)} \times \frac{v_{k,w_{d,n}} + \beta_{w_{d,n}}}{\sum_{j=1}^{V} (v_{k,j} + \beta_j)} = AB$$

표 5-4 LDA 변수 표기법

표기	내용
$n_{d,k}$	k번째 토픽에 할당된 d번째 문서의 단어 빈도
$v_{k,w_{d,n}}$	전체 말뭉치에서 k번째 토픽에 할당된 단어 $w_{d,n}$의 빈도
$w_{d,n}$	d번째 문서에 n번째로 등장한 단어
α	문서의 토픽 분포 생성을 위한 디리클레 분포 파라미터
β	토픽의 단어 분포 생성을 위한 디리클레 분포 파라미터
K	사용자가 지정하는 토픽 수
V	말뭉치에 등장하는 전체 단어 수
A	d번째 문서가 k번째 토픽과 맺고 있는 연관성 정도
B	d번째 문서의 n번째 단어($w_{d,n}$)가 k번째 토픽과 맺고 있는 연관성 정도

5.3.3 LDA와 깁스 샘플링

이제 LDA가 각 단어에 잠재된 주제를 추론하는 방식을 살펴본다. 예컨대 표 5-5와 같이 단어 5개로 구성된 문서1의 모든 단어에 주제(z)가 이미 할당돼 있다고 가정해 보자. LDA는 초기에 이렇게 문서 전체의 모든 단어의 주제를 랜덤하게 할당을 하고 학습을 시작하기 때문에 이렇게 가정하는 게 큰 무리가 없다. 토픽 수는 사용자가 3개로 이미 지정해 놓은 상태라고 하자.

표 5-5 문서1의 단어별 토픽 분포(θ)

$z_{1,i}$	3	2	1	3	1
$w_{1,n}$	천주교	무역	가격	불교	시장

표 5-5를 읽는 방법은 이렇다. 문서1의 첫 번째 단어(w_{11} = 천주교)의 주제(z_{11})는 3번 토픽이다. 마찬가지로 문서1의 세 번째 단어(w_{13} = 가격)의 주제(z_{13})는 1번 토픽이다. 이런 방식으로 말뭉치 전체 문서 모든 단어에 토픽이 이미 할당됐다고 가정하자. 우리는 이로부터 표 5-6을 만들 수 있다. 전체 문서 모든 단어에 달린 주제들을 일일이 세어서 만든다. 같은 단어라도 토픽이 다를 수 있기 때문(예컨대 의학에서의 배 와 무역업에서의 배 는 다른 의미로 사용됨)에 각 단어별로 토픽 분포가 생겨난다.

표 5-6 단어-토픽 행렬

단어	토픽1	토픽2	토픽3
천주교	1	0	35
시장	50	0	1
가격	42	1	0
불교	0	0	20
무역	10	8	1
…	…	…	…

이제 깁스 샘플링으로 문서1 두 번째 단어의 잠재된 토픽이 무엇인지 추론해볼 차례다. 깁스 샘플링을 적용하기 위해 문서1의 두 번째 단어의 토픽 정보를 지우자. 이미 설명했듯이 깁스 샘플링은 나머지 변수는 고정시킨 채 하나의 변수(z)만을 뽑는 방식이기 때문에 이렇게 시행한다. 어쨌든 이 단어의 토픽 정보를 지우면 표 5-5와 표 5-6은 각각 표 5-7, 표 5-8처럼 바뀐다.

표 5-7 문서1의 단어별 토픽 분포

z_{i}	3	?	1	3	1
$w_{1,n}$	천주교	무역	가격	불교	시장

표 5-8 단어-토픽 행렬

단어	토픽1	토픽2	토픽3
천주교	1	0	35
시장	50	0	1
가격	42	1	0
불교	0	0	20
무역	10	8-1	1
...	...	...	...

표 5-7을 보면 두 번째 단어(무역)의 토픽 정보를 지우게 되면서 문서1의 주제는 1번, 3번 토픽이 절반씩 존재하고, 2번 토픽은 없어진 것을 확인할 수 있다. 수식 5-4의 A값은 같은 문서 내 단어들의 토픽 분포(θ)에 영향을 받는다. 이를 그림으로 나타내면 그림 5-12와 같다.

그림 5-12 문서1 두 번째 단어의 토픽 추론 (1)

표 5-8을 보면 우리의 관심인 무역이라는 단어의 토픽은 토픽1일 가능성이 제일 높다. 수식 5-4의 B값은 토픽의 단어 분포(ϕ)에 영향을 받는다. 이를 그림으로 나타내면 그림 5-13과 같다.

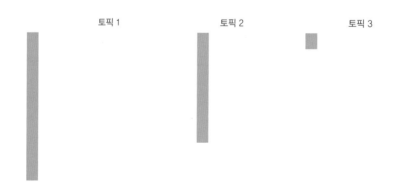

그림 5-13 문서1 두 번째 단어의 토픽 추론 (2)

문서1 두 번째 단어의 토픽은 수식 5-4의 *A*와 *B*의 곱으로 도출된다. *A*와 *B*를 각각 직사각형 높이와 너비로 둔다면 문서1 두 번째 단어의 주제가 토픽1, 토픽2, 토픽3이 될 확률은 각각 그림 5-14의 직사각형들의 넓이로 이해할 수 있다. 그림 5-14에서 문서1 두 번째 단어의 주제는 토픽1에 할당될 가능성이 제일 크지만 토픽3에 할당될 가능성도 작지만 아주 없는 건 아니다. 확률적인 방식으로 토픽을 부여하기 때문이다.

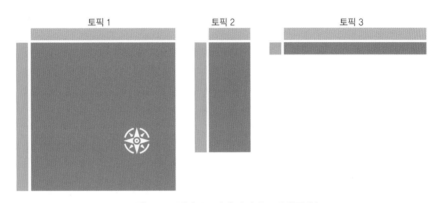

그림 5-14 문서1 두 번째 단어의 토픽 추론 (3)

이런 방식으로 모든 문서, 모든 단어에 관해 깁스 샘플링을 수행하면 모든 단어마다 토픽을 할당해줄 수가 있게 된다. 다시 말해 표 5-8을 완성할 수 있다는 이야기다. 보통 1000회~1만 회 반복 수행하면 그 결과가 수렴한다고 한다. 우리는 이를 토대로 문서의 토픽 분포(θ), 토픽의 단어 분포(ϕ) 또한 구할 수 있게 된다. 예컨대 θ의 경우 각 문서에 어떤 단어가 쓰였는지 조사해 그 단어의 토픽 분포를 더해주는 방식으로 계산한다.

5.3.4 튜토리얼

코드 5-18을 실행해 LDA 학습 데이터를 내려받는다. 네이버 영화 말뭉치를 `soynlp`로 띄어쓰기 교정한 결과를 LDA의 학습 데이터로 사용한다. 자세한 전처리 과정은 3장을 참고하면 된다.

```bash
git pull origin master
bash preprocess.sh dump-processed
```

코드 5-19는 LDA 모델 피처feature를 생성하는 역할을 한다. LDA의 입력값은 문서 내 단어의 등장 순서를 고려하지 않고 해당 단어가 몇 번 쓰였는지 그 빈도만을 따진다. 그런데 노잼! 노잼! 노잼! 같이 특정 단어가 중복해 쓰인 문서가 있다면 해당 문서의 토픽 분포가 한쪽으로 너무 쏠릴 염려가 있다. 이 때문에 토큰의 순서를 고려하지 않고 중복을 제거한 형태(set)로 LDA 피처를 만든다.

코드 5-19 LDA 피처 생성 python

```python
from gensim import corpora
from preprocess import get_tokenizer

corpus_fname = "/notebooks/embedding/data/processed/corrected_ratings_corpus.txt"

documents, tokenized_corpus = [], []
tokenizer = get_tokenizer("mecab")

with open(corpus_fname, 'r', encoding='utf-8') as f:
    for document in f:
        tokens = list(set(tokenizer.morphs(document.strip())))
        documents.append(document)
        tokenized_corpus.append(tokens)
dictionary = corpora.Dictionary(tokenized_corpus)
corpus = [dictionary.doc2bow(text) for text in tokenized_corpus]
```

코드 5-20을 수행하면 LDA를 학습하고 그 결과를 확인할 수 있다. LdaMulticore에서 num_topics는 토픽 수(K)에 해당하는 파라미터다. get_document_topics라는 함수는 학습이 끝난 LDA 모델로부터 각 문서별 토픽 분포를 리턴한다. minimum_probability 인자를 0.5를 줬는데, 이는 0.5 미만의 토픽 분포는 무시한다는 뜻이다. 확률의 합은 1이기 때문에 minimum_probability=0.5를 주면 결과적으로 해당 문서에서 가장 높은 확률 값을 지닌 토픽만 추출할 수 있게 된다. 예컨대 0번 문서는 전체 30개 토픽 가운데 26번에 해당하는 토픽의 확률 값이 제일 높으며 그 값은 0.9028이다. 3번 문서의 경우 전체 토픽 가운데 0.5를 넘는 토픽이 없음을 확인할 수 있다.

코드 5-20 LDA 학습 및 결과 확인 `python`

```python
from gensim.models import ldamulticore
LDA = ldamulticore.LdaMulticore(corpus, id2word=dictionary,
                                num_topics=30,
                                workers=4)
all_topics = LDA.get_document_topics(corpus,
                                     minimum_probability=0.5,
                                     per_word_topics=False)
for doc_idx, topic in enumerate(all_topics[:5]):
    print(doc_idx, topic)
```

```
0 [(26, 0.90281886)]
1 [(16, 0.8259345)]
2 [(9, 0.6249801)]
3 []
4 [(2, 0.92970675)]
```

/notebooks/embedding에서 코드 5-21을 실행하면 input_path에 있는 데이터로 LDA를 학습한 뒤 output_path에 그 결과를 저장한다. 코드 5-19와 코드 5-20의 실행 결과와 동일하다. 이후 평가를 진행하기 위해 코드 5-22를 실행하자.

코드 5-21 LDA 학습 스크립트 `bash`

```bash
python models/sent_utils.py --method latent_dirichlet_allocation \
  --input_path /notebooks/embedding/data/processed/corrected_ratings_corpus.txt \
  --output_path /notebooks/embedding/data/sentence-embeddings/lda/lda
```

코드 5-22 LDA 평가 모듈 선언 `python`

```python
from models.sent_eval import LDAEvaluator
model = LDAEvaluator("data/sentence-embeddings/lda/lda")
```

show_topic_docs 함수에 토픽 ID를 인자로 주어 실행하면 해당 토픽 확률 값이 가장 높은 문서를 출력한다. 코드 5-23과 같다. 0번 토픽은 아련, 감동, 아까움 등의 주제와 관련이 있는 것으로 보인다.

코드 5-23 토픽별 문서 확인 `python`

```python
model.show_topic_docs(topic_id=0)
```

[('깊은 가을...계절과 애나의 눈빛, 애나와 훈의 아련함이 잘 어울리는 영화. 김태용감독의 연출력이 역시나 좋네요.', 0.9654488),
 ('그들의 눈 빛을 잊을 수 없다. 감동적이고 순수한, 그래서 더 가슴아픈 영화', 0.9579676), ('갯벌에서 진주를 찾은 것만 같은 명작이다! 계속 전진해(Keep moving forward!)', 0.95524514),
 ('한국말 제목으로 묻히기엔 아까운 영화.... 좋은 영화다 ㅠㅠ her 같은 감동이 있다.', 0.9539084),
 (하략)

코드 5-24는 해당 토픽 ID에서 가장 높은 확률 값을 지니는 단어들 목록을 확인하는 내용이다. 어미나 조사가 많이 끼어 있음을 확인할 수 있다. LDA의 품질을 끌어올리기 위해 피처를 만드는 과정에서 명사만 쓰기도 한다.

코드 5-24 토픽별 단어 확인 `python`

```python
model.show_topic_words(topic_id=0)
```

[('.', 0.054752123), ('이', 0.030780185), ('다', 0.0228402), ('영화', 0.020192076), ('..', 0.015984913), ('는', 0.015623615), ('고', 0.0153041845), ('아까운', 0.015294711), ('에', 0.01489676), ('의', 0.014723353)]

`show_new_document_topic` 함수는 새로운 문서의 토픽을 확인하는 역할을 한다. 문서를 형태소 분석한 뒤 이를 LDA 모델에 넣어 토픽을 추론해 가장 높은 확률 값을 지니는 토픽 ID와 그 확률을 리턴한다. 해당 문서의 토픽 분포 가운데 0.5를 넘는 지배적인 토픽이 존재하지 않을 경우 there is no dominant topic 메시지를 리턴한다.

코드 5-25 새로운 문서의 토픽 확인 `python`

```python
model.show_new_document_topic(["너무 사랑스러운 영화", "인생을 말하는 영화"])
```

```
너무 사랑스러운 영화 , topic id: 20 , prob: 0.80666286
인생을 말하는 영화 , there is no dominant topic
```

5.4 ELMo

ELMo[Embeddings from Language Models](Peters et al., 2018)는 미국 연구기관 앨런에이아이[Allen Insititute for Artificial Intelligence]와 미국 워싱턴대학교 공동연구팀이 발표한 문장 임베딩 기법이다. 컴퓨터 비전[computer vision] 분야에서 널리 쓰이고 있었던 전이 학습[transfer learning]을 자연어 처리에 접목해 주목받았다. 전이 학습이란 이미 학습된 모델을 다른 딥러닝 모델의 입력값 또는 부분으로 재사용하는 기법을 일컫는다.

ELMo가 제안된 이후 자연어 처리 분야에서는 모델을 프리트레인[pretrain]한 뒤 이를 각종 다운스트림 태스크[downstream task]에 적용하는 양상이 일반화됐다. BERT[Bidirectional Encoder Representations from Transformer], GPT[Generative Pre-Training] 등이 바로 그것이다. 프리트레인이란 사전 학습을 가리키며 다운스트림 태스크란 분류, 군집화 등 우리가 풀고 싶은 구체적 문제들을 일컫는다. 프리트레인한 모델을 다운스트림 태스크에 맞게 업데이트하는 과정을 파인 튜닝[fine-tuning]이라고 한다.

전이 학습 또는 파인 튜닝은 사람의 학습에 비유할 수 있다. 사람도 무언가를 배울 때 제로에서 시작하지 않는다. 평생 쌓아 온 지식을 바탕으로 새로운 사실을 빠르게 이해한다. 전이 학습 모델 역시 제로부터 시작하지 않는다. 대규모 말뭉치를 미리 학습한 임베딩 모델은 프리트레인 과정에서 습득한 의미적, 문법적 관계 정보 등을 활용해 분류 등 여러 가지 다운스트림 태스크를 빠르게 잘 할 수 있게 된다.

ELMo는 언어 모델language model이다. 단어 시퀀스가 얼마나 자연스러운지 확률 값을 부여한다. ELMo는 입력 단어 시퀀스 다음에 어떤 단어가 올지 맞추는 과정에서 학습된다. 예컨대 말뭉치에 `발 없는 말이 천리` 라는 단어 시퀀스 다음에 `간다` 라는 단어가 자주 등장했다면, 모델은 `발 없는 말이 천리`를 입력받아 `간다`를 출력해야 한다.

ELMo는 크게 세 가지 요소로 구성돼 있다. 첫 번째는 문자 단위 **컨볼루션 신경망**Convolutional Neural Network이다. 첫 번째 레이어에서는 각 단어 내 문자들 사이의 의미적, 문법적 관계를 도출한다. 두 번째는 **양방향 LSTM 레이어**Bi-directional LSTM layer다. 이 레이어에서는 단어들 사이의 의미적, 문법적 관계를 추출해내는 역할을 한다.

마지막으로 ELMo 레이어가 있다. 문자 단위 컨볼루션 신경망과 양방향 LSTM 레이어는 ELMo를 프리트레인하는 과정에서 학습된다. 하지만 ELMo 레이어는 프리트레인이 끝난 이후 구체적인 다운스트림 태스크를 수행하는 과정에서 학습된다. ELMo 레이어는 (1) 문자 단위 컨볼루션 신경망 출력 벡터 (2) 양방향 LSTM 레이어의 출력 벡터 등을 가중합하는 방식으로 계산된다. 이들 가중치들은 다운스트림 태스크의 학습 손실을 최소화하는 방향으로 조금씩 업데이트되면서 학습된다. 이 절에서는 각 구성 요소를 차례대로 살펴본다.

5.4.1 문자 단위 컨볼루션 레이어

ELMo의 입력은 문자다. 좀 더 구체적으로 말하자면 해당 문자에 대응하는 유니코드 ID다. 예컨대 `밥`이라는 단어를 입력해야 한다면 해당 단어를 유니코드로 변환한다. 한글 유니코드 블록은 UTF-8에서 3바이트byte로 표현되기 때문에 `밥`의 유니코드를 10진수로 바꾸면 `235, 176, 165` 세 개 숫자가 된다.

ELMo는 몇 가지 처리를 더 한다. 우선 단어의 시작^{begin of word}을 의미하는 스페셜 토큰 <BOW>, 단어의 끝^{end of word}을 알리는 <EOW>에 해당하는 ID를 🍚의 유니코드 앞뒤로 붙인다. 이후 문자 임베딩 행렬^{character embedding matrix}(그림 5-15의 왼쪽 행렬)에서 각각의 ID에 해당하는 행 벡터를 참조해 붙인다. 마지막으로 이렇게 만든 행렬의 행 개수가 사용자가 정한 max_chracters_per_token보다 작을 경우 그 차이만큼을 스페셜 토큰 <PAD>에 해당하는 행^{row} 벡터로 채워준다.

코드 5-26은 data.py의 UnicodeCharsVocabulary를 일부 발췌한 것으로 문자 임베딩 행렬에서 어떤 행을 불러올지 그 ID를 생성하는 내용이다. 그림 5-15는 🍚이라는 단어의 컨볼루션 신경망 입력값이 어떻게 만들어지는지 시각화한 것이다.

코드 5-26 ELMo 입력 ID 시퀀스 만들기

```python
class UnicodeCharsVocabulary(Vocabulary):

    def __init__(self, filename, max_word_length, **kwargs):
        super(UnicodeCharsVocabulary, self).__init__(filename, **kwargs)
        self._max_word_length = max_word_length
        self.bos_char = 256  # <begin sentence>
        self.eos_char = 257  # <end sentence>
        self.bow_char = 258  # <begin word>
        self.eow_char = 259  # <end word>
        self.pad_char = 260  # <padding>

    def _convert_word_to_char_ids(self, word):
        code = np.zeros([self.max_word_length], dtype=np.int32)
        code[:] = self.pad_char
        word_encoded = word.encode('utf-8', 'ignore')[:(self.max_word_length-2)]
        code[0] = self.bow_char
        for k, chr_id in enumerate(word_encoded, start=1):
            code[k] = chr_id
        code[len(word_encoded) + 1] = self.eow_char
        return code
```

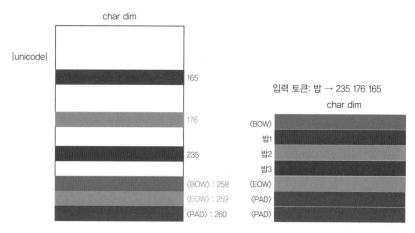

그림 5-15 ELMo의 CNN 입력값 만들기

ELMo의 문자 단위 컨볼루션 신경망은 그림 5-15에서 만든 **밥**의 임베딩 행렬을 계산해 문자 사이의 의미적, 문법적 관계를 추출하고 최종적으로는 **밥**이라는 단어의 벡터를 만들어내는 역할을 한다. 그 과정의 얼개는 그림 5-16과 같다. 그림 5-16의 경우 **컨볼루션 필터**^{convolution filter}의 크기는 2 × 문자 임베딩의 차원 수다. 이 필터는 한 번 연산할 때마다 두 개의 문자를 보게 된다. 처음에 보는 대상은 **<BOW>, 밥1**을 보고 노란색 **피처맵**^{feature map} 벡터의 첫 번째 값(초록색 값)을 만든다. 그다음엔 한 칸 밑으로 내려가서 **밥1, 밥2**를 보고 피처맵 벡터의 두 번째 값(빨간색 값)을 만든다. 이렇게 하나씩 슬라이딩해 가면서 피처맵 요소 값들을 모두 채운다. 그러고 난 뒤 이 피처맵에서 가장 큰 값 하나만 뽑아 파란색 **풀링 벡터**^{pooling vector}의 첫 번째 값으로 삼는다 (max pooling).

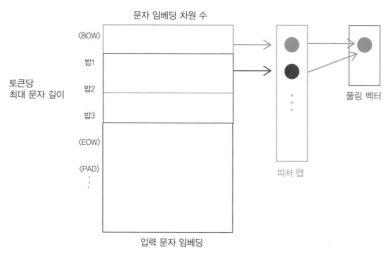

그림 5-16 ELMo character CNN

이번엔 같은 크기(2×문자 임베딩의 차원 수)의 컨볼루션 필터를 하나 더 만들고 동일한 과정을 거쳐서 풀링 벡터의 두 번째 값으로 삼는다. 이 컨볼루션 필터는 첫 번째 필터와는 독립적으로 학습된다. 이를 사용자가 지정한 횟수만큼 반복한다. 이렇게 되면 사용자가 지정한 횟수만큼의 차원 수를 가진 풀링 벡터를 얻을 수 있다. ELMo의 original 모델에서는 코드 5-27의 필터들을 사용해 컨볼루션 연산을 시행한다. 문자를 하나씩 보는 컨볼루션 필터(1×문자 임베딩의 차원 수)를 32개, 두 개씩 보는 컨볼루션 필터 32개, …, 일곱 개씩 보는 컨볼루션 필터 1,024개를 쓴다는 이야기다. 예컨대 [7, 1024]로 설정할 경우 이 단계에서 만들어내는 피처맵 벡터의 수와 풀링 벡터의 차원 수는 모두 1024가 된다. 코드 5-27에서는 컨볼루션 필터를 일곱 종류를 모두 쓰고 있다.

코드 5-27 ELMo original 모델의 컨볼루션 필터 설정

```
{'filters': [[1, 32],
             [2, 32],
             [3, 64],
             [4, 128],
             [5, 256],
```

```
        [6, 512],
        [7, 1024]]}
```

그림 5-17은 그림 5-16에서 만든 풀링 벡터들을 이어 붙인 뒤^{concatenate} 하이웨이 네트워크^{highway network}와 차원 조정^{projection}을 하는 과정을 시각화한 것이다. 그림 5-17은 컨볼루션 필터가 3가지 종류일 때를 가정했다. 만약 코드 5-27처럼 일곱 종류의 필터를 사용한다면 이어 붙이는 대상이 되는 풀링 벡터 또한 7개가 된다. 이어 붙인 벡터의 차원 수는 각 풀링 벡터 차원 수의 총합이 된다. 예컨대 코드 5-27에서처럼 컨볼루션 필터를 사용한다면 이어 붙인 벡터의 차원 수는 $32+32+64+128+256+512+1024=2048$ 이 된다.

하이웨이 네트워크(노트 참조)란 입력값을 변환하거나 우회하여 깊은 네트워크 학습을 가속화하는 딥러닝 학습 기법이다. 2015년 ICML에서 제안된 방법이다. Peters et al. (2018)이 하이웨이 네트워크와 차원 조정을 양방향 LSTM 레이어 입력 전에 적용한 이유는 문자 단위 컨볼루션 레이어를 통과한 단어 임베딩의 차원 수가 지나치게 커 이후 레이어 학습에 방해가 될 수 있어서인 것으로 보인다. 하이웨이 네트워크와 차원 조정까지 수행하게 되면 문자 단위 컨볼루션 레이어에서의 계산이 종료된다. 드디어 밥이라는 단어에 해당하는 임베딩을 만들게 된 것이다. 이 임베딩에는 해당 단어 내의 문자들 사이의 의미적, 문법적 관계가 함축돼 있다.

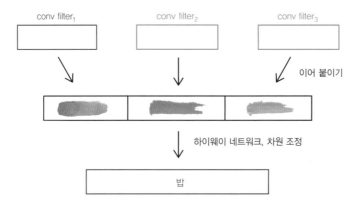

그림 5-17 ELMo 양방향 LSTM 레이어 입력값 만들기

딥러닝 모델은 말단에서 모델의 예측 결과와 정답과의 손실을 비교해 그 손실을 줄이는 방향으로 모델 파라미터를 업데이트하는 과정에서 학습된다. 하지만 모델이 깊을수록 (즉, 레이어가 많을수록) 학습이 잘 되지 않는 경향을 보인다. 손실을 최소화하는 그래디언트가 모든 모델 파라미터에 잘 전파돼야 하는데, 깊은 모델에서는 계산 경로path가 길어 그래디언트 전파가 비효율적이기 때문이다. 이에 Srivastava et al. (2015)은 입력값이 바로 통과될 수 있는 우회 경로를 만든 새로운 레이어를 제안했다. 이른바 하이웨이 네트워크다.

수식 1은 **피드포워드 뉴럴 네트워크**feedforward neural network 레이어 하나를 의미한다(간결한 표기를 위해 바이어스 항 생략). 다시 말해 이 레이어의 입력값은 벡터 **x**이고, 여기에 $\mathbf{W_H}$를 내적한 뒤 **비선형 활성함수**activation function를 취한 결과가 벡터 **y**다.

수식 1 피드포워드 뉴럴 네트워크

$$\mathbf{y} = \mathrm{H}(\mathbf{x}, \mathbf{W_H})$$

수식 1을 텐서플로 코드로 표현하면 코드 1과 같다.

코드 1 피드포워드 뉴럴 네트워크

```
y = tf.nn.relu(tf.matmul(x, w_h) + b_h)
```

Srivastava et al. (2015)은 두 개의 게이트gate를 설정했다. 하나는 변형 게이트 T다. 이 게이트는 입력값을 얼마나 변형할지 결정한다. 나머지 하나는 캐리carry 게이트다. 입력 벡터 **x**를 얼마나 변형하지 않을지 결정한다. Srivastava et al. (2015)은 캐리 게이트 C를 1 − T로 설정했다. 하이웨이 네트워크는 수식 2와 같다.

$$\mathbf{y} = H(\mathbf{x}, \mathbf{W_H}) \cdot T(\mathbf{x}, \mathbf{W_T}) + \mathbf{x} \cdot C(\mathbf{x}, \mathbf{W_C})$$
$$= H(\mathbf{x}, \mathbf{W_H}) \cdot T(\mathbf{x}, \mathbf{W_T}) + \mathbf{x} \cdot (1 - T(\mathbf{x}, \mathbf{W_T}))$$

코드 2는 수식 2를 텐서플로 코드로 구현한 것이다. transform_gate는 시그모이드 함수가 취해진 결과이기 때문에 0~1 사이의 값을 갖는다. transform_gate가 1이라면 수식 1의 피드포워드 뉴럴 네트워크와 동일하다. 다시 말해 이번 레이어에서 입력값을 100% 변형한다는 뜻이다. transform_gate가 0이라면 $\mathbf{y} = \mathbf{x}$다. 따라서 이번 레이어에서는 입력값에 어떤 변형도 가하지 않고 다음 레이어로 보낸다.

하이웨이 네트워크를 적용하면 입력값이 특정 레이어를 건너뛰고 다음 레이어로 갈 수 있는 지름길을 만들 수 있다. 그래디언트가 흐를 수 있는 일종의 고속도로가 생긴 셈이다.

코드 2 하이웨이 네트워크

```
h = tf.nn.relu(tf.matmul(x, w_h) + b_h)
transform_gate = tf.nn.sigmoid(tf.matmul(x, w_t) + b_t)
carry_gate = 1 - transform_gate
y = h * transform_gate + x * carry_gate
```

5.4.2 양방향 LSTM, 스코어 레이어

문자 단위 컨볼루션 신경망은 문자들을 입력받아 단어 벡터를 반환한다. 이렇게 만든 단어 벡터 시퀀스가 그림 5-18의 맨 하단 보라색 벡터들이다. ELMo는 문장의 시작을 가리키는 스페셜 토큰 <BOS>, 문장의 끝을 알리는 <EOS> 또한 단어 시퀀스 앞뒤로 붙여 학습한다.

문자 단위 컨볼루션 신경망을 통과한 단어 벡터들은 두 개의 LSTM 레이어에 똑

같이 입력된다. 하나는 순방향^{forward} LSTM 레이어, 나머지는 역방향^{backward} LSTM 레이어다. 순방향, 역방향 레이어는 각각 n개의 LSTM 레이어로 구성된다. 그림 5-18과 ELMo 기본 모델 모두 $n = 2$로 설정해 두고 있다.

아울러 LSTM 레이어와 레이어 사이에는 사용자가 주는 옵션에 따라 차원 조정을 실시할 수도 있다. 예컨대 LSTM 셀의 히든 벡터 크기(dim)가 1024이고 projection_dim이 128이라면 순방향 첫 번째 레이어의 LSTM 셀은 1024로 계산되다가 순방향 두 번째 레이어 LSTM 셀로 보내기 직전에 가중치 매트릭스를 곱해 이를 128차원으로 줄이고, 순방향 두 번째 레이어의 LSTM 셀은 이를 다시 1024차원으로 늘린다.

ELMo에는 LSTM 레이어에 레지듀얼 커넥션^{residual connection} 기법 또한 적용돼 있다. 입력값이 일부 계산 노드를 건너뛸 수 있도록 해 효율적인 그래디언트 전파를 돕는다.

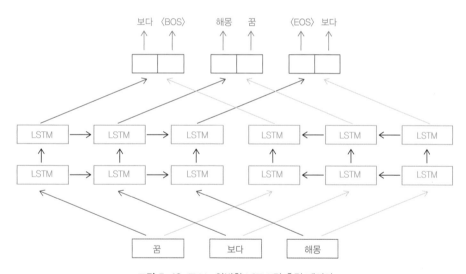

그림 5-18 ELMo 양방향 LSTM 및 출력 레이어

ELMo 모델이 프리트레인할 때는 단어 시퀀스가 주어졌을 때 그다음 단어가 무엇인지 맞춰야 한다. 예컨대 순방향이라면 꿈이 주어지면 보다를 맞춰야 하는 것이다. 이렇게 거대한 말뭉치를 단어 하나씩 슬라이딩해 가면서 그 다음 단어가 무엇인지 맞추는 과정을 반복하다 보면 문장 내에 속한 단어들 사이의 의미적, 문법적 관계들을 ELMo 모델이 이해할 수 있게 된다.

다음 단어를 맞추는 역할을 하는 **손실 레이어**^{loss layer}는 이렇게 구성돼 있다. 우선 LSTM 레이어의 최상단 셀의 출력 히든 벡터를 **선형변환**^{linear transformation}한 뒤 소프트맥스를 취한다. 이 확률 벡터와 정답 단어에 해당하는 인덱스만 1인 **원핫벡터**^{one-hot vector}로 **크로스 엔트로피**^{cross entropy}를 계산한다. 이후 이 크로스 엔트로피를 최소화하는 방향으로 모델 전체를 조금씩 업데이트한다.

그런데 ELMo 모델을 자세히 살펴보면 프리트레인 단계에서 몇 가지 트릭이 있음을 발견할 수 있다. 우선 소프트맥스 확률을 구할 때 일부 단어들만 샘플링해서 구한다(tf.nn.sampled_softmax_loss 함수 사용). 보통 말뭉치는 10만 개 이상의 어휘 집합을 가진다. 한 번 업데이트할 때마다 10만 개 단어 전체를 대상으로 소프트맥스 확률을 구하려면 계산량이 많아 비효율적일뿐더러 GPU 메모리가 많이 소모돼 학습 자체가 불가능할 수 있다. 이 때문에 오답 단어(네거티브 샘플)를 전체 단어에서 일부 샘플하고 이를 정답 단어(포지티브 샘플)와 함께 소프트맥스 확률을 계산한다.

또한 ELMo는 파인튜닝 단계에서는 양방향 LSTM 레이어가 동일한 단어 시퀀스를 입력받게 되지만, 프리트레인 단계에서는 순방향, 역방향 네트워크를 별개의 모델로 보고 서로 다른 학습 데이터를 입력하게 된다. 다시 말해 ELMo의 손실 레이어에서는 순방향, 역방향 LSTM 출력 히든 벡터를 더하거나 합치지 않고, 각각의 히든 벡터로 각각의 레이블(순방향 단어 시퀀스, 역방향 단어 시퀀스)를 맞추는 것을 독립적으로 학습한다. 순방향(역방향) 네트워크를 학습할 때 맞춰야 할 단어의 뒤(앞)쪽에 있는 단어들을 모델에 알려주는 것은 반칙이기 때문에 당연한 이야기다. 프리트레인(다음 단어 맞추기)이 끝나고 파인 튜닝을 할 때는 언어 모델 손실 레이어는 더 이상 사용하지 않는다.

5.4.3 ELMo 레이어

ELMo 임베딩은 프리트레인이 끝나고 구체적인 다운스트림 태스크를 학습하는 과정에서 도출된다. 임의의 태스크를 수행하기 위한 문장 k번째 토큰의 ELMo 임베딩은 수식 5-5와 같다. 수식 5-5에서 $\mathbf{h}_{k,j}^{LM}$는 k번째 토큰의 j번째 레이어의 순방향, 역방향 LSTM 히든 벡터를 이어 붙인 벡터를 가리킨다. s_j^{task}는 j번째 레이어가 해당 태스크 수행에 얼마나 중요한지를 가리키는 스칼라 값이다. γ^{task}는 ELMo 벡터의 크기를 스케일해 해당 태스크 수행을 돕는 역할을 한다. ELMo 임베딩은 각 레이어별 히든 벡터들에 s_j^{task}로 가중합을 한 결과다. ELMo 모델은 입력 문장의 토큰 수만큼의 토큰 임베딩들을 반환하게 된다.

한편 L은 양방향 LSTM 레이어 수를 가리킨다. 보통 $L = 2$로 설정한다. $j = 0$일 때는 문자 단위 컨볼루션 레이어 출력, $j = 1$일 때는 양방향 LSTM 레이어의 첫 번째 레이어 출력, $j = 2$일 때는 두 번째 레이어 출력을 의미한다.

수식 5-5 입력 문장 k번째 토큰에 대한 ELMo 임베딩

$$\text{ELMo}_k^{\text{task}} = \gamma^{\text{task}} \sum_{j=0}^{L} s_j^{\text{task}} \mathbf{h}_{k,j}^{\text{LM}}$$

그림 5-19는 수식 5-5를 시각화한 것이다. 예컨대 우리가 ELMo 임베딩으로 문서 분류라는 다운스트림 태스크 1개를 수행한다고 하면 s_j^{task}는 아래 그림에서 동그라미들의 색상을 가리킨다. 그림 5-19의 경우라면 분류 태스크 수행에 문자 단위 컨볼루션 레이어의 출력 벡터(그림 5-17 참고)들이 가장 중요하다. s_j^{task}는 다운스트림 태스크 학습 과정에서 학습 손실을 최소화하는 방향으로 업데이트되는 학습 파라미터다.

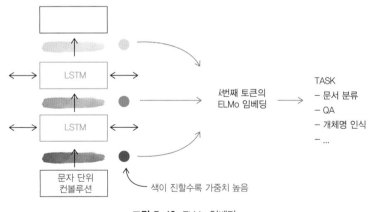

그림 5-19 ELMo 임베딩

5.4.4 프리트레인 튜토리얼

ELMo 모델을 프리트레인하는 절차를 살펴보자. ELMo의 프리트레인 과정에서는 문자 단위 컨볼루션 레이어와 양방향 LSTM, 레이어만을 학습한다. 5.4.3절의 ELMo 레이어는 프리트레이닝을 마치고 나서 분류 등 구체적인 다운스트림 태스크를 수행하는 파인 튜닝 과정에서 학습된다. ELMo의 파인 튜닝 절차는 6장, '임베딩 파인 튜닝'에서 설명한다.

ELMo 모델을 프리트레이닝하려면 형태소 분석이 완료된 데이터가 필요하다. 형태소 분석과 관련 자세한 내용은 3장, '한국어 전처리'를 참고하면 된다. 여기서는 형태소 분석을 이미 마친 데이터를 다운로드하는 것으로 갈음한다. ELMo 모델 프리트레이닝에는 은전한닢으로 토크나이즈한 한국어 위키백과, 네이버 영화 리뷰 말뭉치, KorQuAD 데이터 세 개를 합쳐 사용한다. ELMo 모델이 좀 더 효율적으로 학습하기 위해 해당 말뭉치를 10만 개 라인^{line}씩 나누어준다. 코드 5-28을 차례대로 실행하면 된다.

코드 5-28 ELMo 학습 데이터 준비 `bash`

```
git pull origin master
bash preprocess.sh dump-tokenized
cd /notebooks/embedding
mkdir -p data/sentence-embeddings/elmo/pretrain-ckpt/traindata
cat data/tokenized/wiki_ko_mecab.txt data/tokenized/ratings_mecab.txt data/
tokenized/korquad_mecab.txt > data/tokenized/corpus_mecab.txt
split -l 100000 data/tokenized/corpus_mecab.txt data/sentence-embeddings/elmo/
pretrain-ckpt/traindata/data_
```

ELMo 모델을 프리트레인하려면 어휘 집합^{vocabulary}을 만들어야 한다. 주의 깊은 독자라면 이런 의문이 들 수 있다. ELMo 모델은 문자 단위 유니코드를 입력으로 받는데, 왜 어휘 집합이 필요할까? 천천히 살펴보자.

ELMo 모델에서 어휘 집합이 쓰이는 경우는 프리트레인 입력 단계와 프리트레인 예측 단계다. 프리트레이닝 과정에서 매 스텝마다 다량의 문서를 문자 단위 정수 ID

시퀀스 형태로 변환하려면 대단히 비효율적이다. 이 때문에 ELMo 모델은 프리트레이닝을 시작하기 전에 어휘 집합에 포함된 각 단어를 모두 문자 단위 ID 시퀀스로 미리 바꾸어 놓는다. 프리트레이닝 과정에서 학습 데이터 문장 내 단어들이 이렇게 미리 만들어놓은 리스트에 포함돼 있으면 여기서 꺼내어 쓰고, 없으면 그때서야 ID 시퀀스 형태로 만든다.

어휘 집합은 프리트레인 예측 단계에서도 쓰인다. ELMo 모델은 주어진 단어 시퀀스 다음의 단어를 맞추는 과정에서 학습하는 언어 모델이다. ELMo 출력은 단어 수준이 되도록 설계돼 있다. 다시 말해 문자 시퀀스를 입력으로 받은 뒤 그다음 단어가 어휘 집합 내 어떤 단어가 될지 맞추도록 학습된다는 이야기다. 이 때문에 ELMo 프리트레인에는 어휘 집합이 반드시 필요하다.

코드 5-29는 입력 말뭉치의 빈도를 세고 가장 많이 쓰인 단어 10만 개를 빈도순으로 정렬해 ELMo 모델이 읽어 들일 수 있는 파일 형태로 저장하도록 구현했다.

코드 5-29 ELMo 어휘 집합 구축 `bash`

```
cd /notebooks/embedding
python models/sent_utils.py --method construct_elmo_vocab \
  --input_path data/tokenized/corpus_mecab.txt \
  --output_path data/sentence-embeddings/elmo/pretrain-ckpt/elmo-vocab.txt
```

코드 5-29 실행까지 다 마쳤으면 ELMo 프리트레이닝을 위한 데이터 준비는 끝났다. 이제 ELMo 모델의 하이퍼파라미터를 정할 차례다. ELMo 모델은 크게 문자 단위 컨볼루션 레이어와 양방향 LSTM 레이어 두 개로 나누어 생각할 수 있는데 코드 5-30에서 각각 char_cnn, lstm에서 설정할 수 있다.

우선 char_cnn을 보자. activation은 컨볼루션 필터의 가중치^{weight}를 초기화하는 방법과 맥스 풀링$^{max\ pooling}$ 이후 적용하는 활성함수의 종류를 정하는 파라미터다. relu일 경우 가중치를 He 방식(-0.05, 0.05 범위의 uniform random)으로 정하고 활성함수를 ReLU$^{Rectified\ Linear\ Unit}$를 사용한다. tanh일 경우 가중치를 glorot 방식(평균 0, 분산 1/a의 random normal 분포), 활성함수를 하이퍼볼릭탄젠트^{tanh}를 사용한다.

embedding은 문자 단위 컨볼루션 레이어의 문자별 임베딩 행렬의 차원 수를 의미한다. filters는 문자 단위 컨볼루션 레이어의 필터 높이height(문자를 몇 개씩 볼지 결정)와 필터 수를 가리킨다. max_characters_per_token은 한 토큰에 최대 몇 개의 문자를 입력할지 결정한다. n_characters와 n_highway는 각각 사용하는 문자 종류 개수(유니코드 ID 수, 261개 고정), 하이웨이 네트워크 적용 횟수를 의미한다.

양방향 LSTM 레이어 관련 파라미터는 lstm에서 정한다. cell_clip, proj_clip은 LSTM 셀의 값value의 제한 크기를 뜻한다. 이보다 크면 해당 값으로 바꿔 그래디언트 문제를 막는다. dim과 projection_dim은 각 셀의 입출력 벡터 차원 수를 뜻한다. n_layers는 양방향 LSTM 레이어를 몇 개나 둘지, use_skip_connections는 그래디언트의 효율적 전파를 위해 레이어와 레이어 사이를 건너뛰는 커넥션connection을 둘지 말지 정하는 파라미터다.

이밖에 bidirectional은 양방향 LSTM 레이어를 쓸지(양방향) 말지(순방향만 적용)를 정하는 옵션이며 dropout은 드롭아웃 비율, all_clip_norm_val는 역전파 그래디언트 크기를 뜻한다. n_epochs는 에폭 수, n_train_tokens는 모델이 에폭 수를 정할 때 참고하는 데이터 크기(전체 토큰 수), batch_size는 배치 데이터 크기를 의미한다. unroll_steps는 몇 개의 단어 시퀀스를 예측할지 정한다.

한편 n_tokens_vocab은 어휘 집합 크기를 의미한다. n_negative_samples_batch는 한 스텝에서 계산하는 네거티브 샘플의 개수를 가리킨다. ELMo는 학습 손실을 구할 때 매 스텝마다 전체 어휘 집합을 계산하는 대신 포지티브 샘플(정답)과 일부 네거티브 샘플(오답)만을 대상으로 계산한다. 전체 단어 수(n_tokens_vocab)가 너무 커서 매번 전체를 계산하려면 계산량도 많을뿐더러 메모리 이슈도 발생하기 때문이다.

코드 5-30은 ELMo 기본 모델 대비 그 차원 수나 레이어 수를 조금 줄인 커스텀 모델이다. 기본 모델의 하이퍼파라미터 설정으로 학습하고 싶다면 공식 홈페이지(https://allennlp.org/elmo)를 참고하자. 설정을 바꾸고 싶다면 프리트레이닝을 시작하기 전에 /notebooks/embedding/models/train_elmo.py에 정의된 options를 상황에 맞게 고치면 된다. 굳이 고치지 않는다면 코드 5-30의 설정대로 ELMo 프리트레이닝을 진행한다.

코드 5-30 ELMo 하이퍼파라미터 설정

```
options = {
    'bidirectional': True,

    'char_cnn': {'activation': 'relu',
                 'embedding': {'dim': 16},
                 'filters': [[1, 32],
                             [2, 32],
                             [3, 64],
                             [4, 128],
                             [5, 256],
                             [6, 512],
                             [7, 1024]],
                 'max_characters_per_token': 30,
                 'n_characters': 261,
                 'n_highway': 2},

    'dropout': 0.1,

    'lstm': {
        'cell_clip': 3,
        'dim': 1024,
        'n_layers': 2,
        'proj_clip': 3,
        'projection_dim': 128,
        'use_skip_connections': True},

    'all_clip_norm_val': 10.0,

    'n_epochs': 10,
    'n_train_tokens': n_train_tokens,
    'batch_size': 128,
    'n_tokens_vocab': 100000,
    'unroll_steps': 20,
    'n_negative_samples_batch': 8192,
}
```

코드 5-31을 실행하면 ELMo 프리트레이닝을 시작한다. 정해진 에폭(n_epochs)이 다 돌 때까지 백그라운드에서 학습된다. ELMo 모델은 GPU 환경에서만 프리트레인 할 수 있다. 사용 가능한 GPU 개수가 2개 이상이라면 코드 5-31의 n_gpus 설정을 바꾸면 된다. 학습 로그는 /notebooks/embedding/elmo-pretrain.log를 열어보면 확인할 수 있다.

코드 5-31 ELMo 프리트레이닝

```
cd /notebooks/embedding
nohup sh -c "python models/train_elmo.py --train_prefix 'data/sentence-
embeddings/elmo/pretrain-ckpt/traindata/* --vocab_file data/sentence-embeddings/
elmo/pretrain-ckpt/elmo-vocab.txt --save_dir data/sentence-embeddings/elmo/
pretrain-ckpt --n_gpus 1" > elmo-pretrain.log &
```

ELMo 학습이 완료되면 모델의 파라미터 등이 기록된 체크포인트^{checkpoint} 파일이 코드 5-31의 **save_dir**에 저장된다. 체크포인트 파일이 있는 상태에서 코드 5-32 를 실행하면 파인 튜닝을 할 수 있는 파일 형태(h5)로 저장할 수 있다. 여기까지가 ELMo의 프리트레이닝이다.

코드 5-32 ELMo 모델 저장

```
cd /notebooks/embedding
python models/sent_utils.py --method dump_elmo_weights \
  --input_path data/sentence-embeddings/elmo/pretrain-ckpt \
  --output_path data/sentence-embeddings/elmo/pretrain-ckpt/elmo.model
```

ELMo를 프리트레인하려면 GPU가 있어야 한다. 프리트레인에 투자할 리소스가 많지 않은 독자들은 프리트레인이 완료된 ELMo를 내려받아 파인 튜닝을 바로 수행 해볼 수 있다. 6장, '임베딩 파인 튜닝'을 참고하면 된다.

5.5 트랜스포머 네트워크

트랜스포머(Vaswani et al., 2017) 네트워크는 구글 연구 팀이 NIPS에 공개한 딥러닝 아키텍처다. 뛰어난 성능으로 주목받았다. 이후 발표된 GPT, BERT 등 기법은 그림 5-20과 같은 트랜스포머 블록^{transformer block}을 기본 모델로 쓰고 있다.

이제부터 트랜스포머 모델 가운데 기본 블록의 계산 과정과 그 작동 원리를 살펴보도록 한다. 그림 5-20을 양분해 하단 멀티헤드 어텐션^{Multi-Head Attention}은 5.5.1, 5.5.2절에서, 상단 피드포워드 네트워크^{feedforward network}는 5.5.3절에서 설명한다.

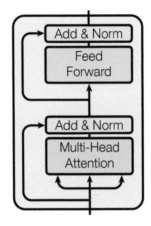

그림 5-20 트랜스포머 블록(Vaswani et al., 2017)

5.5.1 Scaled Dot-Product Attention

트랜스포머 블록의 주요 구성 요소 가운데 하나가 바로 Scaled Dot-Product Attention이다. 그 계산 과정은 수식 5-6과 그림 5-21과 같다. Scaled Dot-Product Attention의 입력($\mathbf{X}$)은 기본적으로 행렬 형태를 가지며 그 크기는 입력 문장의 단어 수×입력 임베딩의 차원 수다. 예컨대 드디어, 금요일, 이다 라는 문장이 Scaled Dot-Product Attention 입력으로 들어가고 그 히든 차원 수가 768차원이라면 이 레이어의 입력 행렬의 크기는 3×768이 된다.

수식 5-6 Scaled Dot-Product Attention

$$\mathrm{Attention}(\mathbf{Q}, \mathbf{K}, \mathbf{V}) = \mathrm{softmax}(\frac{\mathbf{Q}\mathbf{K}^{\top}}{\sqrt{d_k}})\mathbf{V}$$

트랜스포머의 Scaled Dot-Product Attention 매커니즘은 쿼리[query], 키[key], 값[value] 세 가지 사이의 다이내믹스가 핵심이다. 그림 5-21처럼 입력 행렬 $\mathbf{X}$와 쿼리, 키, 값에 해당하는 행렬($\mathbf{W}^{\mathbf{Q}}$, $\mathbf{W}^{\mathbf{K}}$, $\mathbf{W}^{\mathbf{V}}$)을 각각 곱해 계산한다. 이후 쿼리와 키가 얼마나 관련을 맺고 있는지를 나타내기 위해 $\mathbf{Q}$와 $\mathbf{K}$를 내적한 뒤 d_k(키 벡터의 차원 수)의 제곱근을 나누어준 뒤 소프트맥스를 취한다. 마지막으로 이 확률 값을 가중치 삼아 값에 해당하는 벡터들($\mathbf{V}$)을 가중합한다.

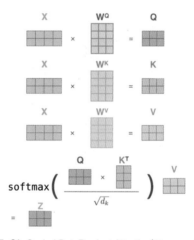

그림 5-21 Scaled Dot-Product Attention(Alammar, 2018)

Scaled Dot-Product Attention은 어떻게 단어들 사이의 의미적, 문법적 관계를 포착해낼 수 있는 걸까. 그 비결 중 일부는 기법 이름 속에 숨어 있다. 첫째는 dot-product, 둘째는 attention, 셋째는 scale이다.

선형대수학에서 dot-product는 내적을 달리 이르는 말이다. 내적은 벡터 간 유사도 측정 기법의 일종인 코사인 유사도와 깊은 관련을 가진다. 수식 5-7처럼 두 벡터를 내적하고 이들 길이[norm]의 곱으로 나눠준 값이 바로 코사인 유사도다. 두 벡터가 모두 길이 1인 단위 벡터라면 두 벡터의 내적 자체가 코사인 유사도이며 그 값이 크면 클수록 코사인 유사도는 높아진다. 코사인 유사도는 두 벡터 $\mathbf{a}, \mathbf{b}$ 사이의 각도가 0도로 완전히 같을 경우 최댓값 1, 180도로 완전히 반대인 경우 최솟값 -1이 된다.

수식 5-7 코사인 유사도

$$\cos\theta = \frac{\mathbf{a} \cdot \mathbf{b}}{\|\mathbf{a}\|\,\|\mathbf{b}\|}$$

어떤 쿼리와 키가 특정 태스크 수행에 중요한 역할을 하고 있다면 트랜스포머 블록은 이들 사이의 내적 값을 키우는 방식으로 학습한다. 내적 값이 커지면 해당 쿼리와 키가 벡터 공간상 가까이(두 벡터 사이의 각도를 줄임)에 있을 가능성이 높아진다. 그림 5-22는 Scaled Dot-Product Attention 기법으로 쿼리, 키, 값 사이의 관계들이 농축된 새로운 행렬 $\mathbf{Z}$를 만드는 예시다.

$$\text{softmax}\left(\frac{\mathbf{Q}\mathbf{K}^{\top}}{\sqrt{d_k}}\right)\mathbf{V} = \begin{array}{c} \\ \text{드디어} \\ \text{금요일} \\ \text{이다} \end{array} \overset{\text{드디어 금요일 이다}}{\left(\begin{array}{ccc} 0.2 & 0.7 & 0.1 \\ \cdots & \cdots & \cdots \\ \cdots & \cdots & \cdots \end{array}\right)} \left(\begin{array}{c} \mathbf{V}_{\text{드디어}} \\ \mathbf{V}_{\text{금요일}} \\ \mathbf{V}_{\text{이다}} \end{array}\right)$$

$$= \begin{array}{c} \text{드디어} \\ \text{금요일} \\ \text{이다} \end{array} \left(\begin{array}{c} 0.2\mathbf{V}_{\text{드디어}} + 0.7\mathbf{V}_{\text{금요일}} + 0.1\mathbf{V}_{\text{이다}} \\ \cdots \\ \cdots \end{array}\right)$$

그림 5-22 Scaled Dot-Product Attention 예시

파란색 선으로 둘러싸인 행렬은 쿼리, 키 내적을 $\sqrt{d_k}$로 나눈 뒤 소프트맥스를 취한 결과다. 이 행렬의 행은 쿼리 단어들에 대응하며, 열은 키 단어들에 대응한다. 쿼리 단어들과 키 단어들이 서로 같은 걸 확인할 수 있다. 이런 어텐션을 **셀프 어텐션**self attention이라고 한다. 다시 말해 같은 문장 내 모든 단어 쌍 사이의 의미적, 문법적 관계를 포착해낸다는 뜻이다.

소프트맥스를 취한 결과는 확률이 된다. 따라서 소프트맥스 행렬 각 행의 합은 1이 된다. 예시를 보면 드디어-금요일 값이 0.7로 가장 높은 것을 볼 수 있다. 드디어 라는 쿼리 벡터와 금요일 이라는 키 벡터의 내적 값이 크기 때문이다. 그만큼 두 벡터가 벡터 공간상 가까이에 있을 가능성이 높고, 태스크 수행(번역, 분류 등)에 드디어 라는 단어와 금요일 이라는 단어 사이의 관계가 중요하다는 얘기다.

Scaled Dot-Product Attention은 소프트맥스 행렬과 값 행렬을 내적하는 것으로 마무리된다. 이는 소프트맥스 확률을 가중치 삼아 각 값 벡터들을 가중합하는 것과 같다. 그림 5-22의 노란색 표시를 한 벡터를 보면 값 벡터들이 각각의 쿼리-키 단어에 해당하는 소프트맥스 확률과 곱해져 더해진 것을 확인할 수 있다. 따라서 Scaled Dot-Product Attention 결과 새롭게 만들어진 드디어 에 해당하는 벡터는 해당 문장 내 단어 쌍^{pair} 간 관계가 모두 농축된 결과다.

셀프 어텐션은 기존 Recurrent Neural Network^{RNN}, Convolutional Neural Network^{CNN} 보다 장점이 많다. CNN의 경우 사용자가 정한 특정 윈도우^{window} 내의 로컬 문맥만 살핀다. 예컨대 문장 길이가 꽤 길고 맨 처음 단어와 마지막 단어 사이의 연관성 파악이 태스크 수행에 중요한 데이터라면 CNN으로 이를 해결하기는 쉽지 않다.

한편 RNN은 시퀀스 길이가 길어질수록 그래디언트 문제가 발생할 염려가 있다. 다시 말해 시퀀스가 길면 처음 입력받았던 단어는 RNN 모델이 잊어버릴 가능성이 높다는 이야기다. 하지만 트랜스포머와 같은 셀프 어텐션 기법은 문장 내 모든 단어 쌍 사이의 관계를 늘 전체적으로 파악할 수 있다. 이 덕분에 트랜스포머는 컨볼루션 필터나 RNN 셀 없이도 자연어 처리 태스크를 성공적으로 수행할 수 있었다.

또 다른 중요 요소는 scale이다. Scaled Dot-Product Attention에서는 쿼리와 키 행렬을 내적한 뒤 키 행렬 차원 수(d_k)의 제곱근을 나눠줘 스케일을 하고 있다. Vaswani et al. (2017)에 따르면 이 경우에 쿼리-키 내적 행렬의 분산^{variance}을 줄이게 돼 소프트맥스의 그래디언트가 지나치게 작아지는 것을 방지할 수 있다.

수식 5-8은 소프트맥스 노드의 입력 벡터가 **x**이고, 출력 벡터가 **y**일 때 그래디언트를 나타낸 것이다. 수식 5-8에서 확인할 수 있는 것처럼 소프트맥스 노드의 그래디언트는 소프트맥스 확률 벡터 **y**의 개별 요소 값에 아주 민감하기 때문에 소프트맥스 확률 벡터의 일부 값이 지나치게 작다면 **그래디언트 배니싱**gradient vanishing 문제가 나타날 수 있다. Vaswani et al. (2017)은 이를 미연에 방지함으로써 학습 효율을 높였다.

수식 5-8 소프트맥스 노드의 그래디언트

$$\frac{\partial \mathbf{y}_i}{\partial \mathbf{x}_i} = \mathbf{y}_i(1 - \mathbf{y}_i)$$
$$\frac{\partial \mathbf{y}_i}{\partial \mathbf{x}_j} = -\mathbf{y}_i\mathbf{y}_j$$

5.5.2 멀티헤드 어텐션

트랜스포머 블록에서 멀티헤드 어텐션Multi-Head Attention은 Scaled Dot-Product Attention을 여러 번 시행하는 것을 가리킨다. 동일한 문장을 여러 명의 독자가 동시에 분석해 최선의 결과를 내려고 하는 것에 비유할 수 있겠다. 멀티헤드 어텐션의 계산 과정은 수식 5-9와 그림 5-23과 같다. 5.5.1절에서 미리 만들어놓은 쿼리(**Q**), 키(**K**), 값(**V**)에 Scaled Dot-Product를 h번 수행한다. 이후 각 헤드의 결과 행렬($\mathbf{z}_0$, $\mathbf{z}_1$, ..., $\mathbf{z}_{h-1}$)을 이어 붙여 긴 행렬을 만든다. 여기에 $\mathbf{W}^\mathbf{O}$를 내적해 멀티헤드 어텐션 수행 결과 행렬의 크기를 Scaled Dot-Product Attention의 입력 행렬과 동일하게 맞춘다.

수식 5-9 멀티헤드 어텐션

$$\text{MultiHead}(\mathbf{Q}, \mathbf{K}, \mathbf{V}) = \text{Concat}(\text{head}_1, ..., \text{head}_h)\mathbf{W}^\text{O}$$
$$\text{head}_i = \text{Attention}(\mathbf{Q}\mathbf{W}_i^\text{Q}, \mathbf{K}\mathbf{W}_i^\text{K}, \mathbf{V}\mathbf{W}_i^\text{V})$$

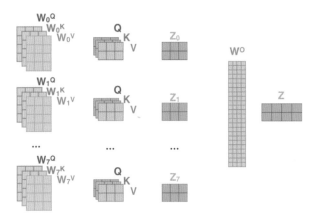

그림 5-23 멀티헤드 어텐션(Alammar, 2018)

코드 5-33은 멀티헤드 어텐션의 핵심만 간추려 가져온 것이다. Vaswani et al. (2017)이 직접 작성하고 BERT 저자들이 사용한 **transformer_model**(https:// github.com/tensorflow/tensor2tensor/blob/master/tensor2tensor/models/transformer. py)에서 인용했다. 코드 5-33에서 `attention_layer`는 수식 5-9의 여러 어텐션 헤드(head$_i$)를 계산한다. 각 헤드에서 계산한 결과 행렬을 이어 붙인 행렬은 `attention_output`이다. W^O를 곱해 트랜스포머 블록 입력 행렬의 크기와 맞춰준다 (`tf.layers.dense`). 이후 `attention_output`에 드롭아웃을 건 뒤 이 행렬과 트랜스포머 블록 입력 행렬을 더하고(Add, residual connection) 레이어 정규화layer normalization를 수행한다.

코드 5-33 멀티헤드 어텐션

```
with tf.variable_scope("attention"):
    attention_heads = []
    with tf.variable_scope("self"):
        attention_head = attention_layer(
            from_tensor=layer_input,
            to_tensor=layer_input,
            attention_mask=attention_mask,
            num_attention_heads=num_attention_heads,
            size_per_head=attention_head_size,
```

```
            attention_probs_dropout_prob=attention_probs_dropout_prob,
            initializer_range=initializer_range,
            do_return_2d_tensor=True,
            batch_size=batch_size,
            from_seq_length=seq_length,
            to_seq_length=seq_length)
        attention_heads.append(attention_head)
    attention_output = None
    if len(attention_heads) == 1:
        attention_output = attention_heads[0]
    else:
        attention_output = tf.concat(attention_heads, axis=-1)
    with tf.variable_scope("output"):
        attention_output = tf.layers.dense(
            attention_output,
            hidden_size,
            kernel_initializer=create_initializer(initializer_range))
        attention_output = dropout(attention_output, hidden_dropout_prob)
        attention_output = layer_norm(attention_output + layer_input)
```

5.5.3 Position-wise Feedforward Networks

멀티헤드 어텐션 레이어의 입력 행렬과 출력 행렬의 크기는 입력 단어 수×히든 벡터 차원 수로 동일하다. Position-wise Feedforward Networks 레이어에서는 멀티헤드 어텐션 레이어의 출력 행렬을 행 벡터 단위로, 다시 말해 단어 벡터 각각에 관해 수식 5-10을 적용한다. 멀티헤드 어텐션 레이어의 출력 행렬 가운데 하나의 단어 벡터를 x라고 두자. 그러면 이 x에 관해 두 번의 선형변환을 수행하며 그 사이에 ReLU(intermediate_act_fn)를 적용한다. 코드 5-34는 이를 텐서플로로 구현한 코드다.

수식 5-10 Position-wise Feedforward Networks

$$\mathrm{FFN}(\mathbf{x}) = \max\left(0, \mathbf{x} \cdot \mathbf{W_1} + \mathbf{b_1}\right)\mathbf{W}_2 + \mathbf{b}_2$$

```
with tf.variable_scope("intermediate"):
    intermediate_output = tf.layers.dense(
        attention_output,
        intermediate_size,
        activation=intermediate_act_fn,
        kernel_initializer=create_initializer(initializer_range))
with tf.variable_scope("output"):
    layer_output = tf.layers.dense(
        intermediate_output,
        hidden_size,
        kernel_initializer=create_initializer(initializer_range))
    layer_output = dropout(layer_output, hidden_dropout_prob)
    layer_output = layer_norm(layer_output + attention_output)
```

5.5.4 트랜스포머의 학습 전략

트랜스포머의 학습 전략은 웜업warm up이다. 그림 5-24와 같이 사용자가 정한 스텝 수에 이르기까지 학습률learning rate을 올렸다가 스텝 수를 만족하면 조금씩 떨어뜨리는 방식이다. 대규모 데이터, 큰 모델 학습에 적합하다. 이 전략은 BERT 등 이후 제안된 모델에도 널리 쓰이고 있다. 이밖에 레이어 정규화 등도 트랜스포머의 안정적인 학습에 기여하고 있는 것으로 보인다.

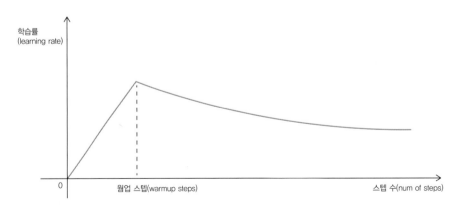

그림 5-24 트랜스포머의 학습 전략

5.6 BERT

BERT[Bidirectional Encoder Representations from Transformer](Devlin et al., 2018)는 구글에서 공개한 모델이다. 성능이 뛰어나 널리 쓰이고 있다.

5.6.1 BERT, ELMo, GPT

BERT의 성공 비결은 그 퍼포먼스가 검증된 트랜스포머 블록을 썼을뿐더러 모델의 속성이 양방향을 지향한다는 점에 있다. 그림 5-25는 Devlin et al. (2018)이 BERT 이전의 기존 모델인 GPT[Generative Pre-Training](Radford et al., 2018)와 ELMo 모델(Peters et al., 2018)과의 차이점을 시각화한 것이다. 그림 5-25에서 확인할 수 있듯 GPT는 단어 시퀀스를 왼쪽에서 오른쪽으로 한 방향으로만 보는 아키텍처다. ELMo는 Bi-LSTM 레이어의 상단은 양방향이지만 중간 레이어는 역시 한 방향인 모델이다. 반면 BERT의 경우 모든 레이어에서 양방향 성질을 잃지 않고 있다.

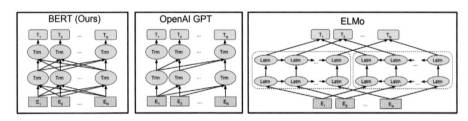

그림 5-25 BERT, GPT, ELMo 아키텍처(Devlin et al., 2018)

BERT와 GPT 모델은 모두 트랜스포머 블록을 사용하고 있다. 그렇다면 GPT는 왜 단어들을 양방향으로 보지 못하는 것일까? 그 이유는 GPT가 언어 모델[language model]이기 때문이다. GPT는 주어진 단어 시퀀스를 가지고 그다음 단어를 예측하는 과정에서 학습한다. 이 경우 현재 입력 단어 이후의 단어를 모델에게 알려주는 것은 반칙이다. 언어 모델은 주어진 시퀀스를 가지고 다음 단어를 맞춰야 하는데, 맞춰야 할 정답을 미리 알려줄 수는 없기 때문이다. 따라서 GPT는 그림 5-26에서 ①에 해당한다.

Devlin et al. (2018)은 이 문제를 극복하기 위해 **마스크 언어 모델**^{masked language} 이 아니라...

Devlin et al. (2018)은 이 문제를 극복하기 위해 **마스크 언어 모델**[masked language model]을 제안했다. 주어진 시퀀스 다음 단어를 맞추는 것에서 벗어나, 일단 문장 전체를 모델에 알려주고, 빈칸(MASK)에 해당하는 단어가 어떤 단어일지 예측하는 과정에서 학습을 해보자는 아이디어다. 그림 5-26에서 ②에 대응한다. 마스크 언어 모델 태스크에서는 모델에 문장 전체를 다 주어도 반칙이 될 수 없다. BERT 모델은 빈칸을 채워야 하기 때문이다.

① 나는 어제 _____

→

② 나는 어제 _____ 먹었다

→ ←

그림 5-26 양방향, 단방향 언어 모델

그림 5-27은 GPT가 Scaled Dot-Product Attention을 하는 과정을 도식화한 것이다. 예측해야 할 단어를 보지 않기 위해 소프트맥스 스코어 행렬의 일부 값을 0으로 만든다. 예컨대 입력 문장이 꿈, 보다, 해몽이고 이번에 예측해야 할 단어가 보다라면 GPT는 이전 단어인 꿈만 참고할 수 있다. 해몽이라는 단어를 맞춰야 할 순서라면 GPT는 꿈, 보다만을 참고해야 한다. 반면 BERT는 빈칸만 맞추면 되기 때문에 그림 5-28처럼 문장 내 단어 쌍 사이의 관계를 모두 볼 수 있다.

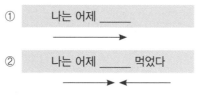

$$
\text{softmax}\left(\frac{\mathbf{QK}^\top}{\sqrt{d_k}}\right)\mathbf{V} =
\begin{array}{c}
\quad\quad 꿈 \quad 보다 \quad 해몽 \\
\begin{array}{c} 꿈 \\ 보다 \\ 해몽 \end{array}
\begin{pmatrix}
0 & 0 & 0 \\
1.0 & 0 & 0 \\
0.9 & 0.1 & 0
\end{pmatrix}
\end{array}
\begin{pmatrix}
\mathbf{V}_{꿈} \\
\mathbf{V}_{보다} \\
\mathbf{V}_{해몽}
\end{pmatrix}
$$

정답

$$
=
\begin{array}{c} 꿈 \\ 보다 \\ 해몽 \end{array}
\begin{pmatrix}
0\mathbf{V}_{꿈} + 0\mathbf{V}_{보다} + 0\mathbf{V}_{해몽} \\
1.0\mathbf{V}_{꿈} + 0\mathbf{V}_{보다} + 0\mathbf{V}_{해몽} \\
0.9\mathbf{V}_{꿈} + 0.1\mathbf{V}_{보다} + 0\mathbf{V}_{해몽}
\end{pmatrix}
\begin{array}{c} 꿈 \\ 보다 \\ 해몽 \end{array}
$$

그림 5-27 GPT의 학습

$$\text{softmax}(\frac{\mathbf{Q}\mathbf{K}^\top}{\sqrt{d_k}})\mathbf{V} = \begin{array}{c} \\ [\text{MASK}] \\ \text{보다} \\ \text{해몽} \end{array} \begin{array}{ccc} [\text{MASK}] & \text{보다} & \text{해몽} \\ \left(\begin{array}{ccc} 0.3 & 0.1 & 0.6 \\ \cdots & \cdots & \cdots \\ \cdots & \cdots & \cdots \end{array}\right) \end{array} \left(\begin{array}{c} \mathbf{V}_{[\text{MASK}]} \\ \mathbf{V}_{\text{보다}} \\ \mathbf{V}_{\text{해몽}} \end{array}\right)$$

정답

$$= \begin{array}{c} [\text{MASK}] \\ \text{보다} \\ \text{해몽} \end{array} \left(\begin{array}{c} 0.3\mathbf{V}_{[\text{MASK}]} + 0.1\mathbf{V}_{\text{보다}} + 0.6\mathbf{V}_{\text{해몽}} \\ \cdots \\ \cdots \end{array}\right) \quad \begin{array}{c} \text{꿈} \\ \bullet \\ \bullet \end{array}$$

그림 5-28 BERT의 학습

Devlin et al. (2018)은 BERT 임베딩을 각종 다운스트림 태스크에 적용해 실험한 결과 BERT의 임베딩 품질이 GPT보다 좋음을 입증했다. 그림 5-29의 왼쪽 표에서 **LTR(Left-To-Right)&No NSP**가 Devlin et al. (2018)이 GPT를 재현한 모델을 가리킨다. BERT의 기본 모델(BERT BASE) 대비 그 성능이 꽤 많이 떨어진다. 그림 5-29의 오른쪽 그래프는 같은 BERT 모델이라도 프리트레인을 할 때 한 방향(Left-to-Right)만 보게 할 경우 그 성능이 기본 모델 대비 크게 감소하는 것을 확인할 수 있다. 그만큼 모델이 양방향 전후 문맥을 모두 보게 하는 것이 중요하다는 이야기다.

	Dev Set				
Tasks	MNLI-m (Acc)	QNLI (Acc)	MRPC (Acc)	SST-2 (Acc)	SQuAD (F1)
BERT$_{\text{BASE}}$	84.4	88.4	86.7	92.7	88.5
No NSP	83.9	84.9	86.5	92.6	87.9
LTR & No NSP	82.1	84.3	77.5	92.1	77.8
+ BiLSTM	82.1	84.1	75.7	91.6	84.9

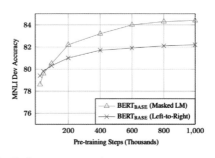

그림 5-29 BERT 대 GPT 성능 차이(Devlin et al., 2018)

5.6.2 프리트레인 태스크와 학습 데이터 구축

BERT가 양방향 모델이 될 수 있었던 배경은 모델이 순방향, 역방향 문맥을 모두 볼수 있도록 하는 학습 태스크 덕분이다. BERT의 프리트레인 태스크에는 크게 마스크 언어 모델, 다음 문장인지 여부 맞추기^{NSP, Next Sentence Prediction} 두 가지가 있다. 그림 5-30과 같다.

> 마스크 언어 모델: 발 없는 말이 [MASK] 간다 → 천리
> 다음 문장인지 여부 맞추기: 애비는 종이었다. 밤이 깊어도 오지 않았다. → 참(True)

그림 5-30 BERT의 프리트레인 태스크

먼저 마스크 언어 모델 태스크 수행을 위한 학습 데이터는 다음과 같이 만든다.

- 학습 데이터 한 문장 토큰의 15%를 마스킹한다.
- 마스킹 대상 토큰 가운데 80%는 실제 빈칸으로 만들고, 모델은 그 빈칸을 채운다. 예: 발 없는 말이 [MASK] 간다 → 천리
- 마스킹 대상 토큰 가운데 10%는 랜덤으로 다른 토큰으로 대체하고, 모델은 해당 위치의 정답 단어가 무엇일지 맞추도록 한다. 예: 발 없는 말이 [컴퓨터] 간다 → 천리
- 마스킹 대상 토큰 가운데 10%는 토큰 그대로 두고, 모델은 해당 위치의 정답 단어가 무엇일지 맞추도록 한다. 예: 발 없는 말이 [천리] 간다 → 천리

이같이 학습 데이터를 만들게 되면 우리는 다음을 기대할 수 있다.

- 발 없는 말이 [MASK] 간다 의 빈칸을 채워야 하기 때문에 문장 내 어느 자리에 어떤 단어를 쓰는 게 자연스러운지 앞뒤 문맥을 읽어낼 수 있게 된다.
- 발 없는 말이 천리 간다 발 없는 말이 컴퓨터 간다 를 비교해 보면서 주어진 문장이 의미/문법상 비문인지 아닌지 가려낼 수 있다.
- 모델은 어떤 단어가 마스킹될지 전혀 모르기 때문에 문장 내 모든 단어 사이의 의미적, 문법적 관계를 세밀히 살피게 된다.

다음 문장인지 여부(NSP)를 맞추기 위한 학습 데이터는 다음과 같이 만든다.

- 모든 학습 데이터는 1건당 문장 두 개로 구성된다.
- 이 가운데 절반은 동일한 문서에서 실제 이어지는 문장을 두 개 뽑고, 그 정답으로 참^{True}을 부여한다.
- 나머지 절반은 서로 다른 문서에서 문장 하나씩 뽑고, 그 정답으로 거짓^{False}을 부여한다.
- max_num_tokens를 정의한다. ① 학습 데이터의 90%는 max_num_tokens가 사용자가 정한 max_sequence_length가 되도록 한다. ② 나머지 10%는 max_num_tokens가 max_sequence_length보다 짧게 되도록 랜덤으로 정한다.
- 이전에 뽑은 문장 두 개의 단어 총 수가 max_num_token을 넘지 못할 때까지 두 문장 중 단어 수가 많은 쪽을 50%의 확률로 문장 맨 앞 또는 맨 뒤 단어 하나씩 제거한다.

이같이 학습 데이터를 만들게 되면 우리는 다음을 기대할 수 있다.

- 모델은 `애비는 종이었다` , `밤이 깊어도 오지 않았다` 가 이어진 문장인지 아닌지 반복 학습한다. 따라서 문장 간 의미 관계를 이해할 수 있다.
- 일부 문장 성분이 없어도 전체 의미를 이해하는 데 큰 무리가 없다. NSP 태스크가 너무 쉬워지는 것을 방지하기 위해 문장 맨 앞 또는 맨 뒤쪽 단어 일부를 삭제했기 때문이다.
- 학습 데이터에 짧은 문장이 포함돼 있어도 성능이 크게 떨어지지 않는다. 학습 데이터의 10%는 사용자가 정한 최대 길이(max_sequence_length)보다 짧은 데이터로 구성돼 있기 때문이다.

5.6.3 BERT 모델의 구조

BERT 모델은 트랜스포머 인코더^{encoder}를 일부 변형한 아키텍처다. 이제부터 원조 트랜스포머와 차이점 위주로 설명한다. BERT 모델은 문장의 시작을 알리는 [CLS],

문장 종결을 의미하는 [SEP], 마스크 토큰 [MASK], 배치 데이터의 길이를 맞춰주기 위한 [PAD] 등의 네 가지 스페셜 토큰을 사용한다. 그림 5-31은 BERT 모델의 입력 레이어를 시각화한 것이다.

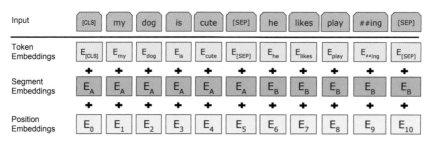

그림 5-31 BERT의 입력 레이어(Devlin et al., 2018)

우선 입력 토큰에 해당하는 토큰 벡터를 참조해 토큰 임베딩을 만든다. 여기에 첫 번째 문장인지, 두 번째 문장인지에 해당하는 세그먼트 임베딩을 참조해 더해준다. 마지막으로 입력 토큰의 문장 내 절대적인 위치에 해당하는 포지션 임베딩을 더한다.

이렇게 세 개 임베딩을 더한 각각의 벡터에 레이어 정규화^{layer nomalization}를 하고 드롭 아웃^{dropout}을 시행해 첫 번째 트랜스포머 블록의 입력 행렬을 구성한다. 그림 5-31처럼 토큰 수가 11개인 문장이라면 트랜스포머 블록의 입력 행렬의 크기는 $11 \times$ 히든 차원 수가 된다. 토큰, 세그먼트, 포지션 벡터를 만들 때 참조하는 행렬은 프리트레인 태스크 수행을 잘하는 방향으로 다른 학습 파라미터와 함께 업데이트된다.

BERT가 사용하는 트랜스포머 블록에서 원조 트랜스포머와 가장 큰 차이점을 보이는 대목은 Position-wise Feedforward Networks 쪽이다. 우선 활성함수를 기존 ReLU 대신 GELU^{Gaussian Error Linear Units}를 쓴다. 정규분포의 누적분포함수^{cumulative distribution functions}인 GELU는 ReLU보다 0 주위에서 부드럽게 변화해 학습 성능을 높인다. 그림 5-32(평균＝0, 분산＝1인 GELU)와 같다.

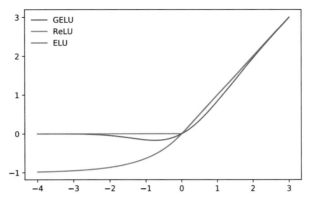

그림 5-32 세 가지 활성함수 비교(Hendrycks&Gimpel, 2016)

BERT 모델 트랜스포머 블록 내 멀티헤드 어텐션 레이어에서 각 토큰 임베딩의 크기는 기본base 모델 768차원, 라지large 모델 1024차원이다. 바로 이어지는 Position-wise Feedforward Networks 레이어에서는 두 번의 선형변환linear transformation을 하게 된다. 이때 중간의 히든 차원 수를 원래 차원의 네 배까지 늘렸다가 다시 원상복구 시킨다. 이렇듯 고무줄처럼 차원이 늘었다가 줄어드는 게 블록이 계속될 때마다 반복된다. BERT 저자들은 기본 모델에 트랜스포머 블록을 12개, 라지large 모델에 24개 쌓아서 만들었다.

원조 트랜스포머와 BERT가 가장 크게 차이를 보이는 대목은 바로 마지막 예측prediction 레이어다. 마스크 언어 모델, 다음 문장인지 여부 맞추기 과제를 수행하기 위해서다. 코드 5-35는 마스크 언어 모델 관련 레이어다. 이 레이어는 run_pretraining.py에 정의돼 있으며 프리트레인이 끝나면 그 역할을 다하고 제거된다. 전이 학습 내지 파인 튜닝 때는 쓰지 않는 레이어라는 이야기다.

이 레이어의 입력은 마지막 트랜스포머 블록의 마스크 위치에 해당하는 토큰 벡터다. 예컨대 BERT 모델의 입력 문장이 발 없는 말이 [MASK] 간다 이고, 띄어쓰기 기준으로 토큰을 나눈다면 네 번째 벡터가 input_tensor가 된다. 이 벡터를 입력 당시와 동일한 차원 수(bert_config.hidden_size)로 선형변환을 한 뒤 레이어 정규화를 시행한다. 이후 어휘 집합만큼의 차원 수로 사영projection하는 가중치 행렬 output_weights를 곱하고 output_bias 벡터를 더해 로짓logit 벡터를 만든다.

여기서 주목할 점은 입력 레이어에서 토큰 벡터를 만들 때 참조하는 행렬 (embedding_table)을 output_weights로 재사용한다는 점이다. BERT-base 다국어 모델의 단어 수가 10만 개 안팎인 점을 고려하면 계산, 메모리 효율성을 모두 달성하기 위한 전략으로 풀이된다.

로짓 벡터를 만든 다음부터는 여느 딥러닝 모델 학습과 다를 바가 거의 없다. 로짓 벡터에 소프트맥스를 취한 확률 벡터와 정답(천리라는 단어에 해당하는 인덱스만 1이고 나머지는 0인 원핫 벡터) 사이의 크로스 엔트로피를 구하고 이를 최소화하는 방향으로 모델의 파라미터를 업데이트한다.

코드 5-35 마스크 언어 모델 레이어

```
with tf.variable_scope("cls/predictions"):
    with tf.variable_scope("transform"):
        input_tensor = tf.layers.dense(
            input_tensor,
            units=bert_config.hidden_size,
            activation=modeling.get_activation(bert_config.hidden_act),
            kernel_initializer=modeling.create_initializer(
                bert_config.initializer_range))
        input_tensor = modeling.layer_norm(input_tensor)
    output_bias = tf.get_variable(
        "output_bias",
        shape=[bert_config.vocab_size],
        initializer=tf.zeros_initializer())
    logits = tf.matmul(input_tensor, output_weights, transpose_b=True)
    logits = tf.nn.bias_add(logits, output_bias)
    log_probs = tf.nn.log_softmax(logits, axis=-1)
    label_ids = tf.reshape(label_ids, [-1])
    label_weights = tf.reshape(label_weights, [-1])
    one_hot_labels = tf.one_hot(
        label_ids, depth=bert_config.vocab_size, dtype=tf.float32)
    per_example_loss = -tf.reduce_sum(log_probs * one_hot_labels, axis=[-1])
    numerator = tf.reduce_sum(label_weights * per_example_loss)
    denominator = tf.reduce_sum(label_weights) + 1e-5
    loss = numerator / denominator
```

코드 5-36은 다음 문장인지 여부를 맞추기 위한 레이어다. 이 레이어의 입력 (input_tensor)은 마지막 트랜스포머 블록의 첫 번째 토큰([CLS])에 해당하는 벡터다. 이 벡터를 2차원으로 사영하는 가중치 행렬 output_weights를 곱하고, 여기에 2차원 크기의 바이어스 벡터를 더한 뒤 소프트맥스를 취한다. 이 확률 벡터와 정답(참 혹은 거짓)과 비교해 크로스엔트로피를 구하고 이를 최소화하는 방향으로 모델의 파라미터를 업데이트한다. 이 역시 run_pretraining.py에 정의돼 있으며 사전 학습이 끝나면 이 레이어는 제거된다.

코드 5-36 다음 문장인지 여부 맞추기

```
with tf.variable_scope("cls/seq_relationship"):
    output_weights = tf.get_variable(
        "output_weights",
        shape=[2, bert_config.hidden_size],
        initializer=modeling.create_initializer(bert_config.initializer_range))
    output_bias = tf.get_variable(
        "output_bias", shape=[2], initializer=tf.zeros_initializer())
    logits = tf.matmul(input_tensor, output_weights, transpose_b=True)
    logits = tf.nn.bias_add(logits, output_bias)
    log_probs = tf.nn.log_softmax(logits, axis=-1)
    labels = tf.reshape(labels, [-1])
    one_hot_labels = tf.one_hot(labels, depth=2, dtype=tf.float32)
    per_example_loss = -tf.reduce_sum(one_hot_labels * log_probs, axis=-1)
    loss = tf.reduce_mean(per_example_loss)
```

5.6.4 프리트레인 튜토리얼

BERT 모델을 프리트레인하려면 GPU가 여러 개 있어야 한다. GPU 8개를 썼을 때 12개 레이어 크기의 기본 모델(BERT-base)을 프리트레인하는 데 10~15일 정도 소요된다. 리소스가 많지 않은 독자들은 이미 공개돼 있는 BERT 프리트레인 모델을 사용하는 것을 추천한다.

자연어 처리 연구자 오연택 님께서 한국어 BERT 프리트레인 모델을 공개했다. 프리트레인 과정 및 하이퍼파라미터 세팅 등 자세한 내용은 다음 링크에서 확인해볼 수 있다. 이처럼 학습이 완료된 프리트레인 BERT 모델을 내려받아 파인 튜닝을 수행하는 내용은 6장, '임베딩 파인 튜닝'을 참고하면 된다.

- https://github.com/yeontaek/BERT-Korean-Model

이 절에서는 설명의 편의를 위해 작은 데이터(네이버 영화 말뭉치)를 가지고 프리트레인하는 방법을 소개하고자 한다. 우선 코드 5-37을 수행해 전처리를 마친 학습 데이터를 내려받는다. 전처리 관련 자세한 내용은 3장, '한국어 전처리'를 참고하면 된다.

코드 5-37 학습 데이터 다운로드 `bash`

```bash
git pull origin master
bash preprocess.sh dump-processed
```

Devlin et al. (2018)은 BERT 모델의 원본 학습 데이터가 그림 5-33과 같은 형태가 되도록 권장하고 있다. 문장과 문장 사이는 줄바꿈 1개, 문서와 문서 사이는 줄바꿈 2개인 형태다. 코드 5-38을 수행하면 네이버 영화 말뭉치를 그림 5-33과 같은 형태로 변환한다. 원시^{raw} 말뭉치가 너무 크면 전처리가 지나치게 느려질 수 있으므로 원본 데이터를 30만 줄^{line} 단위로 분리^{split}했다. 네이버 영화 말뭉치 말고 다른 데이터를 쓰고 싶다면 코드 5-38에서 `input_path`만 바꾸면 된다.

> 이것은 첫 번째 문서(document)의 문장(sentence)입니다.
> 이것은 첫 번째 문서의 두 번째 문장입니다.
>
> 이것은 두 번째 문서의 첫 번째 문장입니다.
> (하략)

그림 5-33 BERT 원본 학습 데이터

코드 5-38 BERT 데이터 전처리 `bash`

```bash
cd /notebooks/embedding
mkdir -p data/sentence-embeddings/pretrain-data
python preprocess/dump.py --preprocess_mode process-documents \
  --input_path data/processed/corrected_ratings_corpus.txt \
  --output_path data/processed/pretrain.txt
split -l 300000 data/processed/pretrain.txt data/sentence-embeddings/pretrain-data/data_
```

BERT 모델의 학습 데이터를 만들기 위해서는 어휘 집합을 구축해야 한다. 구글에서 공개한 센텐스피스(https://github.com/google/sentencepiece)를 사용해 바이트 페어 인코딩^{BPE, Byte Pair Encoding} 방식의 어휘 집합을 만든다(3장, '한국어 전처리' 참고). 코드 5-39를 수행하면 된다.

코드 5-39 BERT 어휘 집합 구축 `bash`

```bash
cd /notebooks/embedding
mkdir -p data/sentence-embeddings/bert/pretrain-ckpt
python preprocess/unsupervised_nlputils.py --preprocess_mode make_bert_vocab \
  --input_path data/processed/pretrain.txt \
  --vocab_path data/sentence-embeddings/bert/pretrain-ckpt/vocab.txt
```

이제 학습 데이터를 만들 차례다. 코드 5-40을 실행하면 된다. create_pretraining_data.py의 파라미터 가운데 do_lower_case는 알파벳을 일괄적으로 소문자로 치환할지 여부를 결정하는 파라미터다. max_seq_length는 문서 하나에 속하는 토큰 최대 수를 의미한다. 이보다 긴 문서는 잘라서 이 길이로 맞춘다. max_predictions_per_seq는 마스크 언어 모델로 예측할 토큰 수의 최대치다. masked_lm_prob는 문서 하나당 마스킹하는 토큰 비율이다. random_seed는 랜덤 시드, dupe_factor는 동일한 말뭉치에서 학습 데이터를 몇 번 반복해 만들지 정하는 옵션이다. BERT는 랜덤성(다음 문장 예측용 데이터를 만들 때 앞뒤 문장을 랜덤하게 선택, 앞뒤 토큰 제거 등)이 있기 때문에 매 시행마다 다른 학습 데이터가 나온다. 물론 동일한 랜덤 시드를 입력하면 매번 같은 학습 데이터를 만들 수 있다.

```bash
cd /notebooks/embedding
mkdir -p data/sentence-embeddings/bert/pretrain-ckpt/traindata
python models/bert/create_pretraining_data.py \
  --input_file=data/sentence-embeddings/pretrain-data/* \
  --output_file=data/sentence-embeddings/bert/pretrain-ckpt/traindata/tfrecord \
  --vocab_file=data/sentence-embeddings/bert/pretrain-ckpt/vocab.txt \
  --do_lower_case=False \
  --max_seq_length=128 \
  --max_predictions_per_seq=20 \
  --masked_lm_prob=0.15 \
  --random_seed=7 \
  --dupe_factor=5
```

코드 5-41은 Devlin et al. (2018)이 제시한 기본 모델(BERT-base)의 프리트레이닝 하이퍼파라미터에서 vocab_size만 고친 것이다. dropout은 드롭아웃 비율, hidden_act는 Pointwise Feedforward Networks의 활성함수 종류, hidden_size는 트랜스포머 블록 입출력 행렬의 차원 수, initializer_range는 모델 가중치 초기화 범위(분산), intermediate_size는 Pointwise Feedforward Networks의 중간 레이어 벡터 차원 수를 가리킨다. max_position_embeddings는 토큰 순서 정보를 몇 개 토큰까지 유지할지 정하는 파라미터이며 num_attention_heads, num_hidden_layers는 각각 어텐션 헤드, 트랜스포머 블록 수를 의미한다. vocab_size는 어휘 집합의 크기다. 코드 5-39에서 만든 어휘 집합의 vocab_size와 일치해야 한다. type_vocab_size는 세그먼트^{segment} 임베딩의 종류 수를 의미하는데 2를 고정으로 쓴다.

코드 5-41 BERT 모델의 하이퍼파라미터(bert_config.json)

```
{
```

```
  "attention_probs_dropout_prob": 0.1,
  "directionality": "bidi",
  "hidden_act": "gelu",
  "hidden_dropout_prob": 0.1,
  "hidden_size": 768,
  "initializer_range": 0.02,
  "intermediate_size": 3072,
  "max_position_embeddings": 512,
  "num_attention_heads": 12,
  "num_hidden_layers": 12,
  "type_vocab_size": 2,
  "vocab_size": 32000
}
```

코드 5-42를 실행하면 백그라운드에서 BERT 모델을 프리트레이닝할 수 있다. 코드 5-41의 내용이 들어 있는 json 파일이 코드 5-42의 bert_config_file 경로에 반드시 존재해야 한다. train_batch_size는 배치 크기, max_seq_length는 최대 토큰 길이, max_predictions_per_seq는 마스크 언어 모델의 최대 예측 수, learning_rate는 학습률을 의미한다. 학습 전 과정은 bert-pretrain.log에 기록된다.

코드 5-42 BERT 모델 프리트레이닝 `bash`

```
cd /notebooks/embedding
nohup sh -c "python models/bert/run_pretraining.py --input_file=data/sentence-
embeddings/bert/pretrain-ckpt/traindata/tfrecord* --output_dir=data/sentence-
embeddings/bert/pretrain-ckpt --do_train=True --do_eval=True --bert_config_
file=data/sentence-embeddings/bert/pretrain-ckpt/bert_config.json --train_batch_
size=32 --max_seq_length=128 --max_predictions_per_seq=20 --learning_rate=2e-5" >
bert-pretrain.log &
```

코드 5-43은 코드 5-38부터 코드 5-42까지 전 과정을 한꺼번에 자동으로 실행해주는 스크립트다.

```bash
git pull origin master
bash preprocess sh dump-processed
bash sentmodel.sh pretrain-bert
```

5.7 이 장의 요약

5장에서는 다양한 문장 수준 임베딩을 소개했다. 주요 내용은 다음과 같다.

- 문서 임베딩을 만들기 위한 잠재 의미 분석[LSA]은 단어-문서 행렬이나 TF-IDF 행렬에 특이값 분해를 시행하고, 축소된 이 행렬에서 문서에 대응하는 벡터를 취하는 방식이다.

- Doc2Vec은 이전 k개 단어들과 문서 ID를 넣어서 다음 단어를 예측하거나(PV-DM), 문서 ID를 가지고 주변 단어들을 맞추는(PV-DBOW) 과정에서 학습한다. 결과적으로 문서 ID에 해당하는 문서 임베딩엔 문서에 등장하는 모든 단어들의 의미 정보가 반영된다.

- 잠재 디리클레 할당[LDA]이란 각 문서에 어떤 토픽(또는 주제)들이 존재하는지에 관한 확률 모형이다. 문서를 주제 확률 분포로 나타내 각각을 벡터화한다는 점에서 LDA를 임베딩 기법의 일종으로 이해할 수 있다.

- ELMo는 입력 단어 시퀀스 다음에 어떤 단어가 올지 맞추는 과정에서 학습된다. ELMo의 입력은 문자[character] 단위이며 출력은 토큰[token] 단위다. 문자 단위 컨볼루션 신경망, 양방향 LSTM 레이어, ELMo 레이어 세 요소로 구성돼 있다. ELMo가 제안된 이후 자연어 처리 분야에서는 모델을 프리트레인한 뒤 이를 각종 다운스트림 태스크에 맞게 파인 튜닝하는 방법이 일반화됐다.

- 트랜스포머 네트워크는 Scaled Dot-Product Attention과 멀티헤드 어텐션, Position-wise Feedforward Networks 세 요소로 구성된 블록이다. 입력 문장의 의미적, 문법적 관계 추출에 뛰어난 성능을 보여 주목받았다. GPT, BERT

등이 트랜스포머 네트워크를 기본 블록으로 사용한다.

- BERT는 입력 문장을 양방향으로 분석하는 모델이다. 주어진 시퀀스 다음 단어를 맞추는 것에서 벗어나, 일단 문장 전체를 모델에 알려주고, 빈칸(MASK)에 해당하는 단어가 어떤 단어일지 예측하는 과정에서 학습한다. 이를 마스크 언어 모델이라고 한다. 마스크 언어 모델 덕분에 BERT 임베딩 품질이 기존 다른 모델을 앞설 수 있었다.

5.8 참고 문헌

강필성(2017). "IME653 : 비정형데이터분석", 고려대학교.

조경현(2018). 딥러닝을 이용한 자연어 처리. https://www.edwith.org/deepnlp/lecture/29196

Alammar, J. (2018). The Illustrated Transformer, http://jalammar.github.io/illustrated-transformer/

Socher, R.(2016). "CS224d : Deep Learning for Natural Language Processing", Stanford University, USA.

Vaswani, A., Shazeer, N., Parmar, N., Uszkoreit, J., Jones, L., Gomez, A. N., ... & Polosukhin, I. (2017). Attention is all you need. In Advances in neural information processing systems (pp. 5998-6008).

Cohen, S. (2016). Bayesian analysis in natural language processing. Synthesis Lectures on Human Language Technologies, 9(2).

Tenney, I., Das, D., & Pavlick, E. (2019). Bert rediscovers the classical nlp pipeline. arXiv preprint arXiv:1905.05950.

Devlin, J., Chang, M. W., Lee, K., & Toutanova, K. (2018). Bert: Pre-training of deep bidirectional transformers for language understanding. arXiv preprint arXiv:1810.04805.

Jurafsky, D., & Martin, J. H. (2019). Speech and language processing (3rd ed. draft).

Calvo, R. (2018). Dissecting BERT, https://medium.com/dissecting-bert

Le, Q., & Mikolov, T. (2014, January). Distributed representations of sentences and documents. In International conference on machine learning (pp. 1188-1196).

Peters, M. E., Neumann, M., Iyyer, M., Gardner, M., Clark, C., Lee, K., & Zettlemoyer, L. (2018). Deep contextualized word representations. arXiv preprint arXiv:1802.05365.

Sun, Y., Wang, S., Li, Y., Feng, S., Chen, X., Zhang, H., ... & Wu, H. (2019). ERNIE: Enhanced Representation through Knowledge Integration. arXiv preprint arXiv:1904.09223.

Weng, L. (2019). Generalized Language Models. https://lilianweng.github.io/lil-log/2019/01/31/generalized-language-models.html

Cho, K. (2015). Natural language understanding with distributed representation. arXiv preprint arXiv:1511.07916.

Radford, A., Narasimhan, K., Salimans, T., & Sutskever, I. (2018). Improving language understanding by generative pre-training.

Radford, A., Wu, J., Child, R., Luan, D., Amodei, D., & Sutskever, I. (2019). Language models are unsupervised multitask learners. OpenAI Blog, 1(8).

Tenney, I., Xia, P., Chen, B., Wang, A., Poliak, A., McCoy, R. T., ... & Pavlick, E. (2019). What do you learn from context? probing for sentence structure in contextualized word representations. arXiv preprint arXiv:1905.06316.

Srivastava, R. K., Greff, K., & Schmidhuber, J. (2015). Highway networks. arXiv preprint arXiv:1505.00387.

Dai, Z., Yang, Z., Yang, Y., Cohen, W. W., Carbonell, J., Le, Q. V., & Salakhutdinov, R. (2019). Transformer-xl: Attentive language models beyond a fixed-length context. arXiv preprint arXiv:1901.02860.

Yang, Z., Dai, Z., Yang, Y., Carbonell, J., Salakhutdinov, R., & Le, Q. V. (2019). XLNet: Generalized Autoregressive Pretraining for Language Understanding. arXiv preprint arXiv:1906.08237.

Hendrycks, D., & Gimpel, K. (2016). Gaussian error linear units (gelus). arXiv preprint arXiv:1606.08415.

Blei, D. (2012). Probabilistic topic models, Communications of the ACM.

임베딩 파인 튜닝

6장에서 다루는 내용

6장에서는 4장, '단어 수준 임베딩', 5장, '문장 수준 임베딩'에서 다룬 임베딩 모델들을 파인 튜닝하는 방법을 다룬다. 네이버 영화 리뷰 말뭉치를 가지고 극성을 분류하는 다운스트림 태스크를 수행한다. 목차는 다음과 같다.

6장 임베딩 파인 튜닝

6.1 프리트레인과 파인 튜닝

6.2 분류를 위한 파이프라인 만들기

6.3 단어 임베딩 활용

6.3.1 네트워크 개요

6.3.2 네트워크 구현

6.3.3 튜토리얼

6.4 ELMo 활용

6.4.1 네트워크 개요

6.4.2 네트워크 구현

6.4.3 튜토리얼

6.5 BERT 활용

6.5.1 네트워크 개요

6.5.2 네트워크 구현

6.5.3 튜토리얼

6.6 어떤 문장 임베딩을 사용할 것인가

6.7 이 장의 요약

6.8 참고 문헌

6.1 프리트레인과 파인 튜닝

프리트레인을 마친 단어 임베딩(4장)과 문장 임베딩(5장)은 말뭉치의 의미적, 문법적 정보를 충분히 담고 있다. 하지만 그 자체로는 다운스트림 태스크를 수행하기 어렵다. **파인 튜닝**fine-tuning을 해야 원하는 성능을 낼 수 있다. 파인 튜닝이란 프리트레인 이후 추가 학습을 시행해 임베딩을 다운스트림 태스크에 맞게 업데이트하는 것을 의미한다. 파인 튜닝 기법은 자연어 처리 분야에서 점차 널리 쓰이고 있다.

그림 6-1은 BERT 모델의 파인 튜닝 아키텍처를 도식화한 것이다. BERT 임베딩 위에 다운스트림 태스크에 맞는 간단한 레이어를 좀 더 쌓은 형태다. 물론 BERT 대신 다른 임베딩을 쓸 수 있고, BERT 임베딩 파인 튜닝에 그림 6-1과는 다른 아키텍처를 사용해볼 수도 있다.

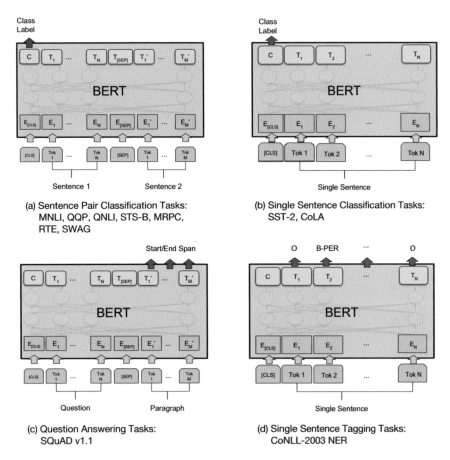

그림 6-1 BERT 모델의 파인 튜닝 아키텍처

6장에서는 프리트레인을 마친 임베딩 모델 위에 작은 레이어 하나를 추가해 파인 튜닝을 수행하는 방법을 안내하고자 한다. 6장의 튜토리얼을 수행하기 위해서는 프리트레인이 완료된 임베딩 모델이 준비돼 있어야 한다. 이 책에서는 표 6-1과 같은 프리트레인 임베딩을 제공한다. 표 6-1의 모든 임베딩은 한국어 위키백과, 네이버 영화 리뷰, KorQuAD로 학습했으며 관련 장에서 다운로드 방법을 안내한다.

표 6-1 이 책에서 제공하는 프리트레인 임베딩

모델	관련 장
Word2Vec	6.3절 단어 임베딩 활용
FastText	6.3절 단어 임베딩 활용
GloVe	6.3절 단어 임베딩 활용
Swivel	6.3절 단어 임베딩 활용
ELMo	6.4절 ELMo 활용

BERT는 자연어 처리 연구자 오연택 님께서 공개한 한국어 프리트레인 모델을 사용한다. 프리트레인 과정 및 하이퍼파라미터 세팅 등 자세한 내용은 다음 링크에서 확인할 수 있다. BERT의 프리트레인 모델 다운로드 방법은 6.5절에서 설명한다.

- https://github.com/yeontaek/BERT-Korean-Model

한편 6장에서 언급하는 코드의 대부분은 **tune_utils.py**에 정의돼 있다. 새로운 파인 튜닝 기법이 제안되거나 버그를 발견하면 수시로 수정해 둘 예정이다. 최신 코드를 웹에서 확인하려면 다음 링크에 접속하면 된다.

- https://github.com/ratsgo/embedding/blob/master/models/tune_utils.py

6.2 분류를 위한 파이프라인 만들기

네이버 영화 리뷰 말뭉치의 극성을 분류하는 과제를 수행해봄으로써 파인 튜닝 방법을 익혀 보자. 레이블이 긍정, 부정 두 개뿐인 간단한 이진 분류binary classification 문제이지만 파인 튜닝 파이프라인 전체를 이해하는 데 손색이 없는 과제다.

이 절에서는 6.3절, 6.4절, 6.5절에서 쓸 공통 모듈을 소개한다. 학습 데이터 피드feed, 모델 평가 등은 임베딩이나 파인 튜닝 아키텍처 종류에 관계없이 동일하게 적용할 수 있기 때문에 코드를 각 모델별로 중복해서 작성할 이유가 없다. 물론 여기에 있는 코드는 저자 개인 스타일의 코딩으로, 참고용으로 활용하면 좋겠다. 모든 코드는 구글 텐서플로로 작성했다.

코드 6-1은 분류 태스크 수행을 위한 파이프라인 역할을 하는 **Tuner** 클래스의 선언부다. 코드 6-1에서는 임베딩은 무엇을 쓸지(model_name), 평가는 얼마나 자주 할지(eval_every), 배치 데이터 크기(batch_size), 학습 에폭 수(num_epochs), 드롭아웃 비율(dropout_keep_prob_rate) 등 파인 튜닝 모델의 여러 가지 하이퍼파라미터 설정 값들을 미리 저장해 놓는다. 또한 어떤 형태소 분석기를 쓸지도 정한다. 또한 학습/테스트 데이터를 읽어 들인다(load_or_tokenize_corpus).

코드 6-1 Tuner 클래스 (1) – 선언

```
from bert tokenization import Full Tokenizer
from preprocess import get_tokenizer, post_processing

class Tuner(object):

    def __init__(self, train_corpus_fname=None,
                 tokenized_train_corpus_fname=None,
                 test_corpus_fname=None, tokenized_test_corpus_fname=None,
                 model_name="bert", model_save_path=None, vocab_fname=None,
                 eval_every=1000,
                 batch_size=32, num_epochs=10, dropout_keep_prob_rate=0.9,
                 model_ckpt_path=None):
        # configurations
        self.model_name = model_name
        self.eval_every = eval_every
        self.model_ckpt_path = model_ckpt_path
        self.model_save_path = model_save_path
        self.batch_size = batch_size
        self.num_epochs = num_epochs
        self.dropout_keep_prob_rate = dropout_keep_prob_rate
        self.best_valid_score = 0.0
        # define tokenizer
        if self.model_name == "bert":
            self.tokenizer = FullTokenizer(vocab_file=vocab_fname,
                                           do_lower_case=False)
        else:
            self.tokenizer = get_tokenizer("mecab")
```

```
# load or tokenize corpus
self.train_data, self.train_data_size = \
  self.load_or_tokenize_corpus(
      train_corpus_fname, tokenized_train_corpus_fname)
self.test_data, self.test_data_size = \
  self.load_or_tokenize_corpus(
      test_corpus_fname, tokenized_test_corpus_fname)
```

코드 6-2의 말뭉치 로드 및 형태소 분석 함수(load_or_tokenize_corpus)는 Tuner 클래스가 선언됨과 동시에 호출된다. tokenized_corpus_fname 경로에 데이터가 존재하면 해당 경로의 데이터를 읽어 들이고, 그렇지 않으면 corpus_fname 경로의 데이터를 읽어서 형태소 분석을 실시한다.

코드 6-2 Tuner 클래스 (2) – 말뭉치 로드 및 형태소 분석

```
def load_or_tokenize_corpus(self, corpus_fname, tokenized_corpus_fname):
    data_set = []
    if os.path.exists(tokenized_corpus_fname):
        tf.logging.info("load tokenized corpus : " + tokenized_corpus_fname)
        with open(tokenized_corpus_fname, 'r') as f1:
            for line in f1:
                tokens, label = line.strip().split("\u241E")
                if len(tokens) > 0:
                    data_set.append([tokens.split(" "), int(label)])
    else:
        with open(corpus_fname, 'r') as f2:
            next(f2)  # skip head line
            for line in f2:
                sentence, label = line.strip().split("\u241E")
                if self.model_name == "bert":
                    tokens = self.tokenizer.tokenize(sentence)
                else:
                    tokens = self.tokenizer.morphs(sentence)
                    tokens = post_processing(tokens)
                if int(label) >= 1:
                    int_label = 1
                else:
```

```
                int_label = 0
            data_set.append([tokens, int_label])
    with open(tokenized_corpus_fname, 'w') as f3:
        for tokens, label in data_set:
            f3.writelines(' '.join(tokens) + "\u241E" + str(label) + "\n")
return data_set, len(data_set)
```

FastText, ELMo, BERT 등 어떤 임베딩을 쓰더라도 배치 데이터를 생성하는 과정은 동일하기 때문에 각 자식 클래스들이 이를 공유하도록 설계했다. 코드 6-3은 사용자가 정한 에폭 수만큼 배치 데이터를 반복 생성한다. 매 에폭마다 전체 학습 데이터를 랜덤 셔플^{shuffle}한다. 데이터는 문장(영화 리뷰)과 레이블(긍정 혹은 부정) 쌍으로 구성돼 있다.

이때 배치^{batch}는 이미 셔플한 말뭉치에서 batch_size만큼 슬라이딩하면서 순서대로 만들어진다. 네이버 영화 리뷰 말뭉치는 긍정과 부정 레이블 데이터가 각 절반씩 들어 있기 때문에 **불균형 데이터**^{imbalanced data}에 쓰는 웨이티드 샘플링^{weighted sampling} 등을 추가하지는 않았다.

get_batch는 학습 중 평가 때에도 쓰인다. 네이버 영화 리뷰의 테스트 데이터(5만 건)는 GPU가 한 번에 계산할 수 있는 batch_size보다 커서 평가 때에도 배치 단위로 모델에 피드해줘야 한다.

코드 6-3 Tuner 클래스 (3) – 배치 함수

```
def get_batch(self, data, num_epochs, is_training=True):
    if is_training:
        data_size = self.train_data_size
    else:
        data_size = self.test_data_size
    num_batches_per_epoch = int((data_size - 1) / self.batch_size) + 1
    for epoch in range(num_epochs):
        idx = random.sample(range(data_size), data_size)
        data = np.array(data)[idx]
        for batch_num in range(num_batches_per_epoch):
            batch_sentences = []
```

```
            batch_labels = []
            start_index = batch_num * self.batch_size
            end_index = min((batch_num + 1) * self.batch_size, data_size)
            features = data[start_index:end_index]
            for feature in features:
                sentence, label = feature
                batch_sentences.append(sentence)
                batch_labels.append(int(label))
            yield self.make_input(batch_sentences, batch_labels, is_training)
```

코드 6-4에 정의된 **train** 함수는 텐서플로 session과 saver, output_feed를 입력받아 실행된다. 이들 변수는 **Tuner**를 상속받는 자식 클래스에서 각자 정의해서 쓸 수 있도록 여지를 남겨뒀다. 참고로 FastText 등 단어 임베딩 파인 튜닝 모델, ELMo는 일반적인 아담 옵티마이저^{Adam optimizer}, BERT는 웜업 기반의 아담 옵티마이저를 사용한다.

코드 6-4의 학습 함수는 배치 데이터를 모델에 반복적으로 피드해 모델을 학습시킨다. 사용자가 정한 스텝 수(eval_every)를 만족하면 모델을 평가하기 위해 **validation** 함수를 호출한다. 평가 과정은 코드 6-5에 정의돼 있다.

코드 6-4 Tuner 클래스 (4) – 학습 함수

```
def train(self, sess, saver, global_step, output_feed):
    train_batches = self.get_batch(self.train_data, self.num_epochs,
                                   is_training=True)
    checkpoint_loss = 0.0
    for current_input_feed in train_batches:
        _, _, _, current_loss = sess.run(output_feed, current_input_feed)
        checkpoint_loss += current_loss
        if global_step.eval(sess) % self.eval_every == 0:
            tf.logging.info("global step %d train loss %.4f" %
                (global_step.eval(sess), checkpoint_loss / self.eval_every))
            checkpoint_loss = 0.0
            self.validation(sess, saver, global_step)
```

코드 6-5에 정의된 함수는 테스트 데이터 전체를 1회(num_epochs=1) 평가한다. 모델이 테스트 데이터를 보고 학습(파라미터 업데이트)하면 안 되기 때문에 output_feed 에서 옵티마이저optimizer 부분은 제외한다. 소프트맥스를 취하기 전 로짓 벡터의 최댓값이 어느 레이블(긍정=1, 부정=0)에 해당하는지를 조사해 예측 레이블을 만든다. 이 예측 레이블이 정답과 일치하면 점수(valid_pred)를 1점 추가한다. 이 점수가 이전 평가 점수보다 높으면 모델의 체크포인트를 정해진 경로에 저장한다.

코드 6-5 Tuner 클래스 (5) – 평가 함수

```
def validation(self, sess, saver, global_step):
    valid_loss, valid_pred, valid_num_data = 0, 0, 0
    output_feed = [self.logits, self.loss]
    test_batches = self.get_batch(self.test_data,
                                  num_epochs=1,
                                  is_training=False)
    for current_input_feed, current_labels in test_batches:
        current_logits, current_loss = sess.run(output_feed,
                                                current_input_feed)
        current_preds = np.argmax(current_logits, axis=-1)
        valid_loss += current_loss
        valid_num_data += len(current_labels)
        for pred, label in zip(current_preds, current_labels):
            if pred == label:
                valid_pred += 1
    valid_score = valid_pred / valid_num_data
    tf.logging.info("valid loss %.4f valid score %.4f" %
                    (valid_loss, valid_score))
    if valid_score > self.best_valid_score:
        self.best_valid_score = valid_score
        path = self.model_save_path + "/" + str(valid_score)
        saver.save(sess, path, global_step=global_step)
```

입력값을 생성하거나(make_input) 옵티마이저 등을 정의하는 절차(tune)는 모델마다 조금씩 다르기 때문에 개별 자식 클래스에서 구현하도록 했다. 하지만 코드 6-1~6-5는 make_input과 tune 없이는 작동하지 않기 때문에 자식 클래스는 이 함

수들을 반드시 구현해 오버라이드^{override}하도록 강제한다. 코드 6-6과 같다.

코드 6-6 Tuner 클래스 (6) – 입력값 생성, tune 함수

```python
def make_input(self, sentences, labels, is_training):
    raise NotImplementedError

def tune(self):
    raise NotImplementedError
```

6.3 단어 임베딩 활용

6장에서는 단어 임베딩을 입력으로 하는 파인 튜닝 네트워크를 구현하는 방법을 살펴본다. 4장, '단어 수준 임베딩'에서 설명한 Word2Vec, GloVe, FastText, Swivel 등을 이 네트워크에 사용할 수 있다.

6.3.1 네트워크 개요

단어 임베딩 파인 튜닝 네트워크의 아키텍처 개요는 그림 6-2와 같다. 우선 입력 문장을 토크나이즈한 뒤 해당 토큰에 해당하는 단어 벡터를 참조해 파인 튜닝 네트워크의 입력값으로 만든다. 이후 단어 임베딩을 1개 층^{layer}의 양방향 LSTM 레이어에 태우고 각 LSTM 셀에서 나온 출력 벡터들에 어텐션 메커니즘을 적용해 고정된 길이^{fixed-length}의 히든 벡터로 만든다.

히든 벡터를 활성함수가 ReLU인 피드포워드 네트워크에 입력한다. 피드포워드 네트워크의 출력 벡터인 로짓 벡터에 소프트맥스를 취해 긍정, 부정의 2차원 확률 벡터를 만든다. 이를 정답 레이블과 비교해 학습 손실을 구하고, 이 손실을 최소화하는 방향으로 모델 전체를 업데이트한다. 이때 업데이트 대상은 단어 임베딩까지 포함하도록 설정했다.

이같이 임베딩까지 모두 업데이트하는 기법을 파인 튜닝이라고 부른다. 반대로 임베딩은 그대로 두고 그 위의 레이어만 학습하는 방법을 피처베이스^{feature-based} 기법이라고 한다.

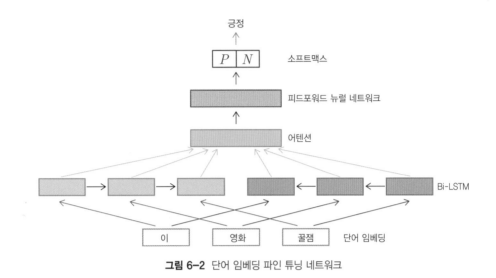

그림 6-2 단어 임베딩 파인 튜닝 네트워크

6.3.2 네트워크 구현

코드 6-7은 그림 6-2의 아키텍처를 텐서플로로 구현한 그래프다. WordEmbedding Tuner(코드 6-8~6-11)는 Tuner를 상속받는 자식 클래스다. 코드 6-7의 파인 튜닝 네트워크 그래프를 WordEmbeddingTuner에 바로 구현하려고 했지만 WordEmbeddingTuner는 파인 튜닝 네트워크 학습 때만 쓰인다. 그런데 학습이 끝난 모델을 예측용으로 써야 할 때도 역시 동일한 그래프를 생성하는 절차가 필요하다. 이 때문에 그래프 생성 절차를 별도 함수 make_word_embedding_graph로 구현했다.

make_word_embedding_graph를 호출할 때 tune이라는 인자를 True로 주면 파인 튜닝 네트워크 학습용, False로 주면 예측 모드로 그래프를 생성한다. 둘의 차이는 드롭아웃을 켜는지, 끄는지 그리고 학습 손실을 구하는 레이어를 두는지, 안 두는지에 있다. 예측 모드에서라면 드롭아웃과 학습 손실 레이어가 불필요하기 때문이다.

```python
def make_word_embedding_graph(num_labels, vocab_size,
                              embedding_size, tune=False):
    ids_placeholder = tf.placeholder(tf.int32, [None, None], name="input_ids")
    input_lengths = tf.placeholder(tf.int32, [None], name="input_lengths")
    labels_placeholder = tf.placeholder(tf.int32, [None], name="label_ids")
    if tune:
        dropout_keep_prob = tf.placeholder(tf.float32, name="dropout_keep_prob")
    else:
        dropout_keep_prob = tf.constant(1.0, dtype=tf.float32)
    We = tf.Variable(tf.constant(0.0,
                                 shape=[vocab_size, embedding_size]),
                                 trainable=True)
    embedding_placeholder = tf.placeholder(tf.float32,
                                           shape=[vocab_size, embedding_size])
    embed_init = We.assign(embedding_placeholder)
    # shape : [batch_size, unroll_steps, dimension]
    embedded_words = tf.nn.embedding_lookup(We, ids_placeholder)
    # input of fine tuning network
    features = tf.nn.dropout(embedded_words, dropout_keep_prob)
    # Bidirectional LSTM Layer
    lstm_cell_fw = tf.nn.rnn_cell.LSTMCell(num_units=embedding_size,
                                           cell_clip=5,
                                           proj_clip=5)
    lstm_cell_bw = tf.nn.rnn_cell.LSTMCell(num_units=embedding_size,
                                           cell_clip=5,
                                           proj_clip=5)
    lstm_output, _ = tf.nn.bidirectional_dynamic_rnn(
                            cell_fw=lstm_cell_fw,
                            cell_bw=lstm_cell_bw,
                            inputs=features,
                            sequence_length=input_lengths,
                            dtype=tf.float32)

    # Attention Layer
    output_fw, output_bw = lstm_output
    H = tf.contrib.layers.fully_connected(inputs = output_fw + output_bw,
                                          num_outputs = 256,
                                          activation_fn = tf.nn.tanh)
    attention_score = tf.nn.softmax(tf.contrib.layers.fully_connected(inputs=H,
```

```
                num_outputs=1, activation_fn=None), axis=1)
        attention_output = tf.squeeze(tf.matmul(tf.transpose(H,
                                                             perm=[0, 2, 1]),
                                                 attention_score),
                                      axis=-1)
        layer_output = tf.nn.dropout(attention_output), dropout_keep_prob)

        # Feedforward Layer
        fc = tf.contrib.layers.fully_connected(
                        inputs=layer_output,
                        num_outputs=512,
                        activation_fn=tf.nn.relu,
                        weights_initializer=tf.contrib.layers.xavier_initializer(),
                        biases_initializer=tf.zeros_initializer())
        features_drop = tf.nn.dropout(fc, dropout_keep_prob)
        logits = tf.contrib.layers.fully_connected(
                        inputs=features_drop,
                        num_outputs=num_labels,
                        activation_fn=None,
                        weights_initializer=tf.contrib.layers.xavier_initializer(),
                        biases_initializer=tf.zeros_initializer())
        if tune:
            # Loss Layer
            CE = tf.nn.sparse_softmax_cross_entropy_with_logits(
                    labels=labels_placeholder, logits=logits)
            loss = tf.reduce_mean(CE)
            return ids_placeholder, input_lengths, labels_placeholder, \
                    dropout_keep_prob, embedding_placeholder, embed_init, logits, loss
        else:
            # prob Layer
            probs = tf.nn.softmax(logits, axis=-1, name='probs')
            return ids_placeholder, input_lengths, labels_placeholder, probs
```

이제 WordEmbeddingTuner 클래스를 살펴보자. 이 클래스는 6.2절에서 정의한
Tuner를 상속받는다. 따라서 학습 데이터 로딩, 배치 생성, 학습 및 평가 함수 등을
따로 정의할 필요 없이 그대로 쓰면 된다. 이 클래스에서는 단어 임베딩 모델에 특화
한 함수들만 정의해주면 된다. 코드 6-8의 선언부에서는 두 가지 추가적인 일을 한다.
하나는 단어 임베딩을 읽어 들이는 일이고, 나머지는 코드 6-7에서 정의한 파인 튜

닝 그래프를 구축하는 것이다. 학습 데이터, 단어 임베딩, 파인 튜닝 그래프 이 세 가지가 모두 있어야 학습이 가능하기 때문이다.

코드 6-8 WordEmbeddingTuner 클래스 (1) – 선언부

```
class WordEmbeddingTuner(Tuner):

    def __init__(self, train_corpus_fname, test_corpus_fname,
                 model_save_path, embedding_name, embedding_fname=None,
                 embedding_size=100, batch_size=128, learning_rate=0.0001,
                 num_labels=2):
        # Load a corpus.
        super().__init__(
            train_corpus_fname=train_corpus_fname,
            tokenized_train_corpus_fname=train_corpus_fname + ".tokenized",
            test_corpus_fname=test_corpus_fname, batch_size=batch_size,
            tokenized_test_corpus_fname=test_corpus_fname + ".tokenized",
            model_name=embedding_name, model_save_path=model_save_path)
        self.lr = learning_rate
        self.embedding_size = embedding_size
        # Load Pretrained Word Embeddings.
        self.embeddings, self.vocab = self.load_embeddings(
                                        embedding_name, embedding_fname)
        # build train graph.
        self.ids_placeholder, self.input_lengths, self.labels_placeholder, \
        self.dropout_keep_prob, self.embedding_placeholder, self.embed_init, \
        self.logits, self.loss = make_word_embedding_graph(
        num_labels, len(self.vocab) + 2, self.embedding_size, tune=True)
```

코드 6-9는 WordEmbeddingTuner가 초기화될 때 호출된다. 이 함수의 역할은 Word2Vec, GloVe, FastText, Swivel 등 이미 학습된 단어 임베딩 행렬을 읽어 들이는 역할을 한다. 그런데 학습 데이터에는 단어 임베딩 목록에 없는 단어(미등록 단어)가 나타날 가능성이 없지 않다.

따라서 이미 학습된 단어 임베딩 행렬에 추가로 스페셜 토큰 [UNK]에 해당하는 벡터를 추가해준다. 이 벡터는 get_truncated_normal 함수로 랜덤 생성한다. 그뿐만

아니라 배치를 생성할 때 각 문장의 최대 길이는 맞춰줘야 한다(LSTM은 그 입력 길이에 자유로우나 텐서플로에서는 학습 속도를 높이기 위해 배치 문장 길이가 일정하도록 요구한다). 그래서 길이가 짧은 문서에 덧붙여주는 용도의 스페셜 토큰 [PAD]에 해당하는 벡터 또한 랜덤으로 생성해 단어 임베딩 행렬에 추가해준다.

물론 프리트레인한 단어 임베딩을 사용할 수도 있지만 이 또한 랜덤 초기화해 놓고 파인 튜닝 네트워크와 함께 학습하는 것도 가능하다. 1장 서론에 밝힌 Random이 이같은 방식을 의미한다. 학습 데이터 토큰 빈도를 세어서 고빈도순으로 어휘 집합을 만들고 이에 대응하는 단어 임베딩 행렬 전체를 랜덤 초기화한다.

코드 6-9 WordEmbeddingTuner 클래스 (2) – 단어 임베딩 로드 함수

```
def get_truncated_normal(self, mean=0, sd=1, low=-1, upp=1):
    return truncnorm(
        (low - mean) / sd, (upp - mean) / sd, loc=mean, scale=sd)


def load_embeddings(self, embedding_name, embedding_fname):
    random_generator = self.get_truncated_normal()
    if embedding_name in ["fasttext", "glove", "swivel"]:
        embeddings, words = [], []
        with open(embedding_fname, 'r') as f:
            if embedding_name == "fasttext":
                next(f) # skip head line
            for line in f:
                if embedding_name == "swivel":
                    splitedLine = line.strip().split("\t")
                else:
                    splitedLine = line.strip().split()
                word = splitedLine[0]
                embedding = [float(el) for el in splitedLine[1:]]
                words.append(word)
                embeddings.append(embedding)
        embeddings = np.array(embeddings)
        vocab = {word:idx for idx, word in enumerate(words)}
    elif embedding_name == "word2vec":
        model = Word2Vec.load(embedding_fname)
        embeddings = model.wv.vectors
```

```
            vocab = {word:idx for idx, word in enumerate(model.wv.index2word)}
        else:
            words_count = defaultdict(int)
            for tokens, _ in self.train_data:
                for token in tokens:
                    words_count[token] += 1
            sorted_words = sorted(words_count.items(),
                                  key=lambda x: x[1], reverse=True)[:50000]
            words = [word for word, _ in sorted_words]
            vocab = {word:idx for idx, word in enumerate(words)}
            random_embeddings = random_generator.rvs(
                                    len(vocab) * self.embedding_size)
            embeddings = random_embeddings.reshape(
                                    len(vocab), self.embedding_size)
        # for PAD, UNK token
        added_embeddings = random_generator.rvs(self.embedding_size * 2)
        embeddings = np.append(
         embeddings, added_embeddings.reshape(2, self.embedding_size), axis=0)
        return embeddings, vocab
```

입력값 생성함수는 코드 6-10에 정의돼 있다. 부모 클래스인 Tuner의 배치 생성 함수 get_batch가 배치를 만들 때 이 함수를 호출한다. 우선 토큰들을 어휘 집합에 해당하는 ID들로 변환한다. 어휘 집합에 없는 토큰이라면 [UNK] 토큰 ID(len(self.vocab))로 바꿔준다. 그다음 배치 데이터를 생성할 문장들의 토큰 수 기준 최대 길이를 확인해(get_max_token_length_this_batch), 이보다 짧으면 [PAD]에 해당하는 ID(len(self.vocab) + 1)를 붙여 해당 길이로 맞춰준다. 학습 시에는 dropout_keep_prob를 0.9로 설정해 드롭아웃을 켜고, 학습 중 평가를 할 때는 1.0으로 끈다. 평가 중에는 실제 정답과 모델 예측값을 비교해야 하기 때문에 정답들(lables) 또한 함께 리턴해준다.

```python
def make_input(self, sentences, labels, is_training):
    input_ids, lengths = [], []
    max_token_length = self.get_max_token_length_this_batch(sentences)
    unk_idx = len(self.vocab)
    for tokens in sentences:
        token_ids = []
        tokens_length = len(tokens)
        for token in tokens:
            if token in self.vocab:
                token_ids.append(self.vocab[token])
            else:
                token_ids.append(unk_idx)
        if len(tokens) < max_token_length:
            token_ids.extend(
                [len(self.vocab) + 1] * (max_token_length - tokens_length))
        input_ids.append(token_ids)
        lengths.append(len(token_ids))
    if is_training:
        input_feed = {
            self.ids_placeholder: np.array(input_ids),
            self.input_lengths: np.array(lengths),
            self.labels_placeholder: np.array(labels),
            self.dropout_keep_prob: 0.9
        }
    else:
        input_feed = {
            self.ids_placeholder: np.array(input_ids),
            self.input_lengths: np.array(lengths),
            self.labels_placeholder: np.array(labels),
            self.dropout_keep_prob: 1.0
        }
        input_feed = [input_feed, labels]
    return input_feed

def get_max_token_length_this_batch(self, sentences):
    return max(len(sentence) for sentence in sentences)
```

코드 6-11은 global_step, optimizer, session 등을 정의하고 있다. WordEmbedding Tuner의 이 함수를 호출하면 파인 튜닝 네트워크의 학습이 시작된다.

코드 6-11 WordEmbeddingTuner 클래스 (4) – 옵티마이저 등 정의

```python
def tune(self):
    global_step = tf.train.get_or_create_global_step()
    optimizer = tf.train.AdamOptimizer(learning_rate=self.lr)
    grads_and_vars = optimizer.compute_gradients(self.loss)
    train_op = optimizer.apply_gradients(
                    grads_and_vars, global_step=global_step)
    output_feed = [train_op, global_step, self.logits, self.loss]
    saver = tf.train.Saver(max_to_keep=1)
    sess = tf.Session()
    sess.run(tf.global_variables_initializer())
    sess.run(self.embed_init,
            feed_dict={self.embedding_placeholder: self.embeddings})
    self.train(sess, saver, global_step, output_feed)
```

6.3.3 튜토리얼

이 절에서는 단어 임베딩 종류별로 파인 튜닝하는 튜토리얼을 설명한다. GPU가 있는 환경에서만 학습할 수 있다. 우선 코드 6-12를 실행해 학습 데이터(네이버 영화 리뷰 말뭉치)와 프리트레이닝이 완료된 단어 임베딩을 준비해야 한다.

코드 6-12 데이터 다운로드 `bash`

```bash
git pull origin master
bash preprocess.sh dump-processed
bash preprocess.sh dump-word-embeddings
```

베이스라인 성격의 Random 임베딩을 튜닝하는 코드는 코드 6-13과 같다. Random 임베딩은 이미 설명했던 것처럼 각 단어에 해당하는 임베딩을 랜덤으로 뿌려 놓고

해당 임베딩을 파인 튜닝 네트워크와 함께 학습하는 방식을 의미한다. 코드 6-13을 실행하면 파인 튜닝은 백그라운드에서 돌게 되며 학습 전 과정을 기록한 로그는 tune-random.log 파일에 기록된다.

코드 6-13 랜덤 임베딩 파인 튜닝 `bash`

```
cd /notebooks/embedding
nohup sh -c "python models/tune_utils.py --model_name word \
        --train_corpus_fname data/processed/processed_ratings_train.txt \
        --test_corpus_fname data/processed/processed_ratings_test.txt \
        --embedding_name random \
        --model_save_path data/word-embeddings/random-tune" > tune-random.log &
```

단어 임베딩 종류별 파인 튜닝을 수행하는 코드는 코드 6-14~6-17과 같다. 각각을 실행하면 파인 튜닝이 시작된다.

코드 6-14 Word2Vec 임베딩 파인 튜닝 `bash`

```
cd /notebooks/embedding
nohup sh -c "python models/tune_utils.py --model_name word \
        --train_corpus_fname data/processed/processed_ratings_train.txt \
        --test_corpus_fname data/processed/processed_ratings_test.txt \
        --embedding_name word2vec \
        --embedding_fname data/word-embeddings/word2vec/word2vec \
        --model_save_path data/word-embeddings/word2vec-tune" > tune-word2vec.log &
```

코드 6-15 FastText 임베딩 파인 튜닝 `bash`

```
cd /notebooks/embedding
nohup sh -c "python models/tune_utils.py --model_name word \
        --train_corpus_fname data/processed/processed_ratings_train.txt \
        --test_corpus_fname data/processed/processed_ratings_test.txt \
        --embedding_name fasttext \
        --embedding_fname data/word-embeddings/fasttext/fasttext.vec \
```

```
                    --model_save_path data/word-embeddings/fasttext-tune" > tune-ft.log &
```

코드 6-16 GloVe 임베딩 파인 튜닝 `bash`

```
cd /notebooks/embedding
nohup sh -c "python models/tune_utils.py --model_name word \
                --train_corpus_fname data/processed/processed_ratings_train.txt \
                --test_corpus_fname data/processed/processed_ratings_test.txt \
                --embedding_name glove \
                --embedding_fname data/word-embeddings/glove/glove.txt \
                --model_save_path data/word-embeddings/glove-tune" > tune-glove.log &
```

코드 6-17 Swivel 임베딩 파인 튜닝 `bash`

```
cd /notebooks/embedding
nohup sh -c "python models/tune_utils.py --model_name word \
                --train_corpus_fname data/processed/processed_ratings_train.txt \
                --test_corpus_fname data/processed/processed_ratings_test.txt \
                --embedding_name swivel \
                --embedding_fname data/word-embeddings/swivel/row_embedding.tsv \
                --model_save_path data/word-embeddings/swivel-tune" > tune-swivel.log &
```

그림 6-3은 로그파일에 기록된 1000 스텝별 정확도[accuracy]와 학습 손실을 파이
썬 시각화 라이브러리인 Bokeh를 활용해 그래프로 나타낸 것이다. 동일한 스텝일 때
FastText가 Random보다 정확도는 높고 학습 손실은 적다. 임베딩 품질이 좋으면 모
델의 성능이 올라가고 수렴은 빨라진다.

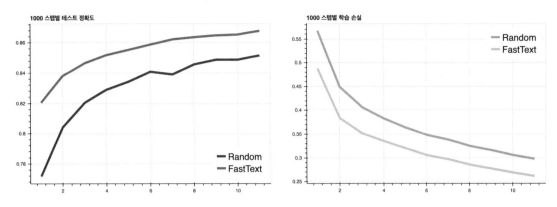

그림 6-3 Random과 FastText의 정확도, 학습 손실 그래프

6.4 ELMo 활용

6.4.1 네트워크 개요

ELMo의 파인 튜닝 네트워크는 6.3절의 단어 임베딩 튜닝 네트워크와 거의 유사하다. 단어 임베딩 대신 ELMo를 쓴다는 점만 다르다. ELMo 파인 튜닝 네트워크 아키텍처는 그림 6-4와 같다.

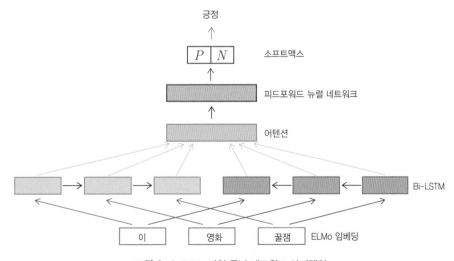

그림 6-4 ELMo 파인 튜닝 네트워크 아키텍처

6.4.2 네트워크 구현

6.3절의 단어 임베딩 파인 튜닝 네트워크와 ELMo 네트워크가 다른 점은 입력 레이어다. 코드 6-18을 보면 BidirectionalLanguageModel 함수는 ELMo 모델의 기본이 되는 문자 수준 컨볼루션 신경망, 양방향 LSTM 레이어에 해당하는 텐서플로 계산 그래프를 생성하고 프리트레인된 학습 파라미터를 읽어 들이는 역할을 한다.

이후 각 단어 ID 시퀀스를 받는 입력 텐서(ids_placeholder)를 정의해 이를 bilm 객체에 넣으면 이 객체는 ELMo 임베딩을 계산할 밑바탕이 되는 임베딩(embeddings_op, 문자 수준 컨볼루션 신경망 출력 벡터, 양방향 LSTM 레이어 출력 벡터 등)을 리턴한다.

여기에 각 가중치를 곱해 가중합을 하면(weight_layers) ELMo 임베딩을 그제서야 획득할 수 있다. weight_layers에 적용되는 가중치들은 파인 튜닝을 하면서 다른 학습 파라미터들과 함께 업데이트된다. 나머지 파인 튜닝 네트워크는 6.3절과 대동소이하다.

코드 6-18 ELMo 파인 튜닝 네트워크의 텐서 그래프 구축

```
from models.bilm import Batcher, BidirectionalLanguageModel, weight_layers

def make_elmo_graph(options_fname, pretrain_model_fname,
                    max_characters_per_token, num_labels, tune=False):
    # Build the biLM graph.
    # Load pretrained ELMo model.
    bilm = BidirectionalLanguageModel(options_fname, pretrain_model_fname)
    # Input placeholders to the biLM.
    ids_placeholder = tf.placeholder(
                        tf.int32,
                        shape=(None, None, max_characters_per_token),
                        name='input')
    if tune:
        # Output placeholders to the fine-tuned Net.
        labels_placeholder = tf.placeholder(
                        tf.int32, shape=(None))
    else:
        labels_placeholder = None
    # Get ops to compute the LM embeddings.
```

```
embeddings_op = bilm(ids_placeholder)
# Get lengths.
input_lengths = embeddings_op['lengths']
# define dropout
if tune:
    dropout_keep_prob = tf.placeholder(tf.float32, name="dropout_keep_prob")
else:
    dropout_keep_prob = tf.constant(1.0, dtype=tf.float32)
# the ELMo layer
# shape : [batch_size, unroll_steps, dimension]
elmo_embeddings = weight_layers("elmo_embeddings",
                                embeddings_op,
                                l2_coef=0.0,
                                use_top_only=False,
                                do_layer_norm=True)
# input of fine tuning network
features = tf.nn.dropout(elmo_embeddings['weighted_op'], dropout_keep_prob)
# Bidirectional LSTM Layer
lstm_cell_fw = tf.nn.rnn_cell.LSTMCell(num_units=512,
                                       cell_clip=5,
                                       proj_clip=5)
lstm_cell_bw = tf.nn.rnn_cell.LSTMCell(num_units=512,
                                       cell_clip=5,
                                       proj_clip=5)
lstm_output, _ = tf.nn.bidirectional_dynamic_rnn(
                    cell_fw=lstm_cell_fw,
                    cell_bw=lstm_cell_bw,
                    inputs=features,
                    sequence_length=input_lengths,
                    dtype=tf.float32)


# Attention Layer
output_fw, output_bw = lstm_output
H = tf.contrib.layers.fully_connected(inputs = output_fw + output_bw,
                                      num_outputs = 256,
                                      activation_fn = tf.nn.tanh)
attention_score = tf.nn.softmax(
    tf.contrib.layers.fully_connected(inputs=H, num_outputs=1, activation_fn=None), axis=1)
attention_output = tf.squeeze(
    tf.matmul(tf.transpose(H, perm=[0, 2, 1]), attention_score), axis=-1)
layer_output = tf.nn.dropout(attention_output, dropout_keep_prob)
```

```
# Feed-Forward Layer
fc = tf.contrib.layers.fully_connected(
        inputs=layer_output,
        num_outputs=512,
        activation_fn=tf.nn.relu,
        weights_initializer=tf.contrib.layers.xavier_initializer(),
        biases_initializer=tf.zeros_initializer())
features_drop = tf.nn.dropout(fc, dropout_keep_prob)
logits = tf.contrib.layers.fully_connected(
        inputs=features_drop,
        num_outputs=num_labels,
        activation_fn=None,
        weights_initializer=tf.contrib.layers.xavier_initializer(),
        biases_initializer=tf.zeros_initializer())
if tune:
    # Loss Layer
    CE = tf.nn.sparse_softmax_cross_entropy_with_logits(
            labels=labels_placeholder, logits=logits)
    loss = tf.reduce_mean(CE)
    return ids_placeholder, labels_placeholder, \
            dropout_keep_prob, logits, loss
else:
    # prob Layer
    probs = tf.nn.softmax(logits, axis=-1, name='probs')
    return ids_placeholder, elmo_embeddings, probs
```

ELMoTuner(코드 6-19)는 6.2절에서 정의한 Tuner를 상속받는 자식 클래스다. ELMo 파인 튜닝 네트워크를 학습하는 역할을 한다. ELMoTuner가 부모 클래스 Tuner가 하는 일 외에 추가로 하는 작업은 입력 단어들을 ID로 변환하는 역할을 하는 Batcher를 정의하고, ELMo 파인 튜닝 네트워크의 텐서 그래프를 그리는 일 두 가지다.

ELMo 모델은 문자 단위의 입력(유니코드)을 받고, 파인 튜닝 과정에서는 입력 단어 시퀀스 다음 단어가 무엇일지 예측하는 과정이 생략되기 때문에 별도의 어휘 집합vocabulary를 필요로 하지 않는다. 하지만 자주 등장하는 문자 시퀀스(=단어)의 경우 이들을 미리 ID 시퀀스로 만들어 메모리에 들고 있으면 좀 더 효율적인 학습이 가능하다. 이 때문에 Batcher 클래스는 어휘 집합 파일 위치를 의미하는 lm_vocab_file

을 인자로 받는다.

코드 6-19 ELMoTuner 클래스 (1) – 선언부

```
class ELMoTuner(Tuner):

    def __init__(self, train_corpus_fname, test_corpus_fname,
                 vocab_fname, options_fname, pretrain_model_fname,
                 model_save_path, max_characters_per_token=30,
                 batch_size=32, num_labels=2):
        # Load a corpus.
        super().__init__(
                train_corpus_fname=train_corpus_fname,
                tokenized_train_corpus_fname=train_corpus_fname + ".tokenized",
                test_corpus_fname=test_corpus_fname,
                tokenized_test_corpus_fname=test_corpus_fname + ".tokenized",
                model_name="elmo", vocab_fname=vocab_fname,
                model_save_path=model_save_path, batch_size=batch_size)
        # configurations
        self.options_fname = options_fname
        self.pretrain_model_fname = pretrain_model_fname
        self.max_characters_per_token = max_characters_per_token
        self.num_labels = 2 # positive, negative
        self.num_train_steps = (int((len(self.train_data) - 1) / self.batch_size)
+ 1) * self.num_epochs
        self.eval_every = int(self.num_train_steps / self.num_epochs)
        # Create a Batcher to map text to character ids.
        # max_token_length = the maximum number of characters in each token
        self.batcher = Batcher(
                        lm_vocab_file=vocab_fname,
                        max_token_length=self.max_characters_per_token)
        self.training = tf.placeholder(tf.bool)
        # build train graph
        self.ids_placeholder, self.labels_placeholder, self.dropout_keep_prob, \
        self.logits, self.loss = make_elmo_graph(options_fname,
                                        pretrain_model_fname,
                                        max_characters_per_token,
                                        num_labels, tune=True)
```

ELMo 파인 튜닝 네트워크의 입력값 생성함수는 코드 6-20에 정의돼 있다. 배치 문장들에 batcher.batch_sentences 함수를 적용해 유니코드 ID들로 변환한다. 이 외 과정은 6.3절의 '단어 임베딩 네트워크'와 대동소이하다.

코드 6-20 ELMoTuner 클래스 (2) – 입력값 생성함수

```
def make_input(self, sentences, labels, is_training):
    current_input = self.batcher.batch_sentences(sentences)
    current_output = np.array(labels)
    if is_training:
        input_feed = {
            self.ids_placeholder: current_input,
            self.labels_placeholder: current_output,
            self.dropout_keep_prob: self.dropout_keep_prob_rate,
            self.training: True
        }
    else:
        input_feed_ = {
            self.ids_placeholder: current_input,
            self.labels_placeholder: current_output,
            self.dropout_keep_prob: 1.0,
            self.training: False
        }
        input_feed = [input_feed_, current_output]
    return input_feed
```

코드 6-21은 global_step, optimizer, session 등을 정의하고 있다. ELMoTuner 의 이 함수를 호출하면 ELMo 파인 튜닝 네트워크의 학습이 시작된다.

코드 6-21 ELMoTuner 클래스 (3) – 옵티마이저 등 정의

```
def tune(self):
    global_step = tf.train.get_or_create_global_step()
    optimizer = tf.train.AdamOptimizer(learning_rate=0.0001)
    grads_and_vars = optimizer.compute_gradients(self.loss)
    train_op = optimizer.apply_gradients(grads_and_vars,
```

```
                                              global_step=global_step)
output_feed = [train_op, global_step, self.logits, self.loss]
saver = tf.train.Saver(max_to_keep=1)
sess = tf.Session()
sess.run(tf.global_variables_initializer())
self.train(sess, saver, global_step, output_feed)
```

6.4.3 튜토리얼

이제 ELMo를 활용해 파인 튜닝을 해보자. ELMo의 파인 튜닝 역시 GPU가 있는 환경에서만 학습할 수 있다. 우선 코드 6-22를 실행해 학습 데이터(네이버 영화 리뷰 말뭉치)와 프리트레이닝이 완료된 ELMo 임베딩을 준비한다. 코드 6-22로 다운로드하는 ELMo 모델은 한국어 위키백과, 네이버 영화 말뭉치, KorQuAD 세 가지 데이터를 합쳐 은전한닢으로 형태소 분석을 한 뒤 GPU 2개가 있는 환경에서 1주일가량 미리 학습한 것이다. ELMo를 다운로드하지 않고 처음부터 프리트레이닝을 하고 싶다면 5장의 관련 부분을 참고하면 된다.

코드 6-22 데이터 다운로드 `bash`

```
git pull origin master
bash preprocess.sh dump-processed
bash sentmodel.sh download-pretrained-elmo
```

ELMo를 파인 튜닝하는 코드는 코드 6-23과 같다. 코드 6-23을 실행하면 파인 튜닝 학습은 백그라운드에서 돌게 되며 학습 전과정을 기록한 로그는 tune-elmo.log 파일에 기록된다.

코드 6-23 ELMo 파인 튜닝 `bash`

```
cd /notebooks/embedding
nohup sh -c "python models/tune_utils.py --model_name elmo \
```

```
--train_corpus_fname data/processed/processed_ratings_train.txt \
--test_corpus_fname data/processed/processed_ratings_test.txt \
--vocab_fname data/sentence-embeddings/elmo/pretrain-ckpt/elmo-vocab.txt \
--pretrain_model_fname data/sentence-embeddings/elmo/pretrain-ckpt/elmo.model \
--config_fname data/sentence-embeddings/elmo/pretrain-ckpt/options.json \
--model_save_path data/sentence-embeddings/elmo/tune-ckpt" > tune-elmo.log &
```

그림 6-5는 tune-elmo.log 기록을 시각화한 것이다. 매 에폭마다 학습 손실은
줄고, 테스트 데이터에 대한 정확도^{accuracy}는 조금씩 올라가는 것을 확인할 수 있다.
여기서 주목할 점은 학습 정확도가 1에폭일 때부터 상당히 높다는 사실이다. 방대한
말뭉치로 프리트레이닝해 한국어의 의미적, 문법적 정보들을 이미 이해하고 있기 때
문에 파인 튜닝을 조금만 하더라도 다운스트림 태스크(분류)를 효율적으로 수행할 수
있다. ELMo 모델의 베스트 스코어는 100점 만점에 87.44점을 기록했다(테스트 데이
터 5만 건).

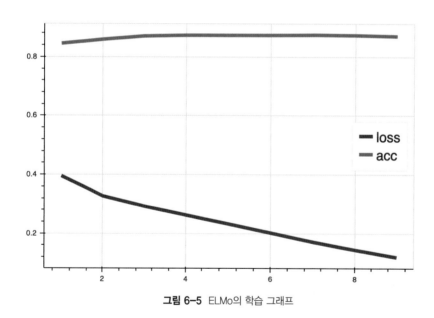

그림 6-5 ELMo의 학습 그래프

ELMo 모델을 평가하기 위해 평가 클래스 **ELMoEmbeddingEvaluator**를 선언해 보자. 코드 6-24와 같다. **max_characters_per_token**은 토큰 하나당 최대 문자 길이, **dimension**은 ELMo 임베딩의 차원 수, **num_labels**는 ELMo를 파인 튜닝할 때 분류 범주의 수(긍정, 부정)를 의미한다. **max_characters_per_token**와 **dimension**은 프리트레이닝할 때 설정대로, **num_labels**는 파인 튜닝할 때 설정대로 입력해줘야 한다. /notebooks/embedding 위치에서 코드 6-24를 실행하면 파인 튜닝이 완료된 ELMo 모델을 메모리로 읽어 들인다.

코드 6-24 ELMoEmbeddingEvaluator 선언 `python`

```python
from models.sent_eval import ELMoEmbeddingEvaluator

model = ELMoEmbeddingEvaluator(
        tune_model_fname="data/sentence-embeddings/elmo/tune-ckpt",
        pretrain_model_fname="data/sentence-embeddings/elmo/pretrain-ckpt/elmo.model",
        options_fname="data/sentence-embeddings/elmo/pretrain-ckpt/options.json",
        vocab_fname="data/sentence-embeddings/elmo/pretrain-ckpt/elmo-vocab.txt",
        max_characters_per_token=30, dimension=256, num_labels=2)
```

코드 6-25는 파인 튜닝된 ELMo 모델이 학습이 잘 됐는지 알아보기 위해 시험삼아 테스트 문장을 입력해본 것이다. **predict** 함수를 실행하면 모델은 [해당 문장이 부정일 확률, 해당 문장이 긍정일 확률]의 2차원 확률 벡터를 리턴한다. 실행 결과 학습이 무난하게 잘된 것을 확인할 수 있다.

코드 6-25 파인 튜닝 ELMo 모델의 예측 `python`

```python
model.predict("이 영화 엄청 재미있네요")
model.predict("이 영화 엄청 재미없네요")
```

```
array([[0.04822338, 0.9517766 ]], dtype=float32)
array([[0.99773264, 0.00226739]], dtype=float32)
```

코드 6-26은 입력 문장을 ELMo 임베딩으로 변환하는 역할을 한다. 입력 문장을 은전한닢으로 형태소 분석을 한 뒤 유니코드 ID 시퀀스로 바꾸고 문자 단위 컨볼루션 레이어, 양방향 LSTM 레이어를 통과시킨다. 레이어마다 나오는 출력 벡터들에 가중합을 해 토큰별 ELMo 임베딩을 만든다. get_token_vector_sequence 함수를 호출하면 형태소 분석 결과와 토큰별 ELMo 벡터들을 반환한다.

코드 6-26 ELMo의 토큰별 임베딩 추출 `python`

```python
model.get_token_vector_sequence("이 영화 엄청 재미있네요")
```

```
[['이', '영화', '엄청', '재미있', '네요'],
 array([[ 1.1846386 , ..., 0.16042203],
        [ 1.23324 , ..., -0.8343796 ],
        [ 0.7611444 , ..., 2.1880424 ],
        [-0.5707558 , ..., -0.9480852 ],
        [-1.2097958 , ..., -0.9321797 ]], dtype=float32)]
```

코드 6-27은 입력 문장을 고정된 길이의 문장 임베딩으로 변환하는 역할을 한다. 문장을 입력하면 형태소 분석 결과와 토큰 시퀀스의 마지막 단어에 해당하는 벡터를 반환한다.

코드 6-27 ELMo의 문장 임베딩 추출 `python`

```python
model.get_sentence_vector("이 영화 엄청 재미있네요")
```

```
[['이', '영화', '엄청', '재미있', '네요'],
 array([-1.2097958 , ..., -0.9321797 ], dtype=float32)]
```

ELMo 또한 임베딩이기 때문에 시각화 역시 가능하다. visualize_sentences 함수는 입력 문장을 ELMo의 문장 임베딩(코드 6-28)으로 변환해 이를 t-SNE로 2차원을 줄이고 Bokeh로 시각화한다. visualizebetween_sentences 함수는 입력 문장을 문장 임베딩으로 바꾼 후 이들 벡터 간 코사인 유사도를 계산하고 Bokeh로 시각화한다. 시각화 품질이 그다지 좋지는 않기 때문에 참고용으로 활용하면 좋겠다.

코드 6-28 ELMo 임베딩 시각화 `python`

```python
sentences = ["이 영화 엄청 재미있네요", "이 영화 엄청 재미없네요", ...]
model.visualize_sentences(sentences)
model.visualize_between_sentences(sentences)
```

6.5 BERT 활용

6.5.1 네트워크 개요

BERT의 파인 튜닝 네트워크는 비교적 간단한 구조다. BERT 파인 튜닝 네트워크의 아키텍처 개요는 그림 6-6과 같다. BERT 모델에 문장을 입력해 스페셜 토큰 [CLS]에 해당하는 벡터를 추출한다. 트랜스포머 블록은 문장 내 모든 단어 쌍 간 관계를 고려하기 때문에 [CLS] 벡터에는 문장 전체의 의미가 녹아있다. 이 벡터를 1개 층의 풀 커넥티드 레이어Fully-Connected Layer를 적용한 뒤 소프트맥스를 취해 2차원(긍정, 부정)의 확률 벡터로 변환한다. 이후 정답 레이블과 비교해 크로스 엔트로피를 계산하고 이 학습 손실을 최소화하는 방향으로 모델 파라미터들을 조금씩 업데이트한다.

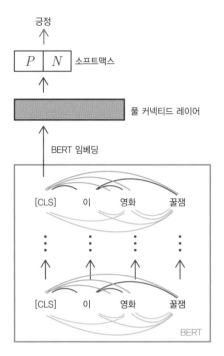

그림 6-6 BERT 파인 튜닝 네트워크 아키텍처

6.5.2 네트워크 구현

코드 6-29는 그림 6-6의 아키텍처를 텐서 그래프로 나타낸 것이다. BERT 모델은
단어 ID(input_ids), 해당 단어가 문장A에 속하는지 B에 속하는지(segment_ids), 그리
고 마스크 정보(input_mask)를 필요로 한다. 이들 입력값을 받는 텐서를 차례로 정의
하고 이들을 인자로 하는 **BertModel**을 호출해 BERT 모델의 텐서 그래프를 구축한
다. **model.pooled_output**은 BERT 모델 마지막 레이어의 [CLS] 벡터다. 이 벡터에
풀 커넥티드 레이어를 적용해 로짓 벡터를 만들면 그 이후 과정은 다른 파인 튜닝 네
트워크와 동일하다. BERT 역시 예측 과정(tune=False)에서는 드롭아웃과 손실 계산
과정을 생략한다.

```python
def make_bert_graph(bert_config, max_seq_length,
                    dropout_keep_prob_rate, num_labels, tune=False):
    input_ids = tf.placeholder(tf.int32, [None, max_seq_length],
                               name='inputs_ids')
    input_mask = tf.placeholder(tf.int32, [None, max_seq_length],
                                name='input_mask')
    segment_ids = tf.placeholder(tf.int32, [None, max_seq_length],
                                 name='segment_ids')
    model = BertModel(config=bert_config,
                      is_training=tune,
                      input_ids=input_ids,
                      input_mask=input_mask,
                      token_type_ids=segment_ids)
    if tune:
        bert_embeddings_dropout = tf.nn.dropout(
            model.pooled_output, keep_prob=(1 - dropout_keep_prob_rate))
        label_ids = tf.placeholder(tf.int32, [None], name='label_ids')
    else:
        bert_embeddings_dropout = model.pooled_output
        label_ids = None
    logits = tf.contrib.layers.fully_connected(
                inputs=bert_embeddings_dropout,
                num_outputs=num_labels,
                activation_fn=None,
                weights_initializer=tf.truncated_normal_initializer(stddev=0.02),
                biases_initializer=tf.zeros_initializer())
    if tune:
        # loss layer
        CE = tf.nn.sparse_softmax_cross_entropy_with_logits(
                labels=label_ids, logits=logits)
        loss = tf.reduce_mean(CE)
        return input_ids, input_mask, segment_ids, \
                label_ids, logits, loss
    else:
        # prob layer
        probs = tf.nn.softmax(logits, axis=-1, name='probs')
        return model, input_ids, input_mask, segment_ids, probs
```

코드 6-30은 Tuner를 상속받는 자식 클래스인 **BERTTuner**의 선언부다. BERT 모델 파인 튜닝을 위한 각종 하이퍼파라미터 값들을 정하고, 코드 6-29의 파인 튜닝 네트워크 텐서 그래프를 그리는 역할을 한다.

코드 6-30 BERTTuner 클래스 (1) – 선언부

```python
from models.bert.modeling import BertModel, BertConfig
from models.bert.optimization import create_optimizer
from models.bert.tokenization import FullTokenizer, convert_to_unicode

class BERTTuner(Tuner):

    def __init__(self, train_corpus_fname, test_corpus_fname, vocab_fname,
                 pretrain_model_fname, bertconfig_fname, model_save_path,
                 max_seq_length=128, warmup_proportion=0.1,
                 batch_size=32, learning_rate=2e-5, num_labels=2):
        # Load a corpus.
        super().__init__(
                train_corpus_fname=train_corpus_fname,
                tokenized_train_corpus_fname=train_corpus_fname + ".tokenized",
                test_corpus_fname=test_corpus_fname, batch_size=batch_size,
                tokenized_test_corpus_fname=test_corpus_fname + ".tokenized",
                model_name="bert", vocab_fname=vocab_fname,
                model_save_path=model_save_path)
        # configurations
        config = BertConfig.from_json_file(bertconfig_fname)
        self.pretrain_model_fname = pretrain_model_fname
        self.max_seq_length = max_seq_length
        self.batch_size = batch_size
        self.learning_rate = learning_rate
        self.num_labels = 2 # positive, negative
        self.PAD_INDEX = 0
        self.CLS_TOKEN = "[CLS]"
        self.SEP_TOKEN = "[SEP]"
        self.num_train_steps = \
         ( int((len(self.train_data) - 1) / self.batch_size) + 1) * self.num_epochs
        self.num_warmup_steps = int(self.num_train_steps * warmup_proportion)
        self.eval_every = int(self.num_train_steps / self.num_epochs)
        self.training = tf.placeholder(tf.bool)
```

```
# build train graph
self.input_ids, self.input_mask, self.segment_ids, self.label_ids, \
self.logits, self.loss = make_bert_graph(config,
                                         max_seq_length,
                                         self.dropout_keep_prob_rate,
                                         num_labels, tune=True)
```

코드 6-31은 BERT 파인 튜닝 네트워크의 입력값 생성함수를 정의해 놓은 것이다. BERT 모델의 프리트레인과 달리 파인 튜닝 과정에서는 입력 문장이 A, B 두 개가 아니라 하나뿐이라고 가정한다. 우선 배치 문장들을 워드피스 토크나이저로 형태소 분석한 뒤, 사용자가 정한 길이(max-seq-length - 2)로 자른다. 이후 문장들 앞뒤에 문장 시작을 알리는 스페셜 토큰 [CLS]와 문장 종료를 뜻하는 [SEP]를 붙인다. 이후 이를 ID로 변환한다(sequence).

코드 6-31에 정의된 segment_ids 입력 텐서는 문장A에 속하면 그 값이 0, B에 속하면 1이 된다. 그런데 우리는 파인 튜닝 과정에 입력되는 문장은 하나뿐이라고 가정했으므로 segment는 token_sequence만큼의 길이를 가진 영^{zero} 벡터가 된다. mask 벡터는 그 요소 값이 모두 1이고 token_sequence 길이만큼의 차원 수를 가진 벡터다. sequence, segment, mask 벡터 모두 사용자가 정한 max_seq_length보다 짧으면 그 뒤에 [PAD] ID를 붙여 그 길이를 맞춰준다.

코드 6-31 BERTTuner 클래스 (2) - 입력값 생성함수

```
def make_input(self, sentences, labels, is_training):
    collated_batch = {'sequences': [], 'segments': [], 'masks': []}
    for tokens in sentences:
        tokens = tokens[:(self.max_seq_length - 2)]
        token_sequence = [self.CLS_TOKEN] + tokens + [self.SEP_TOKEN]
        segment = [0] * len(token_sequence)
        sequence = self.tokenizer.convert_tokens_to_ids(token_sequence)
        current_length = len(sequence)
        padding_length = self.max_seq_length - current_length
        collated_batch['sequences'].append(
                sequence + [self.PAD_INDEX] * padding_length)
```

```
        collated_batch['segments'].append(
                segment + [self.PAD_INDEX] * padding_length)
        collated_batch['masks'].append(
                [1] * current_length + [self.PAD_INDEX] * padding_length)
    if is_training:
        input_feed = {
            self.training: is_training,
            self.input_ids: np.array(collated_batch['sequences']),
            self.segment_ids: np.array(collated_batch['segments']),
            self.input_mask: np.array(collated_batch['masks']),
            self.label_ids: np.array(labels)
        }
    else:
        input_feed_ = {
            self.training: is_training,
            self.input_ids: np.array(collated_batch['sequences']),
            self.segment_ids: np.array(collated_batch['segments']),
            self.input_mask: np.array(collated_batch['masks']),
            self.label_ids: np.array(labels)
        }
        input_feed = [input_feed_, labels]
    return input_feed
```

코드 6-32는 global_step, optimizer, session 등을 정의하고 있다. BERT 모델은 ELMo 등과는 다른 옵티마이저를 쓴다. BERT는 프리트레인뿐만 아니라 파인 튜닝에서도 웜업 방식의 아담 옵티마이저를 사용한다. 이 옵티마이저는 create_optimizer를 호출하면 사용할 수 있다. BERTTuner의 이 함수를 호출하면 BERT 파인 튜닝 네트워크의 학습이 시작된다.

코드 6-32 BERTTuner 클래스 (3) – 옵티마이저 등 정의

```
def tune(self):
    global_step = tf.train.get_or_create_global_step()
    tf.logging.info("num_train_steps: " + str(self.num_train_steps))
    tf.logging.info("num_warmup_steps: " + str(self.num_warmup_steps))
    train_op = create_optimizer(
```

```
            self.loss, self.learning_rate, self.num_train_steps,
            self.num_warmup_steps, use_tpu=False)
output_feed = [train_op, global_step, self.logits, self.loss]
restore_vars = [v for v in tf.trainable_variables() if "bert" in v.name]
sess = tf.Session()
sess.run(tf.global_variables_initializer())
tf.train.Saver(restore_vars).restore(sess, self.pretrain_model_fname)
saver = tf.train.Saver(max_to_keep=1)
self.train(sess, saver, global_step, output_feed)
```

6.5.3 튜토리얼

그러면 BERT를 파인 튜닝해보자. GPU가 있는 환경에서만 학습을 진행할 수 있다. 우선 코드 6-33을 실행해 학습 데이터(네이버 영화 리뷰 말뭉치)와 프리트레이닝을 마친 BERT 임베딩을 준비한다. 코드 6-33으로 다운로드하는 BERT 모델은 자연어 처리 연구자 오연택 님이 공개한 한국어 BERT 모델(https://github.com/yeontaek/BERT-Korean-Model)이다. 모델을 다운로드하지 않고 처음부터 프리트레이닝을 하고 싶다면 5장의 관련 부분을 참고하면 된다.

코드 6-33 데이터 다운로드 `bash`

```bash
git pull origin master
bash preprocess.sh dump-processed
bash sentmodel.sh download-pretrained-bert
```

BERT를 파인 튜닝하는 코드는 코드 6-34와 같다. 코드 6-34를 실행하면 파인 튜닝 학습은 백그라운드에서 돌게 되며 학습 전과정을 기록한 로그는 tune-bert.log 파일에 찍힌다.

```
cd /notebooks/embedding
nohup sh -c "python models/tune_utils.py --model_name bert \
             --train_corpus_fname data/processed/processed_ratings_train.txt \
             --test_corpus_fname data/processed/processed_ratings_test.txt \
             --vocab_fname data/sentence-embeddings/bert/pretrain-ckpt/vocab.txt \
             --pretrain_model_fname data/sentence-embeddings/bert/pretrain-ckpt/bert_model.ckpt \
             --config_fname data/sentence-embeddings/bert/pretrain-ckpt/bert_config.json \
             --model_save_path data/sentence-embeddings/bert/tune-ckpt" > tune-bert.log &
```

파인 튜닝된 BERT 모델을 평가하려면 평가 클래스 **BERTEmbeddingEvaluator**
를 선언해야 한다. **/notebooks/embedding** 위치에서 코드 6-35를 실행하면 된다.
max_seq_length는 입력 문장의 토큰 수 기준 최대 길이, **dimension**은 BERT 임베
딩의 차원 수, **num_labels**는 파인 튜닝 데이터셋의 범주 수를 가리킨다. **max_seq_
length**와 **dimension**은 프리트레이닝, **num_labels**는 파인 튜닝 때 설정 그대로 입
력해야 한다.

코드 6-35 BERTEmbeddingEvaluator 선언 python

```
from models.sent_eval import BERTEmbeddingEvaluator

model = BERTEmbeddingEvaluator(model_fname="data/sentence-embeddings/bert/
             tune-ckpt",
                       bertconfig_fname="data/sentence-embeddings/bert/
             pretrain-ckpt/bert_config.json",
                       vocab_fname="data/sentence-embeddings/bert/
             pretrain-ckpt/vocab.txt",
                       max_seq_length=32, dimension=768, num_labels=2)
```

코드 6-36은 입력된 문장의 클래스를 예측하는 역할을 한다. **predict** 함수를 실
행하면 모델은 [해당 문장이 부정일 확률, 해당 문장이 긍정일 확률]의 2차원 확률 벡터를 리턴한다.
실행 결과 BERT 역시 학습이 잘 된 것을 확인할 수 있다.

```python
model.predict("이 영화 엄청 재미있네요")
model.predict("이 영화 엄청 재미없네요")
```

```
array([[0.02599655, 0.9740035 ]], dtype=float32)
array([[0.98890567, 0.01109429]], dtype=float32)
```

코드 6-37은 입력 문장을 BERT 임베딩으로 변환하는 역할을 한다. 입력 문장을 워드피스로 형태소 분석을 한 뒤 BERT 모델에 태워서 BERT 임베딩을 만든다. get_token_vector_sequence 함수를 호출하면 형태소 분석 결과와 토큰별 BERT 벡터(BERT 모델 마지막 트랜스포머 블록의 벡터 시퀀스)들을 반환한다. BERT는 입력 과정에서 문장 시작을 알리는 스페셜 토큰 [CLS]와 문장 끝을 의미하는 [SEP]를 앞뒤로 붙여 주기 때문에 코드 6-37이 반환하는 토큰 벡터의 수는 (원래 토큰 수 + 2)개가 된다.

코드 6-37 BERT의 토큰별 임베딩 추출 `python`

```python
model.get_token_vector_sequence("이 영화 엄청 재미있네요")
```

```
[['이', '영화', '엄', '##청', '재', '##미', '##있', '##네', '##요'],
 array([[-0.3428437 , ..., 1.125837 ],
        [-0.08224408, ..., 1.2990344 ],
        ....,
        [-0.07976132, ..., 1.0945982 ],
        [-0.33216918, ..., 1.0844023 ]], dtype=float32)]
```

코드 6-38은 입력 문장을 고정된 길이의 문장 임베딩으로 변환하는 역할을 한다. 문장을 입력하면 워드피스 형태소 분석 결과와 BERT 모델의 pooled_output 벡터를 반환한다. pooled_output은 문장 시작을 알리는 첫 번째 토큰 [CLS]에 해당하는 벡터(BERT 마지막 레이어)에 선형변환linear transformation을 한 차례한 뒤 하이퍼볼릭탄젠트를 적용한 결과다. BERT 모델은 프리트레인 과정에서 이 벡터를 가지고 마스크 언어 모델 태스크를 수행하기 때문에 BERT의 문장 임베딩은 pooled_output을 많이 쓴다.

코드 6-38 BERT의 문장 임베딩 추출 `python`

```python
model.get_sentence_vector("이 영화 엄청 재미있네요")
```

```
[['이', '영화', '엄', '##청', '재', '##미', '##있', '##네', '##요'],
 array([ 0.5116857 , ..., −0.58401763], dtype=float32)]
```

BERT 역시 시각화가 가능하다. `visualize_sentences` 함수는 입력 문장을 BERT의 문장 임베딩(코드 6-39)으로 변환해 이를 t-SNE로 2차원으로 줄이고 Bokeh로 시각화한다. `visualize_between_sentences` 함수는 입력 문장을 문장 임베딩으로 바꾼 후 이들 벡터 간 코사인 유사도를 계산하고 Bokeh로 시각화한다. 이 역시 참고용으로 활용하면 좋겠다.

코드 6-39 BERT 임베딩 시각화 (1) `python`

```python
sentences = ["이 영화 엄청 재미있네요", "이 영화 엄청 재미없네요", ...]
model.visualize_sentences(sentences)
model.visualize_between_sentences(sentences)
```

코드 6-40은 BERT 트랜스포머 블록별 셀프 어텐션 스코어를 모두 합해 문장 내 각 토큰 사이에 얼마나 강한 유대 관계가 있는지를 시각화하는 코드다.

코드 6-40 BERT 임베딩 시각화 (2) `python`

```python
model.visualize_self_attention_scores("이 영화 엄청 재미있네요")
```

6.6 어떤 문장 임베딩을 사용할 것인가

ELMo, BERT가 다양한 NLP 다운스트림 태스크에 높은 성능을 기록하면서 많은 주목을 받았다. 하지만 이들 문장 임베딩의 성능이 좋은 이유에 관해서는 이론적으로 밝혀진 적이 없다. 다만 2019년 들어 문장 임베딩을 다양한 각도에서 평가해봄으로써 모델별 성능을 객관적 수치로 측정하고, 모델이 자연어의 어떤 문법적/의미적 관계를 포착해내는지 간접적으로 평가해보는 논문이 조금씩 발표되고 있다. 이 절에서는 구글 연구 팀이 2019년 발표한 프로빙 모델(Tenny et al., 2019a)을 중심으로 살펴보고자 한다.

그림 6-7은 프로빙 모델probing model 구조를 시각화한 것이다. 문장을 토큰으로 분석한 뒤 이를 프리트레이닝이 완료된 인코더에 넣어 단어 벡터 시퀀스로 구성된 문장 임베딩contextual vectors으로 변환한다. 인코더는 ELMo, BERT 등을 사용한다. 여기에 토큰 벡터들 일부를 셀프 어텐션 풀링self-attentive pooling 기법을 활용해 벡터 두 개span representations로 합친다. 이후 이 두 개 벡터를 멀티레이어 퍼셉트론Multi-Layer Perceptron 레이어에 넣어 클래스를 이진 분류한다.

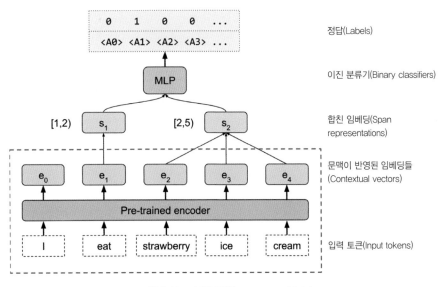

그림 6-7 프로빙 모델(Tenny et al., 2019a)

그림 6-7의 구조는 그림 6-8과 함께 보면 좋다. NLP 다운스트림 태스크에는 다양한 과제가 있다. 형태소 분석POS, Part-of-speech tagging, 문장 성분 분석Constituent labeling, 의존관계 분석Dependency labeling, 개체명 분석Named entity labeling, 의미역 분석Semantic role labeling, 상호 참조 해결Coreference Resolution, 의미 관계 분석Relation Classification 등이 바로 그것이다. 그림 6-7의 프로빙 모델은 이렇게 다양한 다운스트림 태스크의 성능을 모델 하나에서 모두 평가할 수 있도록 설계됐다.

문장 성분 분석을 예로 들어보자. 그림 6-8의 예시에서 프로빙 모델은 The, important, thing, about, Disney, is, that, it, is, a, global, brand를 입력받아 이를 각각 임베딩으로 변환한다. 프로빙 모델의 또 다른 입력값으로 is, a, global, brand라는 정보가 있다. 그러면 프로빙 모델은 단어 벡터 시퀀스 가운데 해당 단어 벡터들(is, a, global, brand)만 뽑아서 셀프 어텐션 기법을 활용해 하나의 벡터로 변환한다. 이후 이 벡터 하나를 MLP 레이어에 넣어서 해당 단어들이 동사구Verb Phrase인지 아닌지를 이진 분류한다.

POS	The important thing about Disney is that it is a global [brand]$_1$. $\rightarrow$ NN (Noun)
Constit.	The important thing about Disney is that it [is a global brand]$_1$. $\rightarrow$ VP (Verb Phrase)
Depend.	[Atmosphere]$_1$ is always [fun]$_2$ $\rightarrow$ nsubj (nominal subject)
Entities	The important thing about [Disney]$_1$ is that it is a global brand. $\rightarrow$ Organization
SRL	[The important thing about Disney]$_2$ [is]$_1$ that it is a global brand. $\rightarrow$ Arg1 (Agent)
SPR	[It]$_1$ [endorsed]$_2$ the White House strategy… $\rightarrow$ {awareness, existed_after, … }
Coref.^{O}	The important thing about [Disney]$_1$ is that [it]$_2$ is a global brand. $\rightarrow$ True
Coref.^{W}	[Characters]$_2$ entertain audiences because [they]$_1$ want people to be happy. $\rightarrow$ True Characters entertain [audiences]$_2$ because [they]$_1$ want people to be happy. $\rightarrow$ False
Rel.	The [burst]$_1$ has been caused by water hammer [pressure]$_2$. $\rightarrow$ Cause-Effect(e_2, e_1)

그림 6-8 프로빙 모델이 측정하려는 다양한 NLP 다운스트림 태스크(Tenny et al., 2019a)

프로빙 모델의 아키텍처를 세세하게 다 이해할 필요는 없다. 이 모델의 목적은 각 다운스트림 태스크를 잘 수행하려는 것이 아니라 문장 임베딩별 성능을 객관적으로 검증하고자 하는 데 있기 때문이다. 다운스트림 태스크의 성능은 임베딩 품질과 파인 튜닝 네트워크의 구조에 따라 결정된다. 프로빙 모델은 여기에서 파인 튜닝 네트워크의 구조를 통제해 임베딩 품질이 다운스트림 태스크에 어떤 영향을 끼치는지 객관적으로 확인하고자 했다. 이러한 목적만 유지할 수 있다면 다른 아키텍처를 프로빙 모델 대신 쓸 수도 있다는 이야기다. 그림 6-9는 그 측정 결과다(참고로 그림 6-9의 일부 내용만 발췌해 서론에 제시한 바 있다).

그림 6-9에서 CoVe의 Lex 열이 pre-tranined encoder를 GloVe로 사용한 것이다. 나머지 ELMo, GPT, BERT의 Lex 열은 pre-tranined encoder를 해당 임베딩의 첫 번째 레이어 출력 벡터를 적용했다. Full 열은 pre-tranined encoder를 해당 임베딩의 마지막 레이어 출력 벡터를 썼다. 거의 모든 모델, 태스크에서 Lex보다 Full의 성능이 좋다. 레이어가 거듭될수록 임베딩 품질이 좋아진다는 뜻으로 풀이된다.

CoVe의 Lex(=GloVe)는 그 성능이 비교 대상 중에 가장 낮다. 바꿔 말하면 문장 임베딩 기법이 단어 수준 임베딩보다 그 성능이 우월하다. BERT-large 모델(트랜스포머 블록 24개 사용)은 거의 모든 태스크에서 가장 좋은 성능을 나타내 그 성능이 객관적으로 입증됐다.

	CoVe			ELMo			GPT		
	Lex.	Full	Abs. Δ	Lex.	Full	Abs. Δ	Lex.	cat	mix
Part-of-Speech	85.7	94.0	8.4	90.4	**96.7**	6.3	88.2	94.9	95.0
Constituents	56.1	81.6	25.4	69.1	**84.6**	15.4	65.1	81.3	**84.6**
Dependencies	75.0	83.6	8.6	80.4	**93.9**	13.6	77.7	92.1	**94.1**
Entities	88.4	90.3	1.9	92.0	**95.6**	3.5	88.6	92.9	92.5
SRL (all)	59.7	80.4	20.7	74.1	**90.1**	16.0	67.7	86.0	89.7
Core roles	*56.2*	*81.0*	*24.7*	*73.6*	***92.6***	*19.0*	*65.1*	*88.0*	*92.0*
Non-core roles	*67.7*	*78.8*	*11.1*	*75.4*	***84.1***	*8.8*	*73.9*	*81.3*	*84.1*
OntoNotes coref.	72.9	79.2	6.3	75.3	84.0	8.7	71.8	83.6	**86.3**
SPR1	73.7	77.1	3.4	80.1	**84.8**	4.7	79.2	83.5	83.1
SPR2	76.6	80.2	3.6	82.1	83.1	1.0	82.2	**83.8**	83.5
Winograd coref.	52.1	**54.3**	2.2	**54.3**	53.5	-0.8	51.7	52.6	53.8
Rel. (SemEval)	51.0	60.6	9.6	55.7	77.8	22.1	58.2	**81.3**	81.0
Macro Average	69.1	78.1	9.0	75.4	**84.4**	9.1	73.0	83.2	**84.4**

	BERT-base				BERT-large				
	F1 Score			Abs. Δ	F1 Score			Abs. Δ	
	Lex.	cat	mix	ELMo	Lex.	cat	mix	(base)	ELMo
Part-of-Speech	88.4	**97.0**	96.7	0.0	88.1	96.5	**96.9**	0.2	0.2
Constituents	68.4	83.7	86.7	2.1	69.0	80.1	**87.0**	0.4	2.5
Dependencies	80.1	93.0	95.1	1.1	80.2	91.5	**95.4**	0.3	1.4
Entities	90.9	96.1	96.2	0.6	91.8	96.2	**96.5**	0.3	0.9
SRL (all)	75.4	89.4	91.3	1.2	76.5	88.2	**92.3**	1.0	2.2
Core roles	*74.9*	*91.4*	*93.6*	*1.0*	*76.3*	*89.9*	***94.6***	*1.0*	*2.0*
Non-core roles	*76.4*	*84.7*	*85.9*	*1.8*	*76.9*	*84.1*	***86.9***	*1.0*	*2.8*
OntoNotes coref.	74.9	88.7	90.2	6.3	75.7	89.6	**91.4**	1.2	7.4
SPR1	79.2	84.7	**86.1**	1.3	79.6	85.1	85.8	-0.3	1.0
SPR2	81.7	83.0	**83.8**	0.7	81.6	83.2	**84.1**	0.3	1.0
Winograd coref.	54.3	53.6	54.9	1.4	53.0	53.8	**61.4**	6.5	7.8
Rel. (SemEval)	57.4	78.3	82.0	4.2	56.2	77.6	**82.4**	0.5	4.6
Macro Average	75.1	84.8	86.3	1.9	75.2	84.2	**87.3**	1.0	2.9

그림 6-9 프로빙 모델이 측정한 임베딩 종류별 다운스트림 태스크 성능(Tenny et al., 2019a)

Tenny et al. (2019b)은 프로빙 모델을 좀 더 고도화해 각 문장 임베딩의 레이어별 성능을 측정하고자 했다. Tenny et al. (2019a)에는 마지막 레이어만 사용해 셀프 어텐션 폴링을 적용했다. 하지만 이번엔 레이어별로 폴링해 레이어별 성능 차이를 검증하는 방식이다. 그림 6-10은 저자들이 BERT의 각 다운스트림 태스크에 대한 레이어별 성능을 나타낸 것이다. Expected layer, Center-of-gravity 스코어가 높을수록 상위 레이어 쪽에서 점수를 냈다는 것을 뜻한다. 점수가 낮으면 하위 레이어가 태스크 수행에 역할을 했다는 것을 가리킨다.

그림 6-10을 보면 형태소 분석, 문장 성분 분석 같은 문법 과제^{syntactic task}는 하위 레이어, 의미역 분석, 상호 참조 해결, 의미 관계 분석 같은 의미론적 과제^{semantic task}는 상위 레이어가 중요하다. 문법 과제는 주변 몇 개 단어만 봐도 태스크를 수행할

수 있는 데 반해, 의미 과제는 앞뒤 문장까지 고려해야 하는 경우도 잦다. 이 때문에 그림 6-10과 같은 결과가 도출된 것으로 풀이된다.

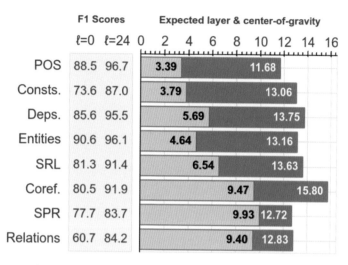

그림 6-10 프로빙 모델이 측정한 BERT 레이어별 성능(Tenny et al., 2019b)

6.7 이 장의 요약

6장에서는 프리트레인을 마친 임베딩을 파인 튜닝하는 방법을 살펴봤다. 주요 내용은 다음과 같다.

● 파인 튜닝이란 프리트레인 이후 추가 학습을 시행해 임베딩을 포함한 모델 전체를 다운스트림 태스크에 맞게 업데이트하는 것을 가리킨다. 파인 튜닝 기법은 자연어 처리 분야에서 점차 널리 쓰이고 있다.

● 파인 튜닝 모델은 임베딩 위에 작은 레이어 한 두 개를 추가하는 형태로 만드는 것이 보통이다. 이 장 튜토리얼에서는 문장 극성을 분류하는 다운스트림 태스크를 수행했다. 임베딩 위에 양방향 LSTM 레이어를 쌓거나(단어 임베딩, ELMo), 풀 커넥티드 레이어 하나를 둔 구조(BERT)를 사용했다.

- 프로빙 모델은 임베딩별 성능을 객관적으로 검증하기 위해 제안됐다. Tenny et al. (2019a)과 Tenny et al. (2019b)에 따르면 문장 임베딩 기법이 단어 수준보다 그 성능이 우월하다. 또한 형태소 분석, 문장 성분 분석 같은 문법 과제는 하위 레이어가 의미역 분석, 상호 참조 해결, 의미관계 분석 같은 의미론적 과제는 상위 레이어가 중요하다.

6.8 참고 문헌

Tenney, I., Xia, P., Chen, B., Wang, A., Poliak, A., McCoy, R. T. & Pavlick, E. (2019). What do you learn from context? probing for sentence structure in contextualized word representations. arXiv preprint arXiv:1905.06316.

Tenney, I., Das, D., & Pavlick, E. (2019). BERT Rediscovers the Classical NLP Pipeline. arXiv preprint arXiv:1905.05950.

Weng, L. (2019). Generalized Language Models. https://lilianweng.github.io/lil-log/2019/01/31/generalized-language-models.html

Vaswani, A., Shazeer, N., Parmar, N., Uszkoreit, J., Jones, L., Gomez, A. N., ... & Polosukhin, I. (2017). Attention is all you need. In Advances in neural information processing systems (pp. 5998-6008).

Devlin, J., Chang, M. W., Lee, K., & Toutanova, K. (2018). Bert: Pre-training of deep bidirectional transformers for language understanding. arXiv preprint arXiv:1810.04805.

Peters, M. E., Neumann, M., Iyyer, M., Gardner, M., Clark, C., Lee, K., & Zettlemoyer, L. (2018). Deep contextualized word representations. arXiv preprint arXiv: 1802.05365.

부록에서 다루는 내용

부록에서는 이 책을 이해하는 데 필요한 기초 지식을 다룬다. 선형대수학, 확률론, 뉴럴 네트워크, 국어학 등을 설명한다. 목차는 다음과 같다.

부록

A 선형대수학 기초

A.1 벡터, 행렬 연산

A.2 내적과 공분산

A.3 내적과 사영

A.4 내적과 선형변환

A.5 행렬 분해 기반 차원 축소 (1): 주성분 분석(PCA)

A.6 행렬 분해 기반 차원 축소 (2): 특이값 분해(SVD)

B 확률론 기초

B.1 확률변수와 확률 분포

　　　B.2 베이지안 확률론

　　C　뉴럴 네트워크 기초

　　　C.1 DAG로 이해하는 뉴럴 네트워크

　　　C.2 뉴럴 네트워크는 확률 모델이다

　　　C.3 최대우도추정과 학습 손실

　　　C.4 그래디언트 디센트

　　　C.5 계산 노드별 역전파

　　　C.6 CNN과 RNN

　　D　국어학 기초

　　　D.1 통사 단위

　　　D.2 문장 유형

　　　D.3 품사

　　　D.4 상과 시제

　　　D.5 주제

　　　D.6 높임

　　　D.7 양태

　　　D.8 의미역

　　　D.9 피동

　　　D.10 사동

　　　D.11 부정

A　선형대수학 기초

선형대수학linear algebra은 **벡터**vector와 **행렬**matrix, **벡터 공간**vector space, 선형변환 등을 연구하는 수학의 한 분야다. 임베딩은 자연어를 벡터로 변환한 결과 혹은 그 과정을 의미하는데, 선형대수학에서 다루는 개념들과 밀접한 관련을 맺고 있다.

A.1 벡터, 행렬 연산

자연어 처리에서는 기본적으로 표 1과 같은 구조의 데이터를 다룬다. 이같이 수나 기호, 수식 등을 네모꼴로 배열한 것을 행렬이라 부른다. 단어-문서 행렬이라면 표 1의 각 행은 단어, 각 열은 문서, 각 요소 값은 문서 내 단어 빈도가 된다.

표 1 행렬

구분	변수1	변수2	...	변수p
데이터1	x_{11}	x_{12}	...	x_{1p}
데이터2	x_{21}	x_{22}	...	x_{2p}
...	...	...	...	...
데이터n	x_{n1}	x_{n2}	...	x_{np}

벡터는 벡터 공간의 원소다. 나이브하게는 표 1에서 열 또는 행을 하나 떼서 만든 것이라고 생각하면 되겠다. 우리가 이 책에서 다루는 문서/단어 임베딩은 모두 벡터에 해당한다. 벡터는 스칼라 곱, 덧셈, 내적 등 연산이 가능하다.

수식 1 벡터

$$\mathbf{x} = \begin{bmatrix} x_1 \\ x_2 \\ \dots \\ x_n \end{bmatrix}$$

수식 2 스칼라 곱(Scalar Multiplication)

$$c = 5, \quad \mathbf{y} = \begin{bmatrix} 1 \\ 2 \\ 3 \end{bmatrix}$$

$$c\mathbf{y} = 5 \begin{bmatrix} 1 \\ 2 \\ 3 \end{bmatrix} = \begin{bmatrix} 5 \\ 10 \\ 15 \end{bmatrix}$$

수식 3 벡터 덧셈(Vector Addition)

$$\mathbf{x} = \begin{bmatrix} 1 \\ 3 \\ 5 \end{bmatrix}, \quad \mathbf{y} = \begin{bmatrix} 2 \\ -1 \\ 0 \end{bmatrix}$$

$$\mathbf{x} + \mathbf{y} = \begin{bmatrix} 1 \\ 3 \\ 5 \end{bmatrix} + \begin{bmatrix} 2 \\ -1 \\ 0 \end{bmatrix} = \begin{bmatrix} 3 \\ 2 \\ 5 \end{bmatrix}$$

수식 4 벡터의 내적(inner product)

$$\mathbf{x} = [x_1, x_2, ..., x_n]^\top$$
$$\mathbf{y} = [y_1, y_2, ..., y_n]^\top$$
$$\mathbf{x} \cdot \mathbf{y} = \mathbf{x}^\top \mathbf{y} = \sum_{i=1}^{n} x_i y_i = x_1 y_1 + x_2 y_2 + ... + x_n y_n$$

벡터 $\mathbf{x}$의 길이(l_x)는 수식 5와 같다. 2차원 공간에서 삼각형의 빗변을 구하는 피타고라스의 정리를 떠올리면 쉽게 이해할 수 있다.

수식 5 벡터의 길이(norm)

$$\mathbf{x} = [x_1, x_2, ..., x_n]^\top$$
$$l_x = \sqrt{x_1^2 + x_2^2 + \cdots + x_n^2} = \sqrt{\mathbf{x}^\top \mathbf{x}}$$

벡터 $\mathbf{x}$와 $\mathbf{y}$ 사이의 각도(θ)는 코사인 법칙으로 유도하여 다음과 같이 코사인 값으로 표현할 수 있다. 다시 말해 두 벡터 내적 값을 두 벡터 길이의 곱으로 나눠준 값이다.

수식 6 코사인 유사도

$$cos(\theta) = \frac{x_1 y_1 + x_2 y_2 + ... + x_n y_n}{l_\mathbf{x} l_\mathbf{y}} = \frac{\mathbf{x}^\top \mathbf{y}}{\sqrt{\mathbf{x}^\top \mathbf{x}} \sqrt{\mathbf{y}^\top \mathbf{y}}}$$

행렬은 덧셈, 스칼라 곱, 곱셈 등 연산이 가능하다. 수식 7에서 9와 같다.

수식 7 행렬 덧셈(Matrix Addition)

$$\begin{bmatrix} 1 & 2 & 3 \\ 4 & 5 & 6 \end{bmatrix} + \begin{bmatrix} 0 & 1 & 0 \\ 2 & -1 & 5 \end{bmatrix} = \begin{bmatrix} 1 & 3 & 3 \\ 6 & 4 & 11 \end{bmatrix}$$

수식 8 스칼라 곱(Scalar Multiplication)

$$c = 2, \quad \mathbf{A} = \begin{bmatrix} 1 & 0 \\ 2 & 5 \end{bmatrix}$$

$$c\mathbf{A} = \begin{bmatrix} 2 & 0 \\ 4 & 10 \end{bmatrix}$$

수식 9 행렬 곱셈(Matrix Multiplication)

$$\mathbf{A} = \begin{bmatrix} 3 & -1 & 2 \\ 4 & 0 & 5 \end{bmatrix}, \quad \mathbf{B} = \begin{bmatrix} 3 & 4 \\ 6 & -2 \\ 4 & 3 \end{bmatrix}$$

$$\mathbf{A} \cdot \mathbf{B} = \begin{bmatrix} 11 & 20 \\ 32 & 31 \end{bmatrix}$$

전치행렬transposed matrix은 원래 행렬의 행과 열을 교환하여 얻는 행렬이다. 수식 10과 같다.

수식 10 전치행렬(transposed matrix)

$$\mathbf{A} = \begin{bmatrix} 2 & 1 & 3 \\ 0 & 1 & -1 \end{bmatrix}, \quad \mathbf{A}^\top = \begin{bmatrix} 2 & 0 \\ 1 & 1 \\ 3 & -1 \end{bmatrix}$$

정방행렬square matrix은 행 개수와 열 개수가 같은 행렬이며 **대칭행렬**symmetric matrix은 원래 행렬과 전치가 같은 행렬을 뜻한다. **단위행렬**identity matrix은 주대각선의 원소가 모두 1이며 나머지 원소는 모두 0인 정방행렬이다. 기호로는 $\mathbf{I}$로 표시한다. **역행렬**inverse matrix은 원래 행렬과 곱한 결과가 단위행렬인 행렬을 가리킨다. 수식 11에서 $\mathbf{A}$는 $\mathbf{B}$의 역행렬, $\mathbf{B}$는 $\mathbf{A}$의 역행렬이다.

$$\mathbf{AB} = \mathbf{BA} = \mathbf{I}$$
$$\mathbf{B} = \mathbf{A}^{-1}, \quad \mathbf{A} = \mathbf{B}^{-1}$$
$$\mathbf{AA}^{-1} = \mathbf{I}$$

A.2 내적과 공분산

변수가 여러 개인 다변량 데이터에서는 변수 간 관련성, 즉 상관성이 매우 중요한 문제가 된다. 확률변수 X의 값이 X의 평균보다 클 때 Y의 값도 Y의 평균보다 커지고, X의 값이 X의 평균보다 작을 때에는 Y의 값도 Y의 평균보다 작아지는 경향이 있으면 **상관계수**correlation coefficient는 양의 값을 가질 가능성이 크다. 바꿔 말하면 상관계수는 두 확률변수의 직선 관계가 얼마나 강하고 어떤 방향인지를 나타내는 값이라고 볼 수 있다.

확률변수 X와 Y의 상관계수 ρ는 수식 12처럼 정의된다. (N = 데이터 개수, μ_1 = X의 평균, μ_2 = Y의 평균, σ_1 = X의 표준편차, σ_2 = Y의 표준편차) **공분산**covariance을 X, Y의 표준편차로 나누어 표준화한 값이 X와 Y의 상관관계라고 할 수 있겠다.

수식 12 상관계수

$$\begin{aligned}
\rho &= \frac{1}{N} \sum_{i=1}^{N} \left(\frac{\mathbf{x}_i - \mu_1}{\sigma_1} \right) \left(\frac{\mathbf{y}_i - \mu_2}{\sigma_2} \right) \\
&= \mathbb{E} \left[\left(\frac{X - \mu_1}{\sigma_1} \right) \left(\frac{Y - \mu_2}{\sigma_2} \right) \right] \\
&= \frac{\mathbb{E} \left[(X - \mu_1)(Y - \mu_2) \right]}{\sigma_1 \sigma_2} \\
&= \frac{\mathrm{cov}(X, Y)}{\sigma_1 \sigma_2}
\end{aligned}$$

확률변수 X와 Y의 공분산은 수식 13처럼 정의된다.

수식 13 공분산 (1)

$$\begin{aligned}
\mathrm{cov}(X,Y) &= \mathbb{E}\left[(X - \mu_1)(Y - \mu_2)\right] \\
&= \mathbb{E}\left[XY - \mu_2 X - \mu_1 Y + \mu_1 \mu_2\right] \\
&= \mathbb{E}[XY] - \mu_2\mathbb{E}[X] - \mu_1\mathbb{E}[Y] + \mu_1\mu_2 \\
&= \mathbb{E}[XY] - \mu_2\mu_1 - \mu_1\mu_2 + \mu_1\mu_2 \\
&= \mathbb{E}[XY] - \mu_1\mu_2
\end{aligned}$$

확률변수 X에 대응하는 값들의 집합을 벡터 $\mathbf{x}$, Y에 대응하는 값들의 집합을 벡터 $\mathbf{y}$로 두자. 수식 13을 $\mathbf{x}$와 $\mathbf{y}$로 다시 쓰면 수식 14가 된다.

수식 14 공분산 (2)

$$\begin{aligned}
\mathrm{cov}(X,Y) &= \mathbb{E}[XY] - \mu_1\mu_2 \\
&= \frac{1}{n-1}\sum_{i=1}^{n}\mathbf{x}_i\mathbf{y}_i - \mu_1\mu_2 \\
&= \frac{1}{n-1}\mathbf{x}\cdot\mathbf{y} - \mu_1\mu_2
\end{aligned}$$

수식 14에서 벡터 $\mathbf{x}$의 평균(μ_1)과 $\mathbf{y}$의 평균(μ_2)이 0으로 센터링^{centering}돼 있다면 $\mathrm{cov}(X,Y)$는 $\mathbf{x}$와 $\mathbf{y}$의 내적에 (데이터 개수 $-$ 1)로 나눠준 값과 같다. 따라서 수식 15처럼 쓸 수 있다.

수식 15 공분산과 내적

$$cov(X,Y) \approx \mathbf{x}\cdot\mathbf{y}$$

공분산행렬은 각 요소가 그에 해당하는 변수 간 공분산인 행렬을 의미한다. 임의의 공분산행렬 $\mathbf{A}$를 예를 들어 보겠다. 수식 16과 같은 공분산행렬에서 첫 행은 확률변수 X, 두 번째 행은 확률변수 Y에 해당한다고 해보자. 그러면 $\mathrm{cov}(X, X) = \mathrm{var}(X) = 2$가 된다. 역시 $\mathrm{cov}(Y, Y) = \mathrm{var}(Y) = 6$이다. 또한 $\mathrm{cov}(X, Y) = \mathrm{cov}(Y, X) = 4$다.

$$\mathbf{A} = \begin{bmatrix} 2 & 4 \\ 4 & 6 \end{bmatrix}$$

확률변수 X의 값이 확률변수 Y의 값에 아무런 영향을 미치지 않는다면 X와 Y는 서로 **독립**independent이라고 한다. 두 변수가 독립이라면 수식 17과 같은 식이 성립한다.

수식 17 독립

$$\mathbb{E}[XY] = \mathbb{E}[X] \cdot \mathbb{E}[Y]$$

두 확률변수 X와 Y가 서로 독립이라면 수식 18에 의해 공분산이 0이 된다. 이를 상관계수(수식 12)와 연관지어 생각하면 확률변수 X와 Y가 아무런 선형관계가 없다는 뜻이다.

수식 18 두 변수가 독립인 경우의 공분산

$$\mathrm{cov}(X, Y) = \mathbb{E}[XY] - \mathbb{E}[X] \cdot \mathbb{E}[Y] = \mathbb{E}[X] \cdot \mathbb{E}[Y] - \mathbb{E}[X] \cdot \mathbb{E}[Y] = 0$$

수식 18에 의해 두 확률변수 X와 Y가 서로 독립이면 공분산은 0이다. 두 확률변수의 공분산이 0이고 해당 확률변수에 대응하는 벡터 $\mathbf{x}$, $\mathbf{y}$의 평균이 각각 0이라면 수식 14에 의해 $\mathbf{x}$, $\mathbf{y}$의 내적 또한 0이 된다. 코사인 유사도의 분자는 두 벡터의 내적이므로, 내적이 0이라는 말은 두 벡터의 코사인 값이 0(=90도 직각)이라는 이야기와 같다. 따라서 서로 독립인 두 확률변수에 대응하는 벡터 $\mathbf{x}$, $\mathbf{y}$가 직교한다는 의미다. 통계학의 독립, 선형대수학의 **직교성**orthogonality이라는 개념은 공분산을 고리로 연결할 수 있게 된다.

A.3 내적과 사영

벡터 $\mathbf{b}$를 벡터 $\mathbf{a}$에 **사영**projection한 결과($\mathbf{x}$)는 그림 1과 같다.

그림 1 벡터의 사영

벡터 덧셈의 기하학적 성질을 이용해 그림 1에서 정보를 얻어낼 수 있다. 벡터 **b**를 빗변으로 하는 직각삼각형의 밑변은 벡터 **x**, 높이는 **b** – **x**가 될 것이다(밑변과 높이를 더하면 빗변에 해당하는 **b**가 됨). 서로 직교하는 벡터의 내적은 0이 되므로 스칼라 p는 수식 19와 같이 구할 수 있게 된다.

수식 19 스칼라 p 구하기

$$
(\mathbf{b} - \mathbf{x})^\top \mathbf{a} = 0
$$
$$
(\mathbf{b} - p\mathbf{a})^\top \mathbf{a} = 0
$$
$$
\mathbf{b}^\top \mathbf{a} - p\mathbf{a}^\top \mathbf{a} = 0
$$
$$
p = \frac{\mathbf{b}^\top \mathbf{a}}{\mathbf{a}^\top \mathbf{a}}
$$

그런데 여기에서 벡터 **a**가 단위 벡터($\mathbf{a}^\top \mathbf{a} = 1$)라면 p는 $\mathbf{b}^\top \mathbf{a}$, 즉 벡터 **a**와 **b**의 내적만으로도 그 값을 구할 수 있게 된다. 다시 말해 벡터의 내적과 사영이 관련을 맺고 있다는 이야기다. 이 때문에 '어떤 특정 축(벡터)에 다른 벡터를 사영'하는 것과 '두 벡터를 내적'한다는 표현이 거의 같은 의미로 널리 쓰이는 듯하다.

A.4 내적과 선형변환

행렬 **A**와 벡터 **x** 간 내적은 **선형변환**^{linear transformation}으로 이해할 수 있다. 행렬 **A**가 $m \times n$ 크기이고, **x**가 n차원 벡터라고 할 때 행렬 **A**는 n차원 벡터 **x**를 m차원 벡터로 변환하는 선형변환 함수라는 것이다. 이를 그림으로 표시하면 아래와 같다.

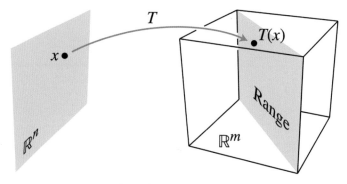

그림 2 선형변환(Lay, 2011)

선형변환 함수 T를 아래와 같이 정의했다고 하자. 그러면 다음 그림과 수식처럼 2차원 벡터 $[2, -1]^\mathsf{T}$은 3차원 벡터 $[5, 1, -9]^\mathsf{T}$로 변환된다.

$$T(\mathbf{x}) = \begin{bmatrix} 1 & -3 \\ 3 & 5 \\ -1 & 7 \end{bmatrix} \begin{bmatrix} x_1 \\ x_2 \end{bmatrix}$$

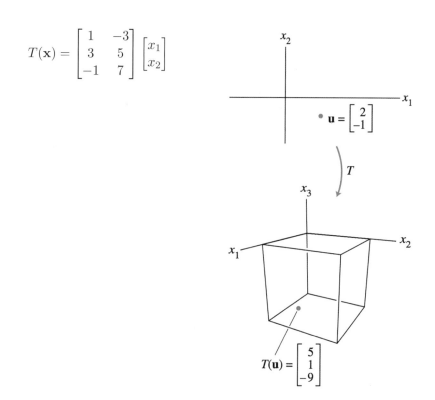

그림 3 선형변환 예시(Lay, 2011)

A.5 행렬 분해 기반 차원 축소 (1): 주성분 분석(PCA)

차원 축소^{dimensionality reduction} 기법은 데이터의 차원을 줄여 처리를 효율화하는 한편 시각화(2~3차원)하는 데 쓰인다. 차원 축소 기법 가운데 널리 쓰이는 방법이 행렬 분해^{matrix factorization} 기반의 방법들이다. 대표적으로 **주성분 분석**^{Principal Component Analysis}과 **특이값 분해**^{Singular Value Decomposition}가 있다. 둘 사이에는 깊은 관계가 있는데 차례대로 살펴보겠다.

PCA는 데이터의 분산을 최대한 보존하면서 서로 직교하는 새 기저(축)를 찾아, 고차원 공간의 표본들을 선형 연관성이 없는 저차원 공간으로 변환하는 기법이다. PCA는 변수가 p개, 관측치가 n개 있는 데이터 $\mathbf{X}(p \times n)$로 새로운 변수 $\mathbf{z}$를 다음과 같이 만드는 과정으로 이해하면 좋을 것 같다. 여기에서 벡터 $\mathbf{x}_i$는 데이터 행렬 $\mathbf{X}$의 i번째 변수에 해당하는 행 벡터(n차원)다. 이들을 적절히 조합해 새로운 n차원 벡터 $\mathbf{z}_i$를 만들어내는 것이다. 수식 20과 같다.

수식 20 변수 생성 (1)

$$\mathbf{z_1} = a_{11}\mathbf{x_1} + a_{12}\mathbf{x_2} + ... + a_{1p}\mathbf{x_p} = \mathbf{a_1}^\top \mathbf{X}$$
$$\mathbf{z_2} = a_{21}\mathbf{x_1} + a_{22}\mathbf{x_2} + ... + a_{2p}\mathbf{x_p} = \mathbf{a_2}^\top \mathbf{X}$$
$$...$$
$$\mathbf{z_p} = a_{p1}\mathbf{x_1} + a_{p2}\mathbf{x_2} + ... + a_{pp}\mathbf{x_p} = \mathbf{a_p}^\top \mathbf{X}$$

사실 위와 같은 식의 선형결합은 선형변환으로도 이해할 수 있다. 바꿔 말하면 벡터 $\mathbf{z}_i$는 $\mathbf{X}$를 $\mathbf{a}_i$(p차원)라는 새로운 축에 사영시킨 결과물이다.

수식 21 변수 생성 (2)

$$\mathbf{Z} = \begin{bmatrix} \mathbf{z_1} \\ \mathbf{z_2} \\ ... \\ \mathbf{z_p} \end{bmatrix} = \begin{bmatrix} \mathbf{a_1}^\top \mathbf{X} \\ \mathbf{a_2}^\top \mathbf{X} \\ ... \\ \mathbf{a_p}^\top \mathbf{X} \end{bmatrix} = \begin{bmatrix} \mathbf{a_1}^\top \\ \mathbf{a_2}^\top \\ ... \\ \mathbf{a_p}^\top \end{bmatrix} \mathbf{X} = \mathbf{A}^\top \mathbf{X}$$

위 식에서 각 변수와 결합하는 계수들만 알면 PCA를 수행할 수 있게 된다. PCA의 목적은 원 데이터 행렬 **X**의 분산을 최대한 보존하는 데 있기 때문에 새 변수 **z**의 분산 또한 최대화돼야 한다. 그럼 우리가 알고 싶은 미지수인 p차원 계수벡터를 **a**, **X**의 공분산행렬을 Σ로 두자. 그럼 수식 22와 같이 식을 쓸 수 있다.

수식 22 PCA의 목적식

$$\max_{\mathbf{a}} \{\text{Var}(\mathbf{z})\} = \max_{\mathbf{a}} \{\text{Var}(\mathbf{a}^\top \mathbf{X})\}$$
$$= \max_{\mathbf{a}} \{\mathbf{a}^\top \text{Var}(\mathbf{X})\mathbf{a}\}$$
$$= \max_{\mathbf{a}} \{\mathbf{a}^\top \Sigma \mathbf{a}\}$$

위 식을 만족하는 **a**는 무수히 많을 수 있다. 사실 **a**의 크기를 무작정 키우기만 해도 **z**의 분산을 높일 수가 있기 때문이다. 이 때문에 다음과 같은 제약식(**a**의 크기를 제한)을 둔다.

수식 23 PCA의 제약식

$$\|\mathbf{a}\| = \mathbf{a}^\top \mathbf{a} = 1$$

이를 종합해 라그랑지안 문제로 변형하자.

수식 24 라그랑지안 문제로 변형

$$L = \mathbf{a}^\top \Sigma \mathbf{a} - \lambda(\mathbf{a}^\top \mathbf{a} - 1)$$

최댓값을 구하기 위해 L을 미지수 **a**로 미분한 식을 0으로 두어 정리하면 수식 25와 같다.

수식 25 PCA의 해(solution)

$$\frac{\partial L}{\partial \mathbf{a}} = \Sigma \mathbf{a} - \lambda \mathbf{a} = 0$$
$$(\Sigma - \lambda)\mathbf{a} = 0$$

수식 25는 정확히 **고유벡터**eigenvector의 정의에 들어맞는다. 고유벡터 정의에 의해 **a**는 데이터의 공분산행렬 Σ의 고유벡터, λ는 Σ의 고윳값이 된다. 따라서 원 데이터 **X**의 분산을 최대화하는 **a**는 Σ의 고유벡터라는 사실을 알 수 있다. Σ의 고유벡터를 **주성분**principal component이라고 한다.

데이터가 각 변수별로 평균이 0으로 맞춰져 있을 때 데이터 **X**의 공분산행렬 Σ는 수식 26과 같다.

수식 26 공분산행렬

$$\Sigma = \mathrm{cov}(\mathbf{X}) = \frac{1}{n-1}\mathbf{X}\mathbf{X}^\top \propto \mathbf{X}\mathbf{X}^\top$$

각 열 벡터가 공분산행렬 Σ의 고유벡터인 행렬을 **A**, 대각성분들이 Σ의 고윳값들이고 대각성분을 제외한 요소 값이 0인 행렬을 Λ라고 할 때 수식 27과 같이 식을 쓸 수 있다.

수식 27 공분산행렬의 고유 분해

$$\mathbf{\Sigma} = \mathbf{A}\mathbf{\Lambda}\mathbf{A}^{-1}$$

공분산행렬 Σ는 대칭행렬(Σᵀ=Σ)이므로 다음과 같이 정리할 수 있다.

수식 28 공분산행렬 정리

$$\mathbf{\Sigma}^\top = \left(\mathbf{A}^{-1}\right)^\top \mathbf{\Lambda}\mathbf{A}^\top$$
$$= \mathbf{A}\mathbf{\Lambda}\mathbf{A}^{-1} = \mathbf{\Sigma}$$
$$\therefore \mathbf{A}^{-1} = \mathbf{A}^\top$$
$$\mathbf{A}^\top\mathbf{A} = \mathbf{I}$$

Aᵀ**A** = **I**로부터 공분산행렬 Σ의 서로 다른 고유벡터끼리는 서로 **직교**orthogonal함을 확인할 수 있다. **A**는 Σ의 고유벡터들로 이루어진 행렬인데, 대각성분이 아닌 요소는 Σ의 서로 다른 고유벡터 간 내적이 되며, 그 값은 모두 0이기 때문이다. 원 데이터를 공분산행렬의 고유벡터로 사영하기 전에는 변수 간 연관성이 있었더라도 PCA

변환에 의하여 좌표축이 바뀐 데이터들은 서로 무상관^{uncorrelated}이게 된다.

한편 Σ는 원 데이터 **X**의 공분산행렬이고, Σ의 가장 큰 고윳값과 고유벡터를 각각 λ_1, $\mathbf{a}_1$이라고 두자. 이 둘로 만든 새로운 변수 $\mathbf{z}_1$와 그 분산은 수식 29와 같이 쓸 수 있다.

수식 29 PCA로 만든 새로운 변수

$$\mathbf{z_1} = \mathbf{a_1}^\top \mathbf{X}$$
$$\mathrm{Var}(\mathbf{z_1}) = \mathbf{a_1}^\top \mathbf{\Sigma} \mathbf{a_1}$$

고유벡터의 정의에 의해 수식 30이 성립한다.

수식 30 고유벡터의 정의

$$\mathbf{\Sigma a_1} = \lambda_1 \mathbf{a_1}$$

이를 원식에 대입하고, **a**를 단위 벡터($\mathbf{a}^\top\mathbf{a}=1$)로 정한 제약식을 원용해 정리하면 수식 31과 같다.

수식 31 PCA로 만든 새 변수의 분산

$$\begin{aligned}
\mathrm{Var}(\mathbf{z_1}) &= \mathbf{a_1}^\top \mathbf{\Sigma} \mathbf{a_1} \\
&= \mathbf{a_1}^\top \lambda_1 \mathbf{a_1} \\
&= \lambda_1 \mathbf{a_1}^\top \mathbf{a_1} \\
&= \lambda_1
\end{aligned}$$

요컨대 Σ의 제1 고유벡터로 만든 새로운 변수 $\mathbf{z}_1$의 분산은 그에 해당하는 고윳값 λ_1이라는 뜻이다. 이를 확장하여 Σ의 i번째로 큰 고윳값과 고유벡터를 각각 λ_i, $\mathbf{a}_i$이라고 두자. 이들로 만든 새로운 변수 $\mathbf{z}_i$의 분산은 그에 해당하는 고윳값 λ_i가 된다. 따라서 Σ의 고윳값 전체 합과 원 데이터 **X**의 분산은 서로 같다. 결과적으로 제일 큰 고윳값 k개를 선택하고 그 개수만큼의 고유벡터들과 원 데이터 **X**를 내적하면 p차원의 원본 데이터의 분산을 최대한 보존하면서 k차원으로 축소할 수 있게 된다.

A.6 행렬 분해 기반 차원 축소 (2): 특이값 분해(SVD)

특이값 분해^{Singular Value Decomposition}는 $p \times n$ 크기의 데이터 행렬 $\mathbf{X}$를 아래와 같이 분해하는 것을 말한다.

수식 32 특이값 분해

$$\mathbf{X} = \mathbf{A}\mathbf{S}\mathbf{V}^\top$$

행렬 $\mathbf{A}$와 $\mathbf{V}$에 속한 열 벡터는 **특이 벡터**^{singular vector}로 부르고, 수식 33과 같은 성질을 지닌다.

수식 33 특이 벡터의 성질

$$\mathbf{A} = \begin{bmatrix} \mathbf{a}_1 & \mathbf{a}_2 & ... & \mathbf{a}_p \end{bmatrix}$$
$$\mathbf{V} = \begin{bmatrix} \mathbf{v}_1 & \mathbf{v}_2 & ... & \mathbf{v}_n \end{bmatrix}$$
$$\mathbf{a}_k = \begin{bmatrix} a_{k_1} \\ a_{k_2} \\ ... \\ a_{k_p} \end{bmatrix} \quad \mathbf{v}_k = \begin{bmatrix} v_{k_1} \\ v_{k_2} \\ ... \\ v_{k_n} \end{bmatrix}$$
$$\mathbf{a}_k^\top \mathbf{a}_k = 1, \quad \mathbf{X}\mathbf{X}^\top = \mathbf{I}$$
$$\mathbf{v}_k^\top \mathbf{v}_k = 1, \quad \mathbf{V}\mathbf{V}^\top = \mathbf{I}$$

행렬 $\mathbf{S}$의 특이값은 모두 0보다 크거나 같으며 내림차순으로 정렬돼 있다. 행렬 $\mathbf{S}$의 k번째 대각원소에 해당하는 특이값 $\mathbf{S}_k$는 행렬 $\mathbf{X}\mathbf{X}^\top$의 k번째 큰 고윳값 Λ_k에 제곱근을 취한 값과 같다.

수식 34 특이값과 고윳값 관계

$$S_k = \sqrt{\Lambda_k}$$

그러면 SVD를 PCA와 비교해보기 위해 행렬 $\mathbf{X}$에 SVD를 수행한 결과를 제곱해보겠다. 이후 식을 정리하면 수식 35와 같다.

$$\begin{aligned}
\mathbf{X}\mathbf{X}^\top &= \mathbf{A}\mathbf{S}\mathbf{V}^\top(\mathbf{A}\mathbf{S}\mathbf{V}^\top)^\top \\
&= \mathbf{A}\mathbf{S}\mathbf{V}^\top\mathbf{V}\mathbf{S}\mathbf{A}^\top \\
&= \mathbf{A}\mathbf{S}^2\mathbf{A}^\top \\
&= \mathbf{A}\mathbf{\Lambda}\mathbf{A}^\top
\end{aligned}$$

결과적으로 $\mathbf{X}$에 SVD를 시행한 결과($\mathbf{A}\mathbf{S}\mathbf{V}^\top$)를 제곱한 것과 행렬 $\mathbf{X}\mathbf{X}^\top$를 고유 분해 eigendecomposition한 결과($\mathbf{A}\mathbf{\Lambda}\mathbf{A}^\top$)는 동일하다. $\mathbf{X}$의 평균이 0으로 센터링되어 있을 때 $\mathbf{X}\mathbf{X}^\top$는 $\mathbf{X}$의 공분산행렬이며, PCA가 $\mathbf{X}$의 공분산행렬을 고유 분해해 크기가 큰 고윳값들에 대응하는 고유벡터들을 가지고 원 데이터의 차원을 축소한다는 점을 고려해볼 때 SVD와 PCA는 밀접한 관련이 있다. 우리 책에서 잠재 의미 분석(4장, '단어 수준 임베딩', 5장, '문서 수준 임베딩' 참조)이 SVD를 활용한다.

B 확률론 기초

B.1 확률변수와 확률 분포

확률변수random variable란 다양한 값을 랜덤하게 가질 수 있는 변수다. 확률변수는 표본공간sample space에서 **상태공간**state space으로 보내는 함수이며, 확률적인 과정에 따라 확률변수의 구체적인 값value이 결정된다. 표본공간이란 어떤 시행(실험)에서 나타날 수 있는 모든 결과의 모임을, 상태공간이란 해당 확률변수가 취할 수 있는 모든 실수들의 집합을 가리킨다.

예컨대 동전을 1회 던지는 실험에서 표본공간은 {앞면, 뒷면}이 된다. 확률변수 X를 '동전을 두 번 반복해서 던졌을 때 앞면이 나온 횟수'로 정의할 경우 상태공간은 {0, 1, 2}가 된다.

확률 분포probability distribution는 개별 확률변수나 확률변수의 집합에 대응하는 확률들의 집합을 가리킨다. 확률 분포는 상태가 얼마나 많이 나타나는가를 나타내며 경우에 따라서는 확률이 나타나는 패턴을 의미하기도 한다. **확률함수**probability function란 확률변수의 한 상태를 그 상태가 나타날 확률로 대응시켜주는 함수다.

이산확률변수discrete random variable란 상태공간이 유한집합이거나 셈할 수 있는 무한집합인 확률변수를 가리킨다. 이산확률변수의 확률함수를 특별히 **확률질량함수** probability mass function라고 부른다. 만일 이산확률변수 X가 x라는 값value일 가능성이 확실하다면 그 확률은 1이 될 것이다. 해당 확률질량함수를 P라 할 때 수식 36과 같이 쓴다.

수식 36 확률질량함수

$$P(X = x) = 1$$

확률질량함수 P는 다음과 같은 조건을 만족해야 한다. 발생이 불가능한 사건은 그 확률이 0이고 이보다 작은 확률을 가진 상태는 존재할 수 없다. 마찬가지로 발생이 보장돼 있는 사건은 그 확률이 1이고, 이보다 큰 확률을 가진 상태는 존재하지 않는다.

수식 37 확률질량함수의 요건 (1)

$$0 \leq P(x) \leq 1$$

아울러 확률질량함수는 다음 속성을 만족해야 한다.

수식 38 확률질량함수의 요건 (2)

$$\sum_{x \in X} P(x) = 1$$

다음은 몇 가지 중요한 확률 분포의 예시다.

균등분포

균등분포uniform distribution란 각 상태에 해당하는 확률이 동일한 확률 분포를 가리킨다. k개의 서로 다른 상태를 가질 수 있고 균등분포를 따르는 이산확률변수 **X**의 확률질량함수는 수식 39와 같다.

$$P\left(X = x_i\right) = \frac{1}{k}$$

베르누이분포

입시에서 합격과 불합격, 스포츠 경기에서 승리와 패배, 사업에서 성공과 실패, 수술 후 환자의 치유 여부 등 우리가 일상생활에서 자주 접하는 일들은 두 가지의 가능한 결과만을 가질 때가 많다. 어떤 실험이 이와 같이 두 가지 가능한 결과만을 가질 경우 이를 **베르누이시행**bernoulli trial이라고 한다.

일반적으로 베르누이시행에서 시행의 결과는 성공 또는 실패로 나타낸다. 따라서 베르누이시행의 표본공간은 {성공, 실패}, 상태공간은 {0, 1}로 원소가 각각 두 개인 집합이다. 성공을 1, 실패를 0으로 대응시키는 함수를 **베르누이확률변수**bernoulli random variable라 하고 이 확률변수의 확률 분포를 **베르누이분포**라고 한다. 베르누이분포는 표 2와 같이 표현할 수 있다.

표 2 베르누이분포

x	0	1
$P(X=x)$	$1-p$	p

표 2를 식으로 나타내면 수식 40과 같다.

수식 40 베르누이분포

$$P\left(X = x\right) = p^x(1-p)^{1-x}$$

이항분포

성공확률이 p인 베르누이시행을 n번 반복 시행할 때 성공 횟수를 나타내는 확률변수 X의 분포를 **이항분포**binomial distribution라고 한다. 이항분포를 따르는 확률변수 X의 확률질량함수는 수식 41, 이항분포를 시각화한 것은 그림 4와 같다.

수식 41 이항분포의 확률질량함수

$$P(x) = \binom{n}{x} p^x (1-p)^{n-x}, \quad x = 0, 1, \ldots n$$

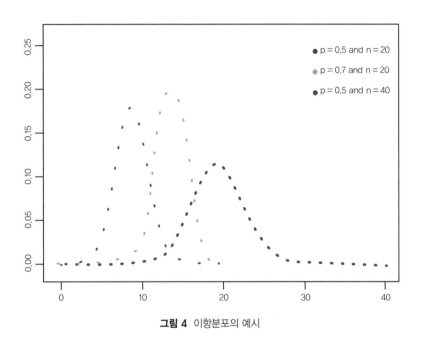

그림 4 이항분포의 예시

다항분포

다항분포multinomial distribution란 k개의 서로 다른 상태를 가질 수 있는 하나의 이산확률 변수에 대한 확률 분포를 가리킨다. 어떤 시행에서 k가지의 값이 나타날 수 있고 그 값이 나타날 확률을 각각 p_1, p_2, $\cdots$, p_k라 할 때 n번의 시행에서 i번째의 값이 x_i회 나타날 확률은 다음과 같다.

수식 42 다항분포 확률질량함수

$$P(x_1, , \ldots, x_k, p_1, \ldots, p_k, n) = \frac{n!}{x_1! x_2! \ldots x_k!} p_1^{x_1} p_2^{x_2} \ldots p_k^{x_k}$$

경우에 따라 다항분포는 값이 나타나는 횟수가 아니라 독립시행에서 나타난 값 자체를 가리키기도 한다. 엄밀하게는 이러한 분포를 **카테고리 분포**^{categorical distribution}라 한다. 예컨대 k개 범주를 분류하는 뉴럴 네트워크를 만들 때 마지막 층의 출력 결과물은 k차원의 확률 벡터가 될 텐데, 이 벡터의 각 요소 값들은 해당 인스턴스가 각각의 범주일 확률을 나타낸다고 볼 수 있다.

어떤 시행에서 k개의 서로 다른 범주가 있고 그 범주가 나타날 확률을 각각 p_1, p_2, $\cdots$, p_k라 할 때 1회 시행에서 i번째 범주 c_i가 나타날 확률은 수식 43과 같다. 그림 5는 카테고리 분포의 예시다.

수식 43 카테고리 분포

$$P\left(c_i; p_1, ..., p_k\right) = p_i$$

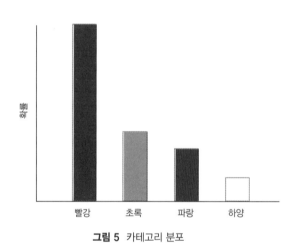

그림 5 카테고리 분포

정규분포

정규분포^{normal distribution}는 수학자 가우스(Gauss, 1777~1855)에 의해 제시된 분포로서 일명 가우스분포^{Gauss Distribution}라고 부르며 물리학 실험 등에서 오차에 대한 확률 분포를 연구하는 과정에서 발견됐다고 한다. 가우스 이후 이 분포는 여러 학문 분야에서 이용됐으며, 초기의 통계학자들은 모든 자료의 히스토그램이 정규분포의 형태와 유사하지 않으면 비정상적인 자료라고까지 생각했다고 한다. 이러한 이유로 이 분포에 '정규normal'라는 이름이 붙게 된 것이다.

정규분포는 특성값이 연속적인 무한모집단 분포의 일종으로서 평균이 μ이고 표준편차가 σ인 경우 정규분포의 **확률밀도함수**Probability Density Function와 밀도곡선은 각각 수식 44, 그림 6과 같다.

수식 44 정규분포 확률밀도함수

$$N(x;\mu,\sigma^2) = \frac{1}{\sqrt{2\pi}\sigma}\exp\left(-\frac{(x-\mu)^2}{2\sigma^2}\right)$$

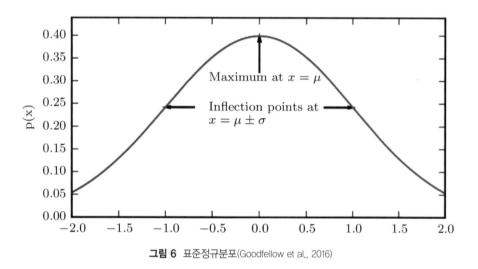

그림 6 표준정규분포(Goodfellow et al., 2016)

데이터 분포에 대한 사전지식이 전혀 없을 때 정규분포를 가정하는 것은 다음 두 가지 이유로 꽤 합리적인 선택이다. 첫째 **중심극한정리**central limit theorem 덕분이다. 중심극한정리란 동일한 확률 분포를 따르는 독립확률변수 n개의 평균의 분포는 n(대개 30 이상)이 충분히 클 때 정규분포에 가까워진다는 정리다. 다시 말해 모집단의 분포가 무엇이든 상관없이 충분히 많은 수의 표본을 뽑으면 표본평균의 분포는 근사적으로 정규분포를 따른다.

중심극한정리를 이항분포와 관련지어 생각해보자. 이항분포는 성공 확률이 p인 베르누이시행을 n번 반복 시행할 때 성공 횟수 X의 분포를 가리킨다. 중심극한정리는 "X는 원래 이항분포를 따르지만, 이로부터 충분히 많은 수의 표본을 뽑으면 이들 표본평균의 분포가 정규분포와 유사해진다"는 점을 알려준다.

다음 그림은 시행횟수가 100이고 성공확률이 0.5인 이항분포로부터 충분히 큰수(한 번 샘플 시 30개 이상)의 표본을 뽑는 것을 반복해, 이 표본평균들을 히스토그램으로 그린 것이다. 실선은 평균이 50, 분산이 0.5인 정규분포를 그린 것이다. 둘의 모양이 비슷한 것을 확인할 수 있다.

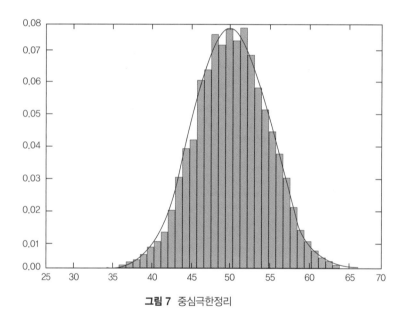

그림 7 중심극한정리

데이터 분포에 대한 사전지식이 전혀 없을 때 정규분포를 가정하는 두 번째 이유는 이렇다. 동일한 분산을 가진 모든 확률 분포 가운데 정규분포는 최대 **불확실성**uncertainty을 내포하는 좋은 성질을 가진다고 한다. **정보 이론**information theory에서 **엔트로피**entropy는 어떤 확률변수의 불확실성을 가리킨다. 엔트로피를 최대로 만드는 확률함수를 유도하면 정규분포식이 도출된다. 따라서 정규분포를 가정할 경우 모델을 만들 때 사전 지식을 최대한 배제한다는 의미 또한 지니게 된다는 것이다. 이 사전 지식은 다음에 나올 2.2절의 베이지안 확률론과 연결된다.

B.2 베이지안 확률론

확률을 바라보는 시각에는 크게 두 가지가 있다. 하나는 빈도론frequentist의 관점이고 다른 하나는 베이지안 접근이다. 빈도론 쪽에서는 사건event의 빈도를 분석한다. 포커 게임을 예로 들어보겠다. 이런 종류의 사건은 반복 가능하다repeatable는 특징이 있다. 어떤 확률이 p라는 말은, 실험(카드 뽑기)을 무한히 반복하면 관심 있는 사건이 나타나는 비율이 p라는 이야기다. 이 p는 사건이 일어날 비율과 직접적인 관련이 있다는 점에서 빈도주의적 접근이라 불린다.

베이지안에서는 아예 다른 접근을 취한다. 어떤 의사가 환자를 진찰하고 감기에 걸린 환자가 40%라는 결론을 내렸다고 하자. 이 경우는 포커 게임과 달리 환자들을 무한히 관측할 수 없다. 감기와 증상이 유사해 보이지만 환자가 걸린 병이 감기가 아닐 수도 있다. 이러한 경우 믿음의 크기degree of belief를 표현하기 위한 방안으로 확률을 쓴다. 다시 말해 환자가 정말 확실하게 감기에 걸렸다고 판단되는 경우를 1, 그렇지 않다고 생각되는 경우를 0으로 둔다는 것이다. 이는 확실성의 질적 수준qualitative levels of certainty과 관련이 있다.

요컨대 빈도론으로 접근하는 쪽에서는 확률을 빈도로 정량화한다. 반면 베이지안 관점에서는 확률 개념을 빈도가 아닌 믿음의 정도로 고려한다.

결합확률과 조건부확률

결합확률joint probability은 사건 A와 B가 동시에 일어날 확률을 의미한다. 기호로는 $P(A, B)$로 표현한다. **조건부확률**conditional probability은 어떤 사건 B가 일어났을 때 사건 A가 일어날 확률을 의미한다. 사건 B가 발생했을 때 사건 A가 발생할 확률은 사건 B의 영향을 받아 변하는데 이를 가리키는 개념이 바로 조건부확률이다. 기호로는 $P(A|B)$로 표현하고, 수식 45처럼 정의된다.

$$P(A|B) = \frac{P(A,B)}{P(B)}$$

베이즈 정리

일반적으로 사건 A_1, A_2가 서로 **배반**^{mutually exclusive}이고 A_1, A_2의 합집합이 **표본공간**^{sample space}과 같으면 사건 A_1, A_2는 표본공간 S의 분할이라고 정의한다. 여기에서 배반이란 사건 A_1와 A_2가 절대 동시에 일어나지 않는다는 것을 가리킨다. 여기에서 우리가 관심 있는 사건 B가 나타날 확률을 그림과 식으로 나타내면 그림 8과 같다.

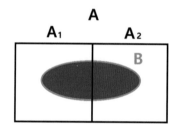

$$P(B) = P(A_1, B) + P(A_2, B)$$

그림 8 사건 B가 일어날 확률(위키백과)

$P(B)$를 조건부확률의 정의를 이용해 다시 쓰면 다음과 같다. 이를 **전환률 공식**^{law of total probability} 또는 **베이즈 정리**^{Bayes' theorem}라고 한다.

수식 46 베이즈 정리

$$P(B) = P(A_1)P(B|A_1) + P(A_2)P(B|A_2) = \sum_{i=1}^{2} P(A_i)P(B|A_i)$$

보통 $P(A_1)$, $P(A_2)$는 미리 알고 있다는 의미의 **사전확률**^{prior probability}로 불린다. $P(B|A_1)$, $P(B|A_2)$는 **우도**^{likelihood}라 부른다. 사전 믿음(=사전확률)이 전제된 상태에서 사건 B를 관측한 결과다. $P(B)$는 **증거**^{evidence}라는 이름이 붙었다. A_1, A_2 등 모든

경우의 수를 고려했을 때 사건 B가 일어날 확률을 말한다.

그러면 우리가 관심 있는 사건인 B가 A_1에 기인했을 조건부확률은 어떻게 구할까. 수식 47과 같다.

수식 47 사건 B가 A_1에 기인했을 조건부확률

$$P(A_1|B) = \frac{P(A_1)P(B|A_1)}{P(B)}$$
$$= \frac{P(A_1)P(B|A_1)}{P(A_1)P(B|A_1) + P(A_2)P(B|A_2)}$$

$P(A_1|B)$는 사건 B를 관측한 후에 그 원인이 되는 사건 A의 확률을 다시 따졌다는 의미의 사후확률이라고 부른다. 사후확률은 사건 B의 정보가 더해진, 사전확률의 업데이트 버전 정도라고 생각하면 좋을 것 같다. 같은 방식으로 $P(A_2|B)$도 구할 수 있다.

베이즈 추론

예를 들어보겠다. 어떤 이름 모를 질병에 걸린 환자가 전체 인구의 약 1% 정도 되는 것으로 알려져 있다고 하자. 그렇다면 전체 인구라는 표본공간에서 질병에 걸릴 확률 $P(D)$는 0.01, 그렇지 않을 확률 $P(\sim D)$는 0.99다. 이것이 바로 우리가 이미 알고 있는 지식, 즉 사전확률이 되겠다.

질병 발생 여부를 측정해주는 테스트의 정확도는 이렇다고 한다. 진짜 환자를 양성이라고 정확하게 진단할 확률 $P(+|D)$는 97%, 정상환자를 양성이라고 오진할 확률 $P(+|\sim D)$는 6%다. 이것이 바로 우도다. 사전 정보 내지 믿음(질병 발생 확률)이 전제된 상태에서 실제 데이터(진단의 정확도)를 관찰한 결과다.

그럼 진단 테스트 결과 양성이라고 나왔는데 실제 환자일 확률 $P(D|+)$는 얼마일까? 이건 우리가 이미 알고 있는 정보를 활용해 수식 48과 같이 구할 수 있다. 이것이 바로 사후확률이다. 즉 실제 데이터(진단) 정보를 더해 '질병에 걸릴 확률'이라는 사전확률을 업데이트한 것이다. 결과적으로는 데이터를 보기 전에는 질병에 걸릴 확

률을 전체 인구의 1%라고 생각했지만, 데이터를 보고 나니 그 믿음이 1.4% 정도로 커졌다.

수식 48 $P(D|+)$ 계산

$$
\begin{aligned}
P(+) &= P(D, +) + P(\sim D, +) \\
&= P(D)P(+|D) + P(\sim D)P(+|\sim D) \\
&= 0.01 \times 0.97 + 0.99 \times 0.06 \\
&= 0.691
\end{aligned}
$$

$$
\begin{aligned}
P(D|+) &= \frac{P(D)P(+|D)}{P(+)} \\
&= \frac{0.01 \times 0.97}{0.691} \\
&= 0.014
\end{aligned}
$$

왜 이렇게 복잡하게 사후확률을 구하는 건지 의문이 생기는 독자들도 있을 수 있다. 하지만 사후확률은 구하기 어려운 경우가 많다. 그에 반해 사전확률은 우리가 이미 알고 있는 값이고, 우도는 사후확률과 비교해 상대적으로 계산하기 수월하다. 그래서 전확률법칙과 사전확률과 우도를 활용해 사후확률을 도출해내는 것이다. 다시 말해 우리가 알고 싶은 확률을 단박에 계산하기가 까다로울 때 조건과 결과를 뒤집어서 우회적으로 계산하는 것, 이것이 베이즈 추론의 강점이라고 말할 수 있겠다. 우리 책에서 잠재 디리클레 할당(5장, '문서 수준 임베딩' 참고)이 이러한 베이즈 추론을 활용한다.

C 뉴럴 네트워크 기초

C.1 DAG로 이해하는 뉴럴 네트워크

우리 책 전반에 소개한 임베딩 기법들은 대부분 뉴럴 네트워크 기반의 모델이다. 뉴럴 네트워크는 다양한 시각에서 설명할 수 있는데, 그중 하나가 Directed Acyclic Graph[DAG]로 보는 관점이다.

그래프란 일련의 노드(node, vertex, 정점, 꼭지점) 집합 *V*와 엣지(edge, 간선, 변) 집합 E로 구성된 자료 구조의 일종이다. **방향 그래프**directed graph란 엣지가 순서가 있는 쌍으로 표현된 그래프다. **사이클**cycle이란 한 노드에서 시작해 같은 노드에서 끝나는 경로path를 가리킨다. DAG란 방향을 가지면서directed 사이클이 없는 그래프를 의미한다. 그림 9와 같다.

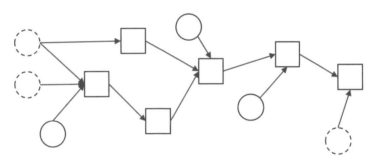

그림 9 DAG로 이해하는 뉴럴 네트워크(조경현, 2018)

점선 원으로 표시된 노드는 뉴럴 네트워크의 입력/출력값을 가리킨다. 실선 원으로 그려진 노드는 뉴럴 네트워크의 학습파라미터를 의미한다. 실선 네모 노드는 입력 노드들을 바탕으로 계산해서 출력하는 역할을 한다. 보통 뉴럴 네트워크는 입력 값들이 사용자가 정의한 계산 그래프를 타고 차례대로 계산돼 종국에는 출력값을 생성하게 되는 구조로 돼 있다.

실제로 구글 텐서플로 같은 딥러닝 프레임워크는 사용자가 정의한 뉴럴 네트워크를 DAG 형태의 계산 그래프로 바꿔 처리한다. 예컨대 입력값(**x**)이 범주 1에 속할 확률을 반환하는 로지스틱 회귀 모델을 DAG 형태로 시각화하면 그림 10과 같다.

DAG는 **너비 우선 탐색**Breath First Search 방식으로 계산한다. 너비 우선 탐색이란 시작 노드를 방문한 후 이 노드에 인접한 노드를 우선 탐색하는 **그래프 순회**graph traverse 기법이다. 그림 10을 예로 들면, **x**를 입력받은 다음 **w**와 내적한다. 이후 *b*를 더하고 시그모이드 함수를 적용하면 출력값이 생성된다. 이렇게 계산 노드들을 순서대로 계산하는 방식을 **순전파**forward computation라고 한다.

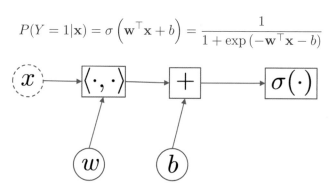

$$P(Y = 1|\mathbf{x}) = \sigma\left(\mathbf{w}^\top \mathbf{x} + b\right) = \frac{1}{1 + \exp\left(-\mathbf{w}^\top \mathbf{x} - b\right)}$$

그림 10 DAG로 이해하는 로지스틱 회귀(조경현, 2018)

뉴럴 네트워크를 DAG로 접근하는 방식의 장점은 자주 사용하는 노드들을 재사용할 수 있다는 점이다. 예컨대 시그모이드 노드의 경우 한 번 만들어놓기만 하면 다른 뉴럴 네트워크에 다시 쓸 수 있다. 사용자는 노드의 종류나 개수, 노드 간 연결만 정의하면 간단하게 모델을 구축할 수 있다. 텐서플로나 파이토치^{pytorch}는 재사용 가능한 다양한 노드들을 사용자가 편리하게 쓸 수 있도록 지원하고 있다.

C.2 뉴럴 네트워크는 확률 모델이다

뉴럴 네트워크는 입력($\mathbf{x}$)를 받아 정답(y)를 출력하도록 학습된다. 이렇게 데이터에 대한 레이블^{label}(정답)이 주어진 상태에서 모델을 학습시키는 방법을 지도 학습이라고 한다. 지도 학습 기반으로 학습되는 뉴럴 네트워크를 일종의 확률함수로 볼 수도 있다. 다시 말해 $\mathbf{x}$를 입력받아 해당 데이터의 범주가 y'일 확률을 출력하는 함수가 바로 뉴럴 네트워크라고 보는 관점이다. 수식 49와 같다.

수식 49 확률 모델로 이해하는 뉴럴 네트워크

$$P(y = y'|\mathbf{x}) =?$$

데이터의 범주 y가 0 또는 1의 베르누이분포를 따른다고 가정해보자. 그러면 우리는 그림 11의 오른쪽처럼 임의의 계산 그래프(θ는 모델 파라미터)를 만들고 그 말단에 시그모이드 함수(σ) 노드를 추가하기만 하면 된다. 시그모이드 함수는 그림 11의 왼쪽처럼 어떤 값을 입력받든 확률 속성을 만족하는 0~1 사이의 값으로 변환하기 때문이다.

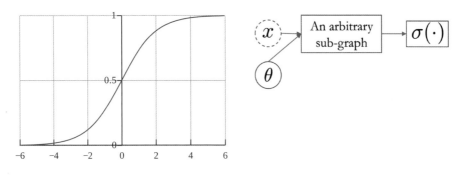

그림 11 시그모이드 적용(조경현, 2018)

이번엔 데이터의 범주 **y**가 C차원의 카테고리 분포를 따른다고 가정해보자. 그러면 우리는 그림 12의 우측처럼 임의의 계산 그래프(θ는 모델 파라미터)를 만들고 그 말단에 소프트맥스 함수 노드를 추가하기만 하면 된다. 소프트맥스 함수는 입력 벡터 **x**의 값이 어떻든 확률 벡터(모든 요소가 0~1이며 그 합이 1)를 반환하기 때문이다.

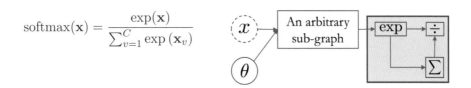

그림 12 소프트맥스 적용(조경현, 2018)

C.3 최대우도추정과 학습 손실

뉴럴 네트워크 모델을 학습시키기 위해서는 **최대우도추정**Maximum Likelihood Estimation 기법을 쓴다. 수식 50과 같다. x는 뉴럴 네트워크의 입력, y는 같은 모델의 출력을 뜻한다.

$$\arg \max_{\theta} \sum_{n=1}^{N} \log P\left(y_n | x_n; \theta\right)$$

우도는 모델 파라미터 θ와 x를 입력으로 하고 y가 나타날 확률을 출력으로 하는 함수로 이해할 수 있다. θ의 값들을 조금씩 바꿔가면서, x를 넣었을 때 y가 나타날 확률을 비교해본 후 그 확률이 최대인 θ를 최대우도추정의 추정값으로 삼는다. 여기에서 y가 나타날 확률이 최대라는 점을 곱씹어볼 필요가 있다. 이는 파라미터가 θ인 상황에서, x를 모델에 넣었을 때 해당 입력의 정답 y를 제일 맞춘다(확률이 최대)는 것을 의미한다.

학습 데이터가 N개라면 N개 모두 잘 맞추는 모델을 만드는 것이 목표이므로 우도의 곱이 최대인 θ를 찾아야 하는 상황이다. 하지만 각각의 우도값은 1 미만의 작은 값이므로 우도의 곱은 언더플로가 발생하는 등의 여러 문제가 있어 로그우도의 합을 최대로 하는 θ가 최대우도추정의 결과가 된다.

최대우도추정을 **정보 이론**^{information theory} 관점에서 이해해볼 수도 있다. 두 확률 분포 P와 Q 사이의 차이를 계산하는 데에는 **크로스 엔트로피**^{cross entropy}라는 함수가 사용된다. 식은 $-\Sigma P(x)\log Q(x)$다. 여기에서 P를 우리가 가진 데이터의 분포 Q를 모델이 예측한 결과의 분포로 두자. 이렇게 되면 모델이 예측한 분포와 실제 데이터 분포 사이의 차이(크로스 엔트로피)가 작을수록 좋다. 따라서 데이터의 분포와 가장 유사한 출력을 내는 θ가 바로 우리가 찾고 싶은 모델이 된다.

크로스 엔트로피를 시험 삼아 계산해보자. 뉴럴 네트워크 모델의 입력값으로 쓰이는 관측치는 이산변수^{discrete variable}에 해당하므로 크로스 엔트로피 $H(P,Q)$는 다음과 같다.

$$H\left(P, Q\right) = -\sum_{x} P(x) \log Q(x)$$

예컨대 범주가 2개이고 정답 레이블이 [1,0]인 관측치가 있다고 하자. P는 우리가 가지고 있는 데이터의 분포를 나타내므로 첫 번째 범주일 확률이 1, 두 번째 범주일 확률은 0이라고 해석할 수 있다. Q는 P에 근사하도록 만들고 싶은, 학습 대상 분포(모델이 예측하는 분포)다. 그런데 모델 학습이 잘 안 돼서 Q가 $[0,1]^\top$로 나왔다고 하면 학습 손실은 다음과 같이 무한대로 치솟게 된다.

수식 52 크로스 엔트로피 계산 예시 (1)

$$-P(x)\log Q(x) = - \begin{bmatrix} 1 & 0 \end{bmatrix} \begin{bmatrix} \log 0 \\ \log 1 \end{bmatrix} = -(-\infty + 0) = \infty$$

이번에는 학습이 잘 돼서 모델이 정답과 일치하는 $[1,0]^\top$을 예측했다고 하면 학습 손실은 다음과 같이 0이 된다($0\log0 = 0$ 취급).

수식 53 크로스 엔트로피 계산 예시 (2)

$$-P(x)\log Q(x) = - \begin{bmatrix} 1 & 0 \end{bmatrix} \begin{bmatrix} \log 1 \\ \log 0 \end{bmatrix} = -(0 + 0) = 0$$

C.4 그래디언트 디센트

우리는 학습 손실이 적은 모델을 만들고 싶다. 이 학습 손실은 앞서 미리 구했다. 손실을 줄이는 과정, 즉 학습 과정은 높은 산등성이에서 산 아래로 이동할 때 두 눈을 가리고 한발 한발 내디며 더 낮은 쪽으로 한걸음씩 내려가는 것에 비유할 수 있을 것이다.

이때 중요한 것은 현재 위치 θ_{old}에서 내려가야 할 방향과 보폭이다. 우리가 만들고 있는 모델을 f, 방향을 그래디언트 f', 보폭을 학습률 $\alpha(0 < \alpha < 1)$라고 두면, **그래디언트 디센트**gradient descent에 의해 정해진 다음 위치 θ_{new}는 수식 54와 같이 정의된다. 여기서 그래디언트는 해당 지점에서의 함수 변화율이 가장 큰 방향을 가리킨다.

$$\theta_{\text{new}} = \theta_{\text{old}} - \alpha f'\left(\theta_{\text{old}}\right)$$

그래디언트 디센트 방법을 적용하는 과정은 이렇다. 현재 모델 파라미터 θ_{old}에서 학습 데이터 전체를 넣어 전체 오차를 계산한 뒤 오차 변화율이 가장 큰 방향(그래디언트)을 구한다. 이후 오차를 줄이는 방향(그래디언트의 역방향)으로 θ_{old}를 업데이트한다. 이렇게 오차를 줄이는 방향으로 모델을 업데이트하는 과정을 역전파[backward propagation]라고 한다.

하지만 학습 데이터가 많으면 계산량이 커질 수밖에 없다. 이 때문에 학습 데이터의 일부만 활용해 그래디언트를 구하는 Stochastic Gradient Descent[SGD] 같은 다양한 업데이트 기법들이 제안됐다. '느린 완벽보다는 불완전하나마 빠른 방식'을 택한 것이라 볼 수 있겠다. 그 개념을 도식화하면 그림 12와 같다.

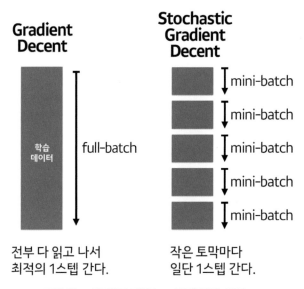

그림 12 그래디언트 디센트 vs SGD(하용호, 2017)

SGD를 비롯해 Momentum, RMSProp, Adam 등 다양한 방식이 제안됐다. 이 가운데 Adam의 성능이 좋아 널리 쓰이고 있다. ELMo, BERT 등 임베딩 기법에서도 Adam을 사용한다.

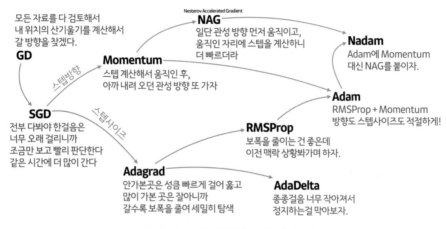

그림 13 옵티마이저별 특징(하용호, 2017)

C.5 계산 노드별 역전파

뉴럴 네트워크를 DAG로 접근하면, 전체 모델을 커다란 계산 그래프 형태로 이해해 볼 수 있다. 예컨대 $y = f(x)$를 나타내는 계산 그래프는 그림 14와 같다.

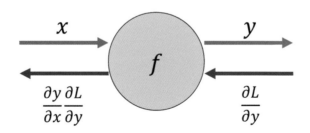

그림 14 $y = f(x)$ 계산 그래프

계산 그래프에서 계산을 왼쪽에서 오른쪽으로 진행하는 단계를 순전파라고 한다. 그림 14 기준으로는 녹색 화살표가 된다. 입력값 x는 함수 f를 거쳐 y로 순전파되고 있는 점을 확인할 수 있다. 반대로 계산을 오른쪽에서 왼쪽으로 진행하는 단계를 역전파라고 한다. 빨간색 화살표가 역전파를 가리킨다.

우리의 목적은 뉴럴 네트워크의 학습 손실을 줄이는 데 있다. 모델 각 파라미터가 약간 변화했을 때 손실이 얼마나 변하는지 측정하고 그 손실이 가장 크게 변화하는 방향(그래디언트)을 찾는다. 이후 이 손실을 줄이는 방향으로 각 파라미터를 업데이트한다.

$\partial \mathcal{L} / \partial y$는 y 변화에 따른 손실의 변화량, 즉 학습 손실 노드로부터 흘러들어온 그래디언트라고 이해하면 좋을 것 같다. 이제는 현재 입력값 x에 대한 손실의 변화량, 즉 $\partial \mathcal{L} / \partial x$를 구할 차례다. 이는 **미분의 연쇄법칙**chain rule에 의해 수식 55와 같이 계산할 수 있다.

수식 55 미분의 연쇄법칙으로 구한 $\partial \mathcal{L} / \partial x$

$$\frac{\partial \mathcal{L}}{\partial x} = \frac{\partial y}{\partial x} \frac{\partial \mathcal{L}}{\partial y}$$

다시 말해 현재 입력값에 대한 손실의 변화량은 손실 노드로부터 흘러들어온 그래디언트($\partial \mathcal{L} / \partial y$)에 현재 계산 노드의 로컬 그래디언트($\partial x / \partial y$)를 곱해서 구한다는 이야기다. 이 그래디언트는 다시 앞쪽에 배치돼 있는 노드로 역전파된다.

그럼 각 노드들을 구체적으로 살펴보자. 덧셈 노드의 수식은 수식 56과 같다.

수식 56 덧셈 노드

$$z = f(x, y) = x + y$$

덧셈 노드의 로컬 그래디언트는 다음과 같다.

$$\frac{\partial z}{\partial x} = \frac{\partial(x + y)}{\partial x} = 1$$

$$\frac{\partial z}{\partial y} = \frac{\partial(x + y)}{\partial y} = 1$$

덧셈 노드를 시각화하면 그림 15와 같다. 현재 입력값에 대한 손실의 변화량은 로컬 그래디언트에 흘러들어온 그래디언트를 각각 곱해주면 된다. 덧셈 노드의 역전파는 흘러들어온 그래디언트를 그대로 흘려보내는 것을 확인할 수 있다.

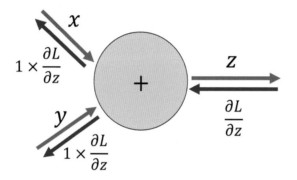

그림 15 덧셈 노드 시각화

곱셈 노드의 수식과 로컬 그래디언트는 수식 58, 수식 59와 같다. 곱셈 노드를 시각화한 것은 그림 16과 같다. 현재 입력값에 대한 학습 손실의 변화량은 로컬 그래디언트에 흘러들어온 그래디언트를 각각 곱해주면 된다. 곱셈 노드의 역전파는 순전파 때 입력 신호들을 서로 바꾼 값을 곱해서 하류로 흘려보내는 것을 확인할 수 있다.

수식 58 곱셈 노드

$$z = f(x, y) = xy$$

$$\frac{\partial z}{\partial x} = \frac{\partial(xy)}{\partial x} = y$$

$$\frac{\partial z}{\partial y} = \frac{\partial(xy)}{\partial y} = x$$

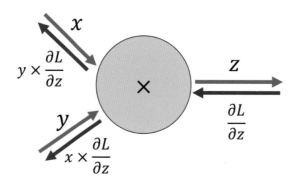

그림 16 곱셈 노드 시각화

활성함수로 사용되는 ReLU는 수식 60처럼 정의된다.

수식 60 ReLU 노드

$$y = x \quad (x > 0)$$
$$y = 0 \quad (x \leq 0)$$

ReLU 노드의 로컬 그래디언트는 아래와 같다.

수식 61 ReLU 노드의 로컬 그래디언트

$$\frac{\partial y}{\partial x} = 1 \quad (x > 0)$$

$$\frac{\partial y}{\partial x} = 0 \quad (x \leq 0)$$

ReLU 노드를 시각화하면 그림 17과 같다.

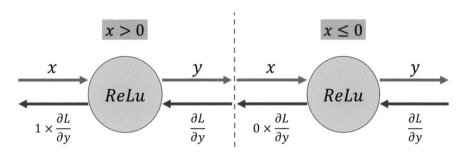

그림 17 ReLU 노드 시각화

하이퍼볼릭탄젠트는 ReLU와 더불어 활성함수로 널리 쓰인다. 하이퍼볼릭탄젠트 노드 $y = \tanh(x)$의 로컬 그래디언트는 수식 62, 시각화한 결과는 그림 18과 같다.

수식 62 하이퍼볼릭탄젠트의 로컬 그래디언트

$$\frac{\partial y}{\partial x} = 1 - y^2$$

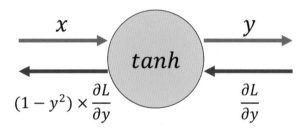

그림 18 하이퍼볼릭탄젠트 노드 시각화

뉴럴 네트워크 말단에 보통 Softmax-with-Loss 노드를 둔다. Softmax-with-Loss란 소프트맥스 함수와 크로스 엔트로피 손실을 조합한 노드를 뜻한다. 소프트맥스 함수와 크로스 엔트로피의 식은 수식 63과 같다(a_k = 노드의 k번째 입력값, $\mathcal{L}$ = 노드의 출력값(Loss), t_k = k번째 정답 레이블(0 혹은 1), n = 정답 범주 개수).

$$\mathbf{y}_k = \frac{\exp(\mathbf{a}_k)}{\sum_{i=1}^{n} \exp(\mathbf{a}_i)}$$
$$\mathcal{L} = -\sum_k \mathbf{t}_k \log \mathbf{y}_k$$

Softmax-with-Loss 노드의 계산 그래프를 매우 단순하게 그리면 그림 19와 같다. 위 그림을 설명하자면 이렇다. Softmax-with-Loss 노드는 $\mathbf{a}$를 입력으로 받아서 학습 손실 $\mathcal{L}$을 출력한다. 역전파하는 그래디언트는 $\mathbf{y}_k - \mathbf{t}_k$가 된다. 예컨대 범주가 3개이고 정답이 $\mathbf{t}_3$라면 역전파되는 그래디언트는 각각 $[\mathbf{y}_1, \mathbf{y}_2, \mathbf{y}_3 - 1]$이 된다.

요컨대 Softmax-with-Loss 노드의 그래디언트를 구하려면 입력값에 소프트맥스를 취한 뒤, 정답 레이블에 해당하는 요소만 1을 빼주면 된다는 이야기다. 이를 파이썬 코드로 구현하면 코드 1과 같다.

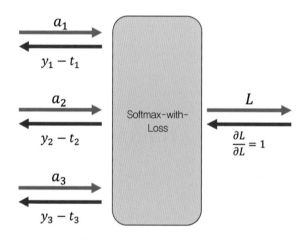

그림 19 Softmax-with-Loss 노드 시각화

코드 1 Softmax-with-Loss 노드의 그래디언트 계산

```
import numpy as np
p = np.exp(a) / np.sum(np.exp(a)) # softmax
da = np.copy(p)
```

```
da[target] -= 1 # target=정답 인덱스를 갖고 있는 변수
```

C.6 CNN과 RNN

Convolutional Neural Network[CNN]는 본래 컴퓨터 비전[vision] 분야에서 이미지 분류를 위해 제안된 딥러닝 아키텍처의 일종이다. Kim(2014)이 자연어 처리에서는 최초로 문서 분류 문제에 CNN을 접목했다. 그림 20은 Kim(2014)이 제안한 문서 분류 CNN 모델이다. 이 모델의 핵심은 그림 20 맨 왼쪽의 컨볼루션 연산이다. 각각의 컨볼루션 필터는 문장을 슬라이딩해 가면서 여러 개 단어 사이의 의미적, 문법적 관계를 추출해낸다.

빠른 연산과 비교적 높은 성능이 CNN의 장점이다. 자연어 처리의 다양한 분야에서 쓰이고 있다. 그러나 CNN은 컨볼루션 필터의 크기를 넘어서는 단어들 관계는 포착하기 어렵다. 예컨대 필터 크기(한 번에 몇 개 단어를 볼 수 있는지)가 3이고 문장 길이가 100개 토큰이라면, 이 필터는 첫 단어와 마지막 100번째 단어 사이의 관계를 추출해낼 수 없다. 트랜스포머[transformer](5장, '문장 수준 임베딩' 참고)는 이러한 한계를 극복하는 과정에서 제안됐다.

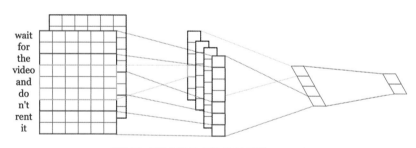

그림 20 문서 분류를 위한 CNN 모델(Kim, 2014)

Recurrent Neural Network[RNN]는 히든 노드가 방향을 가진 엣지로 연결돼 순환 구조를 이루는 인공신경망의 한 종류다. 음성, 문자 등 순차적으로 등장하는 데이터 처리에 적합한 모델이다. 다음 그림에서도 알 수 있듯 시퀀스 길이에 관계없이 인풋과

아웃풋을 받아들일 수 있는 네트워크 구조이기 때문에 필요에 따라 다양하고 유연하게 구조를 만들 수 있다는 점이 RNN의 가장 큰 장점이다.

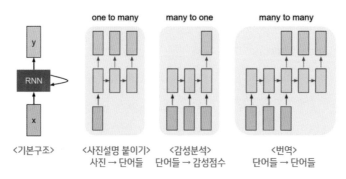

그림 21 RNN 기본 구조(Li&Karpathy, 2015)

그러나 기존 RNN의 가장 큰 단점은 그래디언트 문제다. RNN 역전파 시 그래디언트가 너무 작아지거나, 반대로 너무 커져서 학습이 제대로 이뤄지지 않는 경우가 많다. 이를 각각 **그래디언트 배니싱**gradient vanishing, **그래디언트 익스플로딩**gradient exploding 문제라고 한다. 이 때문에 중요한 정보를 기억하거나 불필요한 정보를 잊는 기능을 강화한 LSTMLong Short-Term Memory, GRUGated Recurrent Unit 등의 셀cell이 제안됐다. 이 책에서 소개하는 모델 가운데 ELMo가 CNN과 RNN(LSTM) 아키텍처를 사용한다.

D 국어학 기초

D.1 통사 단위

통사론이란 둘 이상의 단어word가 결합하여 **구**phrase, **절**clause, **문장**sentence을 형성하는 원리를 탐구하는 분야다. 이때 '단어, 구, 절, 문장'을 통사 단위라고 한다. 한국어 통사론이 다루는 최소의 통사 단위는 단어이고 최대 통사 단위는 문장이 된다.

통사론이 살피는 통사 단위를 예문과 함께 보자.

(가) 단어: 민수

(나) 구: 내 친구 민수

(다) 절(단문): 민수가 학교에 갔다.

(라) 절(복문): 민수가 학교에 가면 엄마는 청소를 한다.

(가)는 단어(單語)다. 단어란 문장에서 홀로 쓰일 수 있는 말 중 가장 작은 단위다. 문장에서 쓰일 때 그 구성 요소가 분리되지 않는 성질을 가진다. 예컨대 (가)의 '민수'를 '민'과 '수'로 나눌 수 없고, 그렇게 되면 그 의미가 사라진다.

(나)는 '민수'를 꾸며주는 말이 앞에 와서 (가)가 확장된 구(句)다. 구는 단어들이 모여 이루어진, 그러나 주어와 서술어가 갖추어지지 않은 단위다. 둘 이상의 단어가 모여 주변어-중심어의 관계로 맺어지거나, 혹은 중심어만으로 절이나 문장의 일부분을 이룬다.

(다)에서 비로소 주어와 서술어가 함께 나타나고 있는데 이와 같은 구성을 절(節)이라고 한다. (다)와 같이 하나의 절이 하나의 문장이 되는 경우도 있고, (라)와 같이 두 개 이상의 절이 하나의 문장을 이루는 경우도 있다. (다)를 단문(홑문장), (라)를 복문(겹문장)이라고 부른다.

그러나 띄어쓰기 단위인 '어절'은 통사 단위가 아니다. 다음 예문을 보자.

● 내 친구 민수가 도로 건너편의 학교에 갔다.

위 문장의 주어는 '내 친구 민수'라는 구에 조사 '-가'가 붙은 구조로 분석할 수 있다. 다시 말해 어절 개념과 상관 없이 더 큰 통사 단위가 만들어진 것이다.

D.2 문장 유형

발화 행위speech act (화행)란 말을 통해 이루어지는 행위를 가리킨다. 우리가 말을 할 때에는 단순히 말하기라는 행위만을 하는 것이 아니라 말로써 그 이상의 여러 다양한 행위를 하는데, 이러한 행위를 가리켜 화행이라고 한다. 예문을 보자.

- (강도가) 나에게 총이 있다: 협박

- (친구에게) 음식에 거미가 있어: 경고

- (부하직원에게) 어린애도 이거보단 잘 쓰겠다: 모욕

- (옆 사람에게) 지금 몇 시인지 아세요?: 요청

문장 유형은 화행 중 특별히 자주 쓰이고 긴요해 그 구별이 문법적 장치를 통해 나타난 것을 말한다. 가령 진술, 질문 등의 화행이 관습적으로 각기 특정한 문법적 형식에 의해 표시된다면 그러한 문장은 일정한 문장 유형에 속한다고 할 수 있다. 학교 문법에서는 평서문, 의문문, 명령문, 청유문 등 문장 유형을 제시하고 있다. 표 2와 같다.

표 2 한국어 문장 유형과 종결어미

구분	높임 등급	안높임 등급
평서문	–습니다	–다
의문문	–습니까	–냐
명령문	–십시오	–라
청유문	–십시다	–자

D.3 품사

학교 문법에 따르면 **명사**는 일반적으로 사물의 이름을 가리키는 품사다. 명사 검증 기준으로 흔히 사용되는 것은 '무엇이 무엇이다, 무엇이 어찌한다, 무엇이 무엇을 어찌한다'의 틀에 나타나는 '무엇'의 자리를 채울 수 있느냐는 것이다. 명사의 예는 다음과 같다.

- 유정명사: 아버지, 철수, 사람, 개, 고양이, 여우…

- 무정명사: 꽃, 풀, 진달래, 돌, 바위, 책상…

- 현상: 아침, 낮, 바람, 노을, 번개…

- 추상적 개념: 민주주의, 개념, 명제…

다음 예시와 같이 동작성, 상태성의 의미를 지니는 명사들도 있다. 대부분 '하다' 와 어울려 동사, 형용사로 기능한다.

- 동작성: 입학, 독립, 합류, 희망, 일출…
- 상태성: 곤란, 성실, 신성, 공평, 무한…

학교 문법에 따르면 **동사**란 사물의 움직임을 과정적으로 표시하는 품사다. 동사 검증의 틀로 흔히 사용되는 것은 '무엇이 어찌한다, 무엇이 무엇을 어찌한다'의 틀에 나타나는 '어찌한다'의 자리를 채울 수 있느냐는 것이다. 동사의 예는 다음과 같다.

- 구체적인 움직임: 읽다, 잡다, 자다, 던지다, 뛰다…
- 마음 속으로 일어나는 움직임: 사랑하다, 믿다, 생각하다…
- 움직임을 지닌 상태: 자다, 살다, 쉬다, 앓다…
- 자연의 움직임: 흐르다, 피다, 솟다…

학교 문법에 따르면 **형용사**는 사물의 성질이나 상태를 표시하는 품사다. 동사가 주체의 움직임을 과정적, 동태적으로 표시하는 것이라면 형용사는 주체의 성질/상태를 상태적, 정지적으로 표시하는 것이라고 할 수 있다. 형용사 검증의 틀로 사용되는 것은 '무엇이 어떠하다'의 '어떠하다'의 자리를 채울 수 있느냐는 것이다. 형용사의 예를 들어보겠다.

- 감각: 검다, 달다, 시끄럽다, 거칠다, 차다, 빠르다, 멀다, 높다…
- 대상에 대한 평가: 착하다, 모질다, 아름답다, 성실하다…
- 비교: 같다, 다르다, 낫다…
- 존재: 있다, 계시다, 없다…
- 화자의 심리 상태: 고프다, 아프다, 싫다, 좋다…

학교 문법에 따르면 **관형사**란 체언 앞에서 그 체언의 뜻을 분명하게 제한하는 품사다. 국어 관형사 가운데는 (1)과 같은 고유어는 얼마되지 않고 (2)와 같은 한자어가 많은 부분을 차지하고 있다고 한다.

(1) 이 거리에는 새 집과 헌 집이 서로 이웃해 있다.
(2) 서울대학교는 구(舊) 경성제국대학을 모태로 하여 발족되었다.

관형사는 체언 이외의 품사는 꾸미는 일이 없다. 관형사가 나란히 놓여 있을 때는 다음처럼 앞의 관형사가 뒤의 관형사를 꾸미는 것처럼 보일 때가 있다. 하지만 다음의 예에서 '저', '이'는 명사구 '새 책'과 '헌 구두'를 꾸미므로 관형사의 궁극적인 수식 대상은 명사라고 말할 수 있다.

● 저 새 책이 누구의 책이냐?
● 이 헌 구두가 제 것입니다.

조사란 주로 명사구 뒤에 나타나서 선행하는 명사구가 다른 말과 맺는 문법적 관계를 나타내거나, 선행하는 명사구에 일정한 의미를 더하는 기능을 하는 말이다. 예문을 보겠다.

● 아이들이 마당에서 공놀이만 한다.

조사에는 다른 말과의 문법적 관계를 표시하는 격조사, 둘 이상의 말을 같은 자격으로 이어주는 접속조사, 특수한 뜻(의미)을 더해주는 보조사로 나눠 생각해볼 수 있다. 위 예문에서 이, 에서가 격조사, 만이 보조사에 해당한다.

D.4 상과 시제

상aspect이란 어떤 사태의 내적 시간 구성을 가리키는 문법 범주다. 사태의 시간적 구조나 전개 양상을 바라보는 화자의 관점이 어디에 놓여 있는지를 문법적 수단을 통해 나타난 것이다. 가령 '꽃이 피다'라는 사태도 자세히 들여다보면 그 내적 구조나 전개 양상에 여러 국면이 있다.

● 꽃이 피려고 한다.

- 꽃이 피고 있다.
- 꽃이 피어 있다.

꽃망울이 터질락 말락하는 상황, 꽃망울이 터지고 있는 상황, 만개(滿開)한 상황을 표현할 때 각각 '-려고 하-', '-고 있-', '-어 있-'이 대응하고 있는 점을 볼 수 있다. 이처럼 사태의 내적 시간 구성이 어미나 보조용언 같은 문법 요소로 실현된 문법 범주를 상이라고 한다.

상은 **시제**^{tense}와 구별되는 개념이다. 시제란 절이나 문장이 나타내는 사태가 발생한 시간적 위치를 나타내는 문법 범주다. 특정 기준 시점(대개 말하는 시점)과 동시에 일어난 사태를 언급하는 것이라면 현재, 앞선 사태는 과거, 뒤에 일어날 사태는 미래다.

그러나 상은 사태의 시간적 위치와는 크게 관련이 없다. 이보다는 그 사태의 내적 시간 구성을 바라보는 화자의 관점이 관건이 된다. 다음 예문을 봐도 '꽃망울이 터질락 말락하는 상황'을 시제와 관계없이 표현할 수 있다.

- 꽃이 피려고 한다. (꽃망울이 터질락 말락하는 사태가 현재 벌어지고 있음)
- 꽃이 피려고 했다. (꽃망울이 터질락 말락하는 사태가 과거에 벌어졌음)
- 꽃이 피려고 할 것이다. (꽃망울이 터질락 말락하는 사태가 미래에 벌어질 것임)

D.5 주제

한국어 문장의 구조를 설명하는 데 가장 유용한 관점은 크게 서술어를 중심으로 파악한 **통사 구조**^{syntactic structure}와 정보 전달의 방식을 중심으로 파악한 **정보 구조**^{information structure}로 나누어 볼 수 있다. 전자의 관점은 서술어와 주어 사이의 문법적 관계에 주목한다. 통사 구조 관점에 입각해 분석하면 다음 예문과 같다.

- [진이는 [밥을] 먹어]]] → 주어 + 목적어 + 서술어

후자의 관점은 문장 내 요소들이 얼마나 '정보성'을 갖고 있는지에 주목한다. 정보 구조 관점에서 문장 구조를 분석하면 다음 예문과 같다.

A: 진이는 뭐해?

B: [진이는] [밥을 먹어]

B에서 [진이는]은 질문한 사람도, 대답하는 사람도 모두 알고 있는 '구정보'다. 반면 [밥을 먹어]는 질문자는 모르는 '신정보'다. 구정보와 신정보를 각각 **주제**topic, **평언**comment이라고 한다.

한국어는 '주제'도 중요하고 '주어'도 중요한 **주제-주어 동시 부각형 언어**topic-subject prominent language다. '-은/는'은 한국어에서 전형적인 주제 표지다. 다음 예문에서 볼드 표시된 부분은 모두 통사 구조상의 주어로 보기 어렵고, 주제라고 보는 것이 적절하다.

- **그 책은** 나도 읽어 봤어
- **어제는** 하루 종일 집에서 쉬었어
- **진이는** 내가 벌써 저녁을 사줬어
- **향기는** 장미가 더 좋지
- **읽기는** 아무래도 이 책이 더 쉽다
- (음식점에서 주문할 때) **저는** 짜장면이요

D.6 높임

한국어는 높임이 발달한 언어다. 한국어 경어법은 예우의 대상에 따라 다음과 같이 세 가지로 구분된다.

- **주체경어법**: 동작이나 상태의 주체, 즉 한 문장의 주어를 높일 때
- **객체경어법**: 주체가 하는 행위가 미치는 대상을 높일 때
- **상대경어법/청자경어법**: 말을 듣는 사람을 높일 때

이 가운데 주체경어법과 객체경어법은 누구를 높여 대우하느냐, 그렇지 않느냐로 '이분'되는 속성을 가진다. 반면 상대경어법은 청자를 어느 정도로 대우하느냐를 여

러 등급으로 나누어 세분화한다.

주체경어법은 주체(주어)를 높이는 경어법의 일종이다. 대개 주체가 화자보다 높을 때 쓰며 주로 선어말어미 '-시-'로 실현된다. 다음 예문과 같다.

- 알겠습니다, 사장님. 과장님 들어오시는 대로 연락을 드리겠습니다.

객체경어법이란 문장 내의 목적어나 부사어를 높여서 존대를 실현하는 경어법의 한 종류다. 객체경어법은 다음과 같이 '화자보다 높은 객체'를 높이고자 할 때 쓰인다. 다음 예문과 같다.

- 언니가 아버지께 선물을 드렸다.

상대경어법은 말을 듣는 상대, 즉 청자를 높이거나 낮추는 것을 가리킨다. 상대 높임은 종결어미로 실현되는데, 어떤 종결어미가 결합되었느냐에 따라 상대 높임의 등급이 결정된다. 높임의 정도에 따라 하십시오체, 하오체, 하게체, 해라체 등이 있다.

- 하십시오체: 선생님, 식사는 하셨습니까?
- 하오체: 김 형, 참 오랜만이오. 다시 만나니 참 반갑구려.
- 하게체: 자네 여기에 앉게.
- 해라체: 얘들아, 밥 먹으렴.

D.7 양태

양태^{modality}란 절이나 문장이 나타내는 명제 혹은 사태에 대한 주관적 태도, 판단을 나타내는 의미 범주다. 예컨대 다음 문장과 같다.

- 한라산 설경이 아름다워.
- 비교적 확실한 추측: 한라산 설경이 아름답**겠**다, 한라산 설경이 아름다울 것이 **확실하다**
- 가능성: 한라산 설경이 아름다울 **수(도)** 있다. **아마도** 한라산 설경이 아름다울 거야.

D.8 의미역

의미역^{semantic role}이란 명사구가 서술어와 관련하여 지니는 의미 기능을 가리킨다. 다시 말해 서술어가 나타내는 사태 속에서 **논항**(서술어가 꼭 필요로 하는 문장 성분)이 나타내는 참여자가 수행하는 역할의 유형 혹은 논항이 서술어에 관해 갖는 의미상의 자격, 역할, 지위 따위를 나타낸다. 예를 들어보겠다.

- 학교에서 운동회를 개최하였다.
- 이 도시의 명칭은 그 전설에서 유래하였다.

위 예시에서 논항인 '학교에서'와 '그 전설에서'는 동일한 격조사(-에서)를 쓰고 있지만 서술어와 관련하여 상이한 의미 기능을 하고 있다. 이때 '학교에서(장소)'와 '그 전설에서(출발점)'가 가지는 의미 기능을 의미역이라고 한다.

D.9 피동

태(態, voice)란 의미역이 문법적 관계로 실현되는 방식을 가리키는 문법 범주다. 동사에 붙는 문법적 표지(예컨대 어미)로 표시된다. 태와 관련해 행위자, 피행위자의 두 참여자를 갖는 사태가 문장으로 표현될 때 크게 두 가지 부류로 나눠 생각해볼 수 있다.

첫 번째는 **능동문**이다. 한국어의 일반적인 문장 연결 규칙에 따라 행위자가 주어로, 피행위자가 목적으로 실현되는 문장이다. 다음 예문과 같다.

- 경찰이 도둑을 잡았다.

두 번째는 **피동문**이다. 능동문에서 행위자, 피행위자 등장 순서에 역전이 일어나고, 동사에 이것을 알리는 표지(예문에서는 '-히-')가 붙은 문장이다. 다음과 같다.

- 도둑이 (경찰에게) 잡**혔**다.

D.10 사동

사동은 피동과 더불어 태 범주에 속한다. 동사에 붙는 문법적 표지(예컨대 어미)로 표시된다. 사동문이란 애초의 문장에 새 사동주를 추가하고 그 추가된 사동주로 하여금 애초의 문장에 서술된 내용을 일어나게 하는 방식으로 참여자 역할의 관계를 새로 짜는데, 동사에 이것을 알리는 표지가 붙은 문장을 가리킨다. 예문과 같다.

- 동생이 숨었다. → 형이 동생을 숨겼다.
- 마당이 넓다. → 인부들이 마당을 넓힌다.
- 아기가 잔다. → 진이가 아기를 재운다.
- 아이가 사과를 먹었다. → 진이가 아이에게 사과를 먹였다.

D.11 부정

부정소란 어떤 문장에 덧붙어 그 명제의 진위를 정반대로 바꾸는 일을 하는 요소를 가리킨다. 한국어에서 대표적인 부정소로는 안, 못이 있다. **부정문**(否定文)이란 부정소가 들어 있는 문장이다.

한국어에선 긍정문과는 잘 결합하지 않고 부정문과만 결합하는 특정한 단어들이 있다. 이런 단어들을 **부정극어**라고 한다. 예컨대 다음과 같은 종류가 있다.

- 결코, 전혀, 절대로, 과히, 그다지, 비단, 별로, 통, 도무지, 도저히 등
- 더 이상, 하나도, 한 x도(한 개도, 한 대도, 한 자루도 등), 아무도, 추호도, 조금도 등

한국어에서는 부정극어와 호응하는 특성으로 부정문의 범위를 정한다. 다시 말해 부정극어가 자연스럽게 끼어들어 갈 수 있으면 해당 문장을 부정문으로 보는 것이다. 한국어에서는 대체로 '안'이나 '못'이 있는 문장과 부정극어가 어울린다.

- 진이는 밤새 한잠도 자지 않았다.
- 밖이 시끄러워서 잠을 자지 못했다.

E 참고 문헌

정연주(2017). KORE234 : 한국어 문법의 이해, 고려대학교.

강필성(2017). IME653 : 비정형데이터분석, 고려대학교.

김성범(2017). IME567 : 다변량 통계분석 및 데이터마이닝, 고려대학교.

한성원(2016). IME652 : 비모수 통계분석, 고려대학교.

구본관 외(2015).『한국어문법총론1』, 집문당.

남기심&고영근(2009).『표준국어문법론』, 탑출판사.

Goodfellow, I., Bengio, Y., & Courville, A. (2016). Deep learning. MIT press.

조경현(2018). 딥러닝을 이용한 자연어 처리. https://www.edwith.org/deepnlp/lecture/29196

하용호(2017). 자습해도 모르겠던 딥러닝, 머리속에 인스톨 시켜드립니다. https://www.slideshare.net/yongho/ss-79607172

Kim, Y. (2014). Convolutional neural networks for sentence classification. arXiv preprint arXiv:1408.5882.

Socher, R. (2016). "CS224d : Deep Learning for Natural Language Processing", Stanford University, USA.

Li&Karpathy. (2015). "CS231n: Convolutional Neural Networks for Visual Recognition", Stanford University, USA.

Lay, D. C. (2011). Linear Algebra and its Applications, 4th edition.

찾아보기

ㄱ

가우스분포 310
값 222
개체명 분석 286
개체명 인식 40
객체경어법 336
격조사 334
결합 확률 197
결합확률 313
계열 관계 73
고유벡터 303
고유 분해 306
공분산 296
관련성 130
관형사 333
교착어 95
구 330
균등분포 307
그래디언트 디센트 321
그래디언트 배니싱 225, 330
그래디언트 익스플로딩 330
그래프 순회 317
기계 독해 88
깁스 샘플링 197

ㄴ

내적 126, 131, 142, 146, 222
너비 우선 탐색 317
네거티브 샘플 122, 131, 142
네거티브 샘플링 123, 131, 141
노드(node, vertex, 정점, 꼭지점) 317
능동문 338

ㄷ

다운스트림 태스크 40, 205
다항분포 309
단어 54, 330
단어-문맥 행렬 77, 147
단어-문서 행렬 29
단어 유사도 평가 153
단어 유추 평가 33, 153
단위 벡터 169
단위행렬 295
대칭행렬 295
도커 44
독립 76, 298
동사 333
동시 등장 빈도 146
동시 등장 점수 143
디리클레 분포 195

ㄹ

라플라스 스무딩 70
레이어 정규화 226
레지듀얼 커넥션 213
로그우도 함수 127, 132

ㅁ

마스크 언어 모델 71, 230
마코프 가정 68
말뭉치 53
맥스 풀링 217
멀티헤드 어텐션 221, 225
명령문 332
명사 332

목적함수 146
문맥 단어 72, 121, 131
문서 54
문자 단위 n-gram 130, 135
문장 54, 330
문장 성분 분석 41, 286
문장 유형 332
미등록 단어 55, 107, 134, 138
미분의 연쇄법칙 324
밀집 행렬 182

ㅂ

바이그램 67
바이어스 146
바이트 페어 인코딩 106, 239
반의 관계 130
반의어 129
발화 행위(화행) 331
방향 그래프 317
백 61
백오브워즈 62
백오프 70
베르누이시행 308
베르누이확률변수 308
베이즈 정리 314
벡터 28, 292
벡터 공간 29, 292
보조사 334
부정극어 339
부정문 339
부정소 339
분포 72
분포 가정 72, 142
불확실성 312
브랜칭 엔트로피 104
비지도 학습 103

ㅅ

사동 339
사영 298

사이클 317
사전확률 314
사후확률 197
상 334
상관계수 296
상대경어법 336
상태공간 306
상하 관계 130
상호 참조 해결 41, 286
서로 배반 314
서브샘플링 124
서브워드 54
선형대수학 292
선형변환 182, 292, 299
셀프 어텐션 223
소프트맥스 117
속성 130
손실 레이어 214
수렴 36
순전파 317
스무딩 70
시제 335

ㅇ

아담 옵티마이저 252
양방향 LSTM 레이어 206
양의 점별 상호 정보량 139
양태 337
어휘 집합 55, 216
언어 모델 66, 185, 206, 229
업스트림 태스크 40
엔드투엔드 모델 40
엔트로피 312
엣지(edge, 간선, 변) 317
역전파 322
역행렬 295
우도 314, 320
원핫벡터 117, 214
웜업 228
윈도우 72, 77, 122, 143, 224
유의 관계 130

응집 확률 104
의문문 332
의미 관계 분석 286
의미역 338
의미역 분석 286
의존 관계 분석 41
의존관계 분석 286
이산확률변수 307
이진 분류 123, 142, 248
이항분포 308
임베딩 28

ㅈ

자연어 처리 28
잠재 의미 분석 37, 138
전이 학습 34, 205
전치행렬 295
전확률 공식 314
절 330
점별 상호 정보량 76
정규분포 310
정방행렬 295
정보 구조 335
정보 이론 312
조건부확률 313
조사 334
주성분 303
주성분 분석 301
주제 벡터 162
주제-주어 동시 부각형 언어 336
주체경어법 336
중심극한정리 311
증거 197, 314
지도 학습 96
직교성 298

ㅊ

차원 축소 32, 301
참조 117
청유문 332

최대우도추정 319

ㅋ

카테고리 분포 310
컨볼루션 신경망 206
컨볼루션 필터 100, 208
컬렉션 53
코사인 유사도 30, 126, 131, 142, 222
쿼리 222
크로스 엔트로피 214, 320
키 222

ㅌ

타깃 단어 72, 121, 131
태(, voice) 338
태깅 96
테일러 급수 164
토크나이즈 55
토큰 54
통사 구조 335
통사 단위 330
트라이그램 67
트랜스포머 329
트랜스포머 블록 221
특이값 분해 37, 140, 301
특이 벡터 140, 305

ㅍ

파인 튜닝 40, 205, 246
평서문 332
포지티브 샘플 122, 131
표본공간 306
풀링 벡터 208
품사 74
품사 판별 40
프리트레인 40, 205
피동문 338
피드포워드 네트워크 221
피드포워드 뉴럴 네트워크 211
피처 40

피처맵 208
피처베이스 255

ㅎ

하이웨이 네트워크 210
하이퍼볼릭탄젠트 217
하이퍼파라미터 163
학습률 228
학습 손실 36
행렬 292
행렬 분해 139, 301
형용사 333
형태소 54, 73
형태소 분석 286
확률밀도함수 311
확률변수 76, 306
확률 분포 306
확률질량함수 307
확률함수 306
활성함수 211
희소 행렬 37, 182

A

activation function 211
Adam optimizer 252
Add-*k* 스무딩 70
agglutinative language 95
antonyms 130
aspect 334
attribute 130

B

back-off 70
backward propagation 322
bag 61
bag of words 62
Bayes' theorem 314
bernoulli random variable 308
bernoulli trial 308
bias 146

Bi-directional LSTM layer 206
bigram 67
binary classification 123, 142, 248
binomial distribution 308
BPE, Byte Pair Encoding 106, 239
Branching Entropy 104
Breath First Search 317

C

categorical distribution 310
CBOW 121
central limit theorem 311
chain rule 324
clause 330
CNN 100, 224, 329
Cohesion Probability 104
collection 53
conditional probability 313
Constituent labeling 286
context word 72
converge 36
Convolutional Neural Network 100, 206, 224, 329
convolution filter 100, 208
co-occurrence score 143
Coreference Resolution 286
corpus 53
correlation coefficient 296
cosine similarity 30, 126
covariance 296
cross entropy 214, 320
cycle 317

D

DAG 316
dense matrix 182
Dependency labeling 286
DF 64
dimensionality reduction 301
dimension reduction 32
Directed Acyclic Graph 316

directed graph 317

Dirichlet distribution 195

discourse vector 162

discrete random variable 307

distribution 72

distributional hypothesis 72, 142

docker 44

document 54

Document Frequency 64

dot-product 222

downstearm task 40

E

eigendecomposition 306

eigenvector 303

embedding 28

end-to-end model 40

entropy 312

evidence 197, 314

F

feature 40

feature-based 255

feature map 208

feedforward network 221

feedforward neural network 211

fine tuning 40

fine-tuning 205, 246

forward computation 317

G

Gated Recurrent Unit 330

Gauss Distribution 310

Gaussian Error Linear Units 234

GELU 234

gibbs sampling 197

gradient descent 321

gradient exploding 330

gradient vanishing 225, 330

graph traverse 317

GRU 330

H

highway network 210

hyperparameter 163

I

identity matrix 295

IDF 64

independent 298

indepent 76

information structure 335

information theory 312

inner product 126

Inverse Document Frequency 64

inverse matrix 295

J

joint probability 197, 313

K

key 222

L

language model 66, 185, 206, 229

laplace smoothing 70

Latent Semantic Analysis 37

law of total probability 314

layer normalization 226

learning rate 228

likelihood 314

linear algebra 292

linear transformation 182, 299

Long Short-Term Memory 330

lookup 117

loss layer 214

LSA, Latent Semantic Analysis 138

LSTM 330

M

Machine Reading Comprehension 88
Markov assumption 68
masked language model 71, 230
matrix 292
matrix factorization 139, 301
Maximum Likelihood Estimation 319
max pooling 217
modality 337
morpheme 54, 73
Multi-Head Attention 221, 225
multinomial distribution 309
mutually exclusive 314

N

Named entity labeling 286
Named Entity Recognition 40
Natural Language Processing 28
negative sample 122
negative sampling 123
n-gram 67
normal distribution 310

O

objective function 146
one-hot vector 214
One-hot-Vector 117
orthogonality 298

P

paradigmatic relation 73
Part-of-speech tagging 40
phrase 330
PMI, pointwise mutual information 76, 139
Pointwise Feedforward Networks 227
pooling vector 208
positive sample 122
POS, Part-of-speech tagging 286
posterior probability 197
PPMI, Positive Pointwise Mutual Information 139

pretrain 40, 205
principal component 303
Principal Component Analysis 301
prior probability 314
Probability Density Function 311
probability distribution 306
probability function 306
probability mass function 307
projection 298

Q

query 222

R

random variable 76, 306
Rectified Linear Unit 217
Recurrent Neural Network 224, 329
Relation Classification 286
relevance 130
ReLU 217
residual connection 213
RNN 224, 329

S

sample space 306
Scaled Dot-Product Attention 221
self attention 223
semantic role 338
Semantic role labeling 286
sentence 54, 330
SGD 322
Shifted PMI 140, 141
Singular Value Decomposition 37, 140, 301
singular vector 140, 305
Skip-Gram 121
Skip-Gram with Negative Sampling 141
Skip-gram 모델 141
smoothing 70
softmax 117
Softmax-with-Loss 327

sparse matrix 37, 182
speech act 331
SPMI 140, 141
square matrix 295
state space 306
Stochastic Gradient Descent 322
subsampling 124
subword 54
supervised learning 96
symmetric matrix 295
syntactic structure 335

T

tagging 96
Talor series 164
tanh 217
target word 72
tense 335
Term-Document Matrix 29
Term Frequency 64
Term Frequency-Inverse Document Frequency 63
TF 64
TF-IDF 63
token 54
tokenize 55
topic-subject prominent language 336
training loss 36
transfer learning 34, 205
transformer 329
transformer block 221

transposed matrix 295
trigram 67
truncated SVD 140
t-SNE 32, 160
t-Stochastic Neighbor Embedding 160

U

uncertainty 312
uniform distribution 307
unit vector 169
unknown word 55, 107, 134, 138
unsupervised learning 103
upstream task 40

V

value 222
vector 28, 292
vector space 29, 292
vocabulary 55, 216

W

warm up 228
window 72, 77, 143, 224
word 54, 330
word analyogy test 153
word-context matrix 77
word similarity test 153

한국어 임베딩
자연어 처리 모델의 성능을 높이는 핵심 비결 Word2Vec에서 ELMo, BERT까지

초판 인쇄 | 2019년 9월 26일
5쇄 발행 | 2022년 11월 8일

지은이 | 이 기 창
감   수 | NAVER Conversation

펴낸이 | 권 성 준
편집장 | 황 영 주
편   집 | 김 진 아
           임 지 원
디자인 | 윤 서 빈

에이콘출판주식회사
서울특별시 양천구 국회대로 287 (목동)
전화 02-2653-7600, 팩스 02-2653-0433
www.acornpub.co.kr / editor@acornpub.co.kr

이 도서의 국립중앙도서관 출판시도서목록(CIP)은 서지정보유통지원시스템 홈페이지(http://seoji.nl.go.kr)와
국가자료공동목록시스템(http://www.nl.go.kr/kolisnet)에서 이용하실 수 있습니다.(CIP제어번호: CIP2019036091)

책값은 뒤표지에 있습니다.